国家"十二五"重点图书

世界主要政党规章制度文献

丛书主编：俞可平
执行主编：陈家刚

南 非

主编：宋　微
翻译：宋　微

中央编译局文库出版工作领导小组（编委会）

组　　长：贾高建

副 组 长：魏海生　陈和平　柴方国　季正聚

成　　员：崔友平　沈红文　杨雪冬　冯　雷　陈家刚
　　　　　赖海榕　郗卫东　张文成　葛海彦

中央编译局文库出版工作领导小组办公室

主　　任：薛晓源

成　　员：徐向梅　苗永姝

中央编译出版社文库编辑中心编辑小组

葛海彦　董　巍　贾宇琰　曲建文　苗永姝
杜永明　盛菊艳　李媛媛　薛迎春　董　妍

总　序

近代的政党，是基于一定的阶级或阶层之上，为了夺取和巩固国家的政治权力，从而维护特定利益的政治组织。与其他政治组织相比，政党最明显的特征，就是它有着明确的政治目标，即夺取政权和维护政权。除了执掌国家政权这一基本职能外，政党也是现代社会中最重要的利益表达和利益综合机构，是连接政府与民众的政治桥梁。政党还是国家政治生活的最重要组织者，是公民参与国家政治生活的重要平台，它履行着政治动员、公共参与和政治教育等重要的政治职能。因此，从权力的角度看，在所有政治组织中，政党是最重要的政治组织，它对近代国家的政治生活有着极为重要的影响。实际上，近代政治就是政党政治。国家权力主要由政党掌握，并且通过政党运行。

由于政党在国家公共政治生活中起着如此关键性的决定作用，规范政党组织本身及其成员的行为和活动，就变得极其重要。从国家的角度看，宪法及相应的专门法律，通常要对政党参与国家政权的方式、途径、范围等作出原则性规定，从而形成了不同的政党制度，如多党制、两党制、一党制、一党主导或一党独大制、多党合作制等。从政党自身的角度看，每个政党都必须有一整套政治纲领和规章制度，明确宣示政党的性质、使命、目标、任务和政策倡议，详细规定党员的资格、条件、义务、责任、权利，以及党的组织形式、选举制度、领导机制、决策程序和纪律约束等。广义上说，政党制度既包括政党的外部制度，也包括政党的内部制度，它们一起构成国家政治制度的重要组成部分。

如果说主权国家是国际政治舞台的主角，那么政党便是国内政治舞台的主角。除了少数小国之外，世界上绝大多数国家的政权实际上都掌握在执政党手中。一个个政党的产生、发展、壮大、掌权、下台、消亡，以及各个政党之间的竞争、合作、争斗、兼并、分化、组合，构成了现实政治生活一幅五彩斑斓的图景。要真正了解当代世界，就要了解世界各国的政治图景，那就不能不了解主演这些政治图景的各个政党。世界的丰富多彩，不仅体现在文化传统、生活方式和乡土风情上，也体现在社会结构、发展模式和政治体制上。进而言之，要真正了解一个国家，就要了解这个国家的政治体制；而要了解一个国家的政治体制，就不能不了解这个国家的政党制度。

中国共产党是按照马列主义原则建立起来的一个革命政党，在夺取国家政权后，特别是在改革开放后，它逐渐从一个革命党转变为执政党。党的根本宗旨没有改变，但党的群众基础、指导思想、组织结构、领导机制和执政方式等，都发生了重大的变化。坚持人民主体地位，发展人民民主已经成为中共执政的基本政治目标；民主、自由、平等、公正、法治、和谐，已经成为中共追求的核心政治价值；民主执政、依法执政和科学执政，已经成为中共的基本执政方式；建设中国特色的社会主义法治国家，推进国家治理现代化，已经成为中共全面深化改革的总目标。所有这些都表明，中国共产党自身正处于现代化的转型之中，实现治理的现代化，不仅是党执政治国的目标，也是党自身建设的目标。政党治理的现代化，是世界各国主要政党共同面临的时代课题。一些政党在推进治理现代化方面，取得了成功的经验，得以继续在本国的政坛叱咤风云；而另一些政党则付出了惨重的代价，直至失去了政权。学习和借鉴国外政党的成功经验，汲取它们的失败教训，对于中国共产党实现治理现代化，有着重要的现实意义。

1998年，我曾经主编过当时国内唯一的《当代各国政治体制》丛书，总共有16册之多，内容包括了世界各主要国家。那套丛书比较客观地介绍了各国主要政治体制，为读者全面了解当代世界的各种政治制度提供了翔实的资料，从而广受好评。此后，我一直想编纂一套介绍世界各主要政党制度的丛书，可惜终未如愿。巧的是，前几年中央为了加强党内法规建设，需要了解和借鉴国外政党的经验做法，有关部门便委托我局编译国外主要政党的规章制度。我认为，这些党内规章制度，虽不能在整体上等同于政党制度，但却在很大程度上体现了党的组织制度、领导制度、决策制度和纪检制度，因而，编译这些国外政党的法规制度，不仅对于我们加强党内法规建设有其借鉴意义，而且将这些材料正式汇编出版，也可以在一定程度上起到帮助读者了解世界各国政党制度，从而更全面地了解世界各国政治制度的作用。

《世界主要政党规章制度文献》丛书，总共有 20 卷，收录了当今世界绝大多数重要政党的代表性规章制度。在收集、编选和翻译这套丛书的过程中，我们得到了社会各界的大力支持。例如，一些从事世界政党研究的专家学者提出了很好的编纂建议，一些驻外使领馆人员为我们提供了所在国主要政党的最新材料，一些译者放弃休息时间，努力按照要求完成翻译任务；国家出版基金给予了专项出版资助。在此，我代表编者向所有为本丛书出版作出过贡献的朋友们表示衷心的感谢。参与本丛书的许多译者，是年轻的博士后和博士生，他们积极性高，责任心强，但尚缺乏足够的翻译经验，错讹之处还望读者谅解并不吝批评。

俞可平

2015 年 1 月 13 日于方圆阁

目 录

导 言 …………………………………………………………… 1

第一部分　宪法、全国性涉党法律 …………………………… 1

　宪法 …………………………………………………………… 3
　政党公共拨款法 …………………………………………… 97
　政党登记条例 ……………………………………………… 105
　选举法 ……………………………………………………… 109
　地方政府选举法 …………………………………………… 157

第二部分　主要政党内部规章制度 ………………………… 201

　非洲人国民大会党党章 …………………………………… 203
　民主联盟党党章 …………………………………………… 241
　人民大会党党章 …………………………………………… 277
　因卡塔自由党党章 ………………………………………… 294
　南非共产党党章 …………………………………………… 330
　联合民主运动党党章 ……………………………………… 347

后 记 ………………………………………………………… 378

导　言

冷战结束后，第三波民主化浪潮席卷全球，非洲大陆成为重要的民主试验场。据统计，在1991—1994年间，大约有30个非洲国家进行了多党民主的立法议会和总统大选①，其中尤以非洲大国南非的民主化进程最为引人注目。冷战结束后的民主化进程给这个1910年就建立的现代国家带来了前所未有的政治、经济和社会变化。南非人民依靠自己的力量，经过艰苦曲折的和平谈判，遵循和解与妥协的精神，废除了种族隔离制度②，于1994年4月迎来了首次多种族、多党派的大选，从而在整个非洲大陆彻底结束了种族主义统治。这不仅在南非历史上具有划时代意义，而且也为非洲民主政治进程树立了榜样。因此，研究南非的政党及政治制度不仅对于认识后发国家的政治转型与发展具有重要的现实意义，并且对于全球化时代探索新的现代化治理范式尤其具有实践意义。

---

① 贺文萍：《全球化与非洲政治发展》，载《中国农业大学学报（社会科学版）》第26卷第4期，第57页。

② "种族隔离"（Apartheid）是南非荷兰语（阿非利卡语）的一个单词，原意是"分开、隔离、分开的存在和发展"。它是1948年南非白人政权为其种族政策制定的正式名称，实际上它是指一种制度化的种族隔离、种族压迫和剥削的体制。种族隔离制包括四大基本制度，即：保留地制度、通行证制度、特定住区制度、工业肤色壁垒制度。其本质就是南非白人政权对占人口绝大多数的黑人及其他有色人种实行种族歧视和压迫的种族主义政策。（余建华：《南非种族隔离制度的兴废》，载《史林》1997年第2期，第95—97页）

一、南非的政治制度

（一）政治概况

1910年5月，南非联邦宣布成立，正式成为英联邦成员。联邦政府推出了种族隔离制度，完全排斥并剥夺了占人口绝大多数的非洲人的政治权利，确立了白人对政治权力的绝对垄断。

从20世纪40年代开始，当地非洲人就开始了争取自身权利的斗争。他们致力于将亚洲人等各被压迫种族联合起来结成联盟，共同反抗白人的种族主义统治。1955年，非洲人国民大会（简称"非国大"）、印度人大会、有色人大会、南非工会大会等组织组成联盟，召开了全国代表大会，通过了反对种族歧视与隔离、争取自由平等的《自由宪章》。① 然而多年的非暴力斗争并未取得成果，导致一部分非洲人开始认为只有采用暴力方式推翻反动政权，才能建立非洲人统治的南非共和国。1959年4月，非国大发生分裂。一部分成员独立出来成立了"阿扎尼亚泛非主义者大会"（Pan Africanist Congress，PAC），口号是要采取暴力的方式，在南非建立一个民主共和的新政权。1960年3月，"阿扎尼亚泛非主义者大会"组织了一场声势浩大的大型集会抗议，遭到了白人政府的残酷镇压。非国大等政党也因此被取缔，曼德拉等领导人被监禁。随后，1961年宪法虽然宣布南非为共和国，却否认了黑人的权利。1983年宪法再次忽略了非洲黑人的权利，只赋予其他有色人种有限的权利。②

冷战结束后，民主化浪潮成为大势所趋。非国大根据形势变化及时调整斗争策略，于1989年提出政治解决南非问题和灵活处理制宪谈判的主张。1990年2月南非国民党政府解除党禁后，曼德拉等非国大领导人获

---

① 丁梦娇：《1910年以来南非国家政治发展道路特点及启示》，载《理论观察》2013年第12期，第75页。

② 吴天昊：《南非宪政转型过程中的违宪审查问题》，载《法学》2008年第4期，第130页。

释。1991年非国大倡议所有党派讨论制宪和制宪原则，主张通过民主选举的制宪议会负责起草和通过新宪法。1992年5月，非国大宣布放弃武装斗争和全面国有化政策，11月宣布有条件接受国民党提出的"分享权力"主张，不再坚持黑人多数统治，同意实行联邦制。① 1994年4月，在南非首次不分种族的民主选举中，以非国大为首，与南非共产党和南非工会大会组成的三方联盟获胜执政，从而完成了民主化转型。

（二）南非的政治体制

1. 国家元首

南非为总统共和制②，南非总统既是国家元首，又是政府首脑，由多数党的领袖担任。在南非，总统不像别的总统制共和制国家由选民直接选举产生，而是由议会选举产生。同时，总统又具有同其他总统制共和制总统一样的权力，甚至具有解散议会的权力。由此可见，南非的总统制共和制综合了总统制和议会制的特点。总统一经当选，就不再担任国民议会议员。总统的任期自就职时开始至总统缺位或下一届当选总统就职时结束，一届五年，连任不得超过两届。

根据南非宪法，总统有下列职责：同意并签署法案；将法案退回国民议会重议该法案的合法性；将法案提交宪法法院以决定其合法性；召集国

---

① 戴旭：《南非非洲人国民大会简介》，载《当代世界》2007年第4期，第40页。
② 南非的国家管理形式经历了从君主立宪制到议会共和制再到总统共和制的演变。南非共和国在建立之前就有了宪法，并且历次宪法都对南非的国家管理形式做了界定。1909年的《南非法》确定了南非采取英国式的"议会至上"政体，即尊奉英国国王为国家元首的君主立宪制。1931年，英国颁布《威斯敏斯特法案》，宣布南非成为英联邦的一个自治领，其政体为"英联邦君主制"。1961年南非共和国成立后，宪法将国家管理形式改为议会共和制，并设置总统作为象征性的国家元首，即虚位元首。1983年，南非制定新宪法，规定总统同议会共同行使立法权，并且使总统集原来的总统和总理的职权于一身，大大提高了总统的地位，为向总统制共和制过渡奠定了基础。1993年，为了适应南非废除种族隔离制度的新形势，南非制定了临时宪法，并根据临时宪法于1994年国民议会选举曼德拉为新南非首任总统。1996年，新南非颁布正式宪法，明确规定南非实行三权分立，共和国的行政权授予总统，总统是南非国家元首和全国行政首脑，总统享有宪法和法律授予的一切权力。

民议会、全国省级事务委员会或特别会议；依照宪法或法律的规定，任命政府除行政首脑外的其他人员；任命调查委员会；依照议会法津的规定，宣布公民投票；接受及承认外国的外交及领事代表；任命大使、全权大使以及外交和领事代表；对犯罪者予以赦免或暂缓处刑以及免除任何惩罚；授予勋章。同时，总统行使共和国的行政权力包括：执行国家立法；发展与执行国家政策；协调国家部门与内阁间的职能；准备及发起立法；执行任何其他宪法或法律规定的行政职能。

2. 国家行政机构

南非的行政机关由中央行政机关和地方行政机关组成。南非宪法规定，共和国的行政权授予总统，总统和内阁其他成员共同行使行政权。总统是国家元首和最高行政首脑。作为最高行政机关的内阁由总统、副总统和所有部长组成，中央行政机关所在地位于南非的行政首都比勒陀利亚。总统领导内阁工作，副总统和部长由总统从国民议会议员中任命和委派，赋予权力和职责，还可以根据工作需要任命副部长协助部长工作，并可以撤换。副总统协助总统行使政府职能。内阁成员既要向委派权力和职责的总统负责，也要就这些权力职责的履行情况向议会负责。[①]

宪法将全国划分为中央、省和地方三级政府，规定中央、省级和地方政府相互依存，各行其权，各级政府不得越权，不得相互侵犯地域和职能。由省长和若干委员组成省政府作为省一级的行政机关，省长是省政府的首脑，省政府实行省长负责制。地方政府以市为单位，并建立市政机构作为地方政府。地方市政委员会由普选产生的委员组成，市政机构根据宪法和法律行使管理本辖区事务的全部行政管理权。

3. 国家立法机构

立法系统由议会两院组成，即由国民议会和全国省级事务委员会组成，两院所在地位于南非的立法首都开普敦。在议会的两院中，国民议会

[①] 郑宁、莫于川：《南非行政法掠影》，载《宪政与行政法治评论（第二卷）》，北京：中国人民大学出版社2006年版，第399页。

议员由选民按比例代表制普选产生,不得少于350名,但不得多于400名。全国各省代表委员会有90名代表,由各省派一个10人代表团组成,代表由9个省议会间接选举产生。

议会享有最高立法权。在议会的两院中,国民议会通过选举总统、提供公众讨论问题的全国性讲坛、制定法律和检查、监督政府的工作来行使最高立法权。全国各省代表委员会代表各省,并保证各省的利益在全国范围内得到考虑。全国各省代表委员主要通过参与国家立法过程和提供公众讨论影响各省问题的全国性论坛来行使立法权。① 由于南非两院权力的划分既继承了英国议会制度的传统,又借鉴了美国议会制度的经验,使得两院的地位和权力是不相等的。国民议会作为直接选举产生的一院,代表全国的利益,显然权力更大和更有影响;全国各省代表委员会只代表各省的利益。②

就议会与政府的关系而言,南非议会具有监督政府的权力,总统和内阁成员从议会议员中产生,议员被总统任命为政府部长、副部长后仍然保留议员职务。

4. 国家司法机构

南非的司法制度实行司法独立原则、法律面前人人平等原则、司法机关在工作中必须严格依法办事原则和保持不偏不倚的公正立场原则。新南非的司法机关由审判机关、检察机关和司法行政管理机关组成,中央司法机关所在地位于南非的司法首都布隆方丹。南非的审判机关由宪法法院(设在约翰内斯堡)、最高上诉法院、高等法院、地方法院(分为高级地方法院和初级地方法院)、治安法院和酋长法庭组成。宪法法院是解释、保护和实施宪法的最高级法院,对总统、议员送交的议会法案和宪法修正案

---

① 郑宁、莫于川:《南非行政法掠影》,载《宪政与行政法治评论(第二卷)》,北京:中国人民大学出版社2006年版,第398—399页。

② 夏吉生、杨鲁平等著:《非洲两国议会》,北京:中国财政经济出版社2005年版,第88页。

的合法性进行裁决，并对总统或议会是否履行其宪法职责作出判定。最高上诉法院是除宪法事务外普通法院体系内的最高级法院。南非1996年宪法设立了一个总公诉长作为全国检察系统的领导人，其下有若干公诉长和公诉人。南非的司法行政管理机关是中央的司法部和地方各级司法管理部门。南非法院民事判决的执行，由司法行政管理部门负责。①

值得关注的是，南非建立了严格的司法审查制度。设立宪法法院，负责处理中央、省和地方政府之间有关宪法的争议，并确定国家议会的修宪法案和所制定的法律以及各省立法机构制定的法律是否违宪。② 同时裁定总统行为和决定是否违宪。宪法法院审理案件至少需要8名法官出席，如果有法官长期不能出席，那么就会任命代理法官。③ 高效运转的宪法法院在保障南非公民的基本权利、贯彻分权原则以及维护宪法权威等方面发挥了重要作用。

（三）政治体制的根源与基础

1. 转型过程深受美国政治文化影响。冷战期间，美国一直将南非视为对抗苏联的重要一环，于是美国对南非政治转型的态度也随着冷战格局的演变而调整。里根政府时期曾视南非为盟国，对其奉行"建设性往来"的政策，放宽对于南非的制裁限制，增加技术、经济和军事援助，并在南部非洲的军事冲突问题上，对南非采取偏袒态度。④ 但在国内外的广泛批

---

① 江必新：《埃及、南非司法制度见闻（下）》，载《中国审判新闻月刊》2007年第11期，第70—71页。

② 丁梦娇：《1910年以来南非国家政治发展道路特点及启示》，载《理论观察》2013年第12期，第74页。

③ 吴天昊：《南非宪政转型过程中的违宪审查问题》，载《法学》2008年第4期，第134页。

④ 沐涛：《南非对外关系研究》，上海：华东师范大学出版社2003年版，第80—81页。

评下，里根政府开始对南非实行经济制裁，导致社会动荡。① 随着苏联在南部非洲的战略收缩，南非也逐渐丧失其作为美国反共反苏重要基地的作用。于是美国政府对推进南非政治改革的态度也日趋强硬。1989 年 7 月，美国总统布什公开承诺将与其他西方国家一起解决由于种族隔离制度造成的政治困局。② 美国的表态也直接加剧了南非当局的国际压力。博茨瓦纳、肯尼亚、乌干达等非洲国家的代表于 1988 年 10 月在联合国大会上向南非施压，"只有彻底废除种族隔离（制度），南非才能被非洲国家接受"③。国际社会对于南非的态度变化以及南部非洲趋向缓和的局势不可避免地要对将要接替博塔担任南非政府领导人的德克勒克产生影响，南非的政治发展已经到了一个转折点。④ 1993 年 4 月，德克勒克对到访的美国助理国务卿乔治·穆斯表示，克林顿政府对于南非局势务实和建设性的立场使他深受鼓励。⑤ 1993 年 7 月，德克勒克在白宫与克林顿总统进行了第一次会谈，克林顿和副总统戈尔承诺美国继续支持德克勒克在政治改革上的努力。⑥ 在与美国国务卿克里斯托弗的会谈中，德克勒克提出希望美国和其他七国集团成员充当南非新宪法的保证人，助理国务卿穆斯接受了这一建议。9 月，美国政府发表声明，"期待南非新一届政府能够遵守大选前的制宪妥

---

① 自美国对南非经济制裁以来，在南非的 1121 家外国公司中，已有 180 家美国公司从南非撤走。尽管这些公司并未切断同南非的所有联系，但却使南非经济失去了活力。又据估计，自 1985 年以来，南非资金外流总额已达 100 亿美元（约合 250 亿兰特）。由于外资流入减少，南非不得不采取紧缩措施以偿还外债和填补流出的资金，因而经济增长率一直很低，1986 年为 1%、1987 年 2.6%、1958 年 2.7%、1959 年约 2%。资料来源：何丽儿：《南非同津巴布韦政治解决诸因素比较》，载《西亚非洲》1991 年第 1 期，第 11 页。

② Elinor Sisulu, Walter &Albertin, *A Sisulu: in Our Lifetime*(Claremont, South Africa: David Philip, 2003), p.576.

③ 沐涛：《南非对外关系研究》，上海：华东师范大学出版社 2003 年版，第 132—133 页。

④ ［英］威廉·托多夫：《非洲政府与政治》，肖宏宇译，北京：北京大学出版社 2007 年版，第 73 页。

⑤ PrincetonNathan Lyman, *Partner to History: The U.S. Role in South Africa's Transition to Democracy*(Washington D.C.: U.S. Institute of Peace Press, 2002), p.88.

⑥ F. W. de Klerk, *The Last Trek: A New Beginning*(London: Macmillan, 1998), p.180.

协",在美国的敦促下,欧共体和七国集团其他国家也先后发表了类似的声明。①

与此同时,美国积极向南非"推销"自己的宪政制度模式。例如,在构建宪政制度时,南非借鉴了美国"宪法至上"的三权分立模式,实行总统制共和制、并遵循"司法独立"原则和司法审查原则。在制定1993年临时宪法时,又借鉴美国参众两院议会模式。此外,在处理中央与地方的关系上,还借鉴了美国的宪政分权体制,给予省一定的自治权。

2. 比例代表制有利于小党的参政。首次大选之前,南非各政党就经过多轮的反复谈判确定了比例代表制原则。1993年11月,包括非国大和国民党在内的26个政党签署了过渡时期临时宪法,明确了南非议会的比例代表制原则。"临时宪法"规定,南非联邦议会实行两院制,由按比例代表普选产生的国民议会和间接选举产生的参议院组成。为了确保立法机构的广泛代表性,国民议会的400名议员由选民按比例代表普选产生,在一个政党获得国民议会代表前,没有最小比例选票限制。参议院90名议员则分配给全国9个省,每个省选出10名代表,按各政党在省议会所拥有议员的比例产生。②

南非新宪法再次确定,国民议会应根据南非全国多种族大选的结果,按照不同政党的得票比例来分配议席。该规定使得在南非大选中即使是得到了0.25%的极少选票的小政党也可以在议会中取得一个议席。全国省级事务委员会由每一省派遣10人的代表团组成。这10人代表包括:4名代表由省长或当省长不能出席时,由省长指派的省立法机构成员以及3名其他特别代表;依照第61条第2款的规定所指定的6名永久性代表。省长或当省长不能出席时,由省长所指派的1名省代表团成员率领省代表团。

---

① Princeton Nathan Lyman, *Partner to History*: *The U. S. Role in South Africa's Transition to Democracy* (Washington D. C. : U. S. Institute of Peace Press, 2002), pp. 137 – 138.

② 夏吉生:《当代各国政治体制——南非》,兰州:兰州大学出版社1998年版,第212—217页。

对于通过议案的程序，则作如下规定：关于宪法修正案，须由国民议会至少75%的赞成票；全国省级事务委员会至少6省的赞成票。关于不影响省的普通法案，可以提交任一议院，但是必须经由两院通过，若两院在通过上有分歧，则议案提交全体政党委员会修改后，再提交两院进一步审议；若议案涉及省的边界问题，或涉及多省政府权力的行使和职能的确定，则须获得两院的同意；若议案仅仅是影响一个省的权力行使或职责履行，那么这个议案只须获得该省参议院多数通过即可；而总统必须或是同意并签署依照本章规定通过的法案，或是对该法案的合法性有所保留而将其退回国民议会重议。

二、南非的政党制度

（一）南非的政党概况

在新南非建立以前，南非长期由白人种族主义政党国民党一党专政，长达46年，并且打压以至长期取缔当地非洲人政党。新南非建立后实行多党制。以下简单介绍几个政党。

1. 非洲人国民大会（African National Congress，ANC）：南非执政党，简称非国大，1912年成立。非国大于1956年制定《自由宪章》① 作为斗争纲领，提出南非民主改革的基本任务和战略目标。1960年被南非种族主义政权取缔②，主要领导人流亡国外，后决定开展武装斗争，并建立军事

---

① 宪章中声明要努力争取所有人民享有不分肤色、种族的自由平等的权利，《自由宪章》在之后也成为了非国大争取废除旧南非种族隔离制度斗争的纲领性文件。

② 1959年4月，非国大中的一部分成员独立出来成立了一个阿扎尼亚泛非主义者大会（Pan Africanist Congress，PAC）他们的口号是要采取暴力的方式，在南非建立一个民主共和的新政权。接着在1960年的3月，阿扎尼亚泛非主义者大会的领导者们组织了一场声势极为浩大的大型集会，抗议南非白人政府当局《通行证法》的颁布，但是这次斗争的活动却遭到了白人政府的残酷镇压，这次事件造成了72人被枪杀，240多人被打伤的惨剧，这就是让世界都震惊的"沙佩维尔事件"。随后，非国大被南非国民党当局以非法组织为由取缔，主要领导人也在国外流亡，不得已之下，只有把总部设在了赞比亚首都卢萨卡。

组织"民族之矛"。80年代后期提出以谈判解决南非种族隔离问题的主张，1991年倡议所有党派讨论制宪和制宪原则，主张通过民主选举的制宪议会负责起草和通过新宪法。在1994年4月南非首次不分种族的民主选举中，由非国大、南非共和南非工会大会组成的三方联盟获62.65%选票，成为民族团结政府中的主要执政党。① 在之后举行的全国大选中，非国大连续获胜，一直执政至今。

2. 南非共产党（South African Communist Party, SACP）：南非参政党。十月革命爆发后，消息迅速传入南非，革命团体纷纷成立。1921年7月，国际社会主义者联盟联合开普敦共产党、德班马克思主义俱乐部等成立南非共产党。20世纪40年代起，南非共产党开始在南非黑人之中开展和领导大规模的工会运动，反抗白人种族主义政府。② 1950年遭到当局取缔，随后转入地下，直至1990年才恢复合法地位。旋即，同非国大等政党一道，参加了制宪谈判。1994年，南非共产党参与首次民主选举，与非国大等组成"三方联盟"并参政至今。随着政治格局的发展，该党逐渐被边缘化，这在一定程度上反映了南非的社会主义发展从属于民族主义的现实。③

3. 南非工会大会（Congress of the South African Trade Union, COSATU）：三方联盟成员之一，成立于1985年12月，现管辖20余个产业工会。

4. 民主联盟（Democratic Alliance, DA）：原名民主党，南非第一大反对党。1989年4月由原进步联邦党、全国民主运动和独立党三个左翼白人政党合并而成，主张通过和平方式废除种族歧视和种族隔离制度，建立单

---

① 戴旭：《南非非洲人国民大会简介》，载《当代世界》2007年第4期，第40页。

② 其中又以1946年非洲矿业工会工人大罢工最为著名。尽管该次大罢工被南非当局镇压下去，但却成为南非共历史上的一个转折点，其具有两方面突出意义：一方面是令南非共的力量和影响迅速扩大。大罢工之后，南非共成员激增到4000人，党的力量得以进一步扩大。并且南非共还利用其在国内打响的知名度于1948年参加南非议会的竞选活动，成功进入国家议会开展斗争；另一方面是促成了南非共、非国大及南非工会大会的领导人之间开始发展一种密切的合作关系。

③ D. 格拉泽：《非洲的马克思主义运动》，载《马克思主义与现实》2014年第4期，第118页。

一民主国家。在1994年4月大选中得票仅1.73%。① 民主联盟主张，坚决遏制犯罪，促进社会发展和医疗教育等体系的完善，在经济方面主张混合经济体制。

5. 因卡塔自由党（Inkatha Freedom Party，IFP）："因卡塔"即"民族文化解放运动"的简称，该党成立于1928年，重建于1975年，是以夸纳省祖鲁族为基础的黑人民族主义组织。力量和影响主要集中在夸纳省农村地区。在1994年首次多种族大选中获10.5%的选票，并应邀参加政府。② 该党主席布特莱齐（Mangosuthu Buthelezi）个人因素突出，仍坚持狭隘的民族利益，对与非国大和解提出一系列先决条件，如要求非国大承认其在夸纳省的统治地位、承认该省为王国等。但该党影响已有下降之势。③

6. 联合民主运动（United Democratic Movement，UDM）：于1997年9月由原非国大、国民党重要成员霍洛米萨和梅耶分别成立的"全国协商论坛"和"新运动进程"合并而成。④

7. 独立民主党（Independent Democrats，ID）：成立于2003年3月，由脱离泛非大的帕特里夏·德莉莉（Patricia De Lille）组建。

8. 经济自由斗士党（Economic FreedomFighters，EFF）：成立于2013年，由被非国大开除的该党青年联盟前主席马莱玛发起组建。在2014年大选中成为国民议会第三大党。

9. 国民自由党（National Freedom Party，NFP）：该党是2011年由因卡塔自由党前主席扎内勒组建的新党，2014年首次参加全国大选就获得1.57%的选票，得到国民议会6个议席。⑤

---

① "南非主要政党"，见 http://www.360doc.com/content/11/0413/04/5043743_109219261.shtml。

② "2006南非概况"，见 http://www.360doc.com/content/11/0413/04/5043743_109219395.shtml。

③ 钟伟云：《当前南非政党态势》，载《当代世界》1997年第10期，第30页。

④ "南非主要政党"，见 http://www.360doc.com/content/11/0413/04/5043743_109219261.shtml。

⑤ 杨立华：《南非2014年大选无悬念有看点》，载《当代世界》2014年第6期，第44页。

表1 南非近五次选举情况（1994—2014）主要政党得票和议席情况分布

政党	1994年 比例（%）	议席	1999年 比例（%）	议席	2004年 比例（%）	议席	2009年 比例（%）	议席	2014年 比例（%）	议席
非国大	62.65	252	66.35	266	69.69	279	65.90	264	65.50	249
民主联盟	1.73	7	9.56	38	12.37	50	16.66	67	23.10	89
国民党	20.39	82	6.87	28	1.65	7				
因卡塔自由党	10.54	43	8.58	34	6.97	28	4.55	18	2.8	10
人民大会							7.42	30	1.3	3

资料来源：根据南非政府官网、非国大官网数据整理。

表2 2014年南非省级议会选举结果

政党 省份	非国大	民盟	自由经济斗士	联合民主运动	新自由阵线
东开普省	70.09%	16.20%	3.48%	6.16%	0.31%
自由州省	69.85%	16.23%	8.15%	0.21%	2.10%
豪登省	53.59%	30.78%	10.30%	0.44%	1.20%
夸祖鲁-纳塔尔省	64.52%	12.76%	1.85%	0.17%	0.20%
林波波省	78.60%	6.48%	10.74%	0.27%	0.69%
姆普马兰省	78.23%	10.40%	6.26%	0.13%	0.82%
西北省	67.39%	12.73%	13.21%	0.88%	1.72%
北开普省	64.40%	23.89%	4.96%	0.09%	1.09%
西开普省	32.89%	59.38%	2.11%	0.48%	0.55%

资料来源：杨之枕：《南非第五次全国大选评析》，载《国际研究参考》2014年第6期，第47页。

（二）南非的政党制度

1. 非国大一党独大，主导南非政局。"宪法"确定了多党联合执政制度。依据"宪法"，南非总统由国民议会选举产生。另设两位副总统，由在国民议会中获得 80 议席（20%）以上的政党产生，内阁（政府）由总统、副总统及 27 名部长组成。任何在国民议会中获得 20 议席（5%）以上的政党都有资格在政府中产生 1 名部长。① 部长的人选和具体职位都由总统同副总统及参加政府的政党领袖协商后决定。显然，这些规定表明，中央一级政权的建立和运作所依据的原则不是"胜者独揽一切"的"多数统治"，而是"权力分享"的"多党联合执政"。②

南非目前的政党政治发展态势表现为非国大主导的非国大、南非共、南非工会大会三方联盟执政和多方参与格局的形成。虽然执政的三方联盟之间的斗争性是绝对的，统一性是相对的，但非国大、南非共和工会大会在可预见的将来，不至因具体政见不同而使联盟走向解体。③ 而在可预见的一段时期内，非国大的实力和领导地位在中央和基层选举中是无法挑战的。从非国大自身角度讲，曼德拉的政治遗产还将继续发挥作用。其不仅仅是非国大的领袖，也是引领新南非建设的民族之父。曼德拉对南非转型期间政党制度相对稳定、政治制度不断成熟完善作出了难以磨灭的贡献。同时，非国大自其成立以来，始终以民族和政治包容性为特征。④ 在面对联盟内部的矛盾时，非国大能够放低姿态主动与盟友进行沟通化解。非国大与盟友达成协定，每四个月举行一次三方联盟首脑会议，还专门成立一个联盟委员来研究国家和经济政策等。⑤ 而在面对反对党的攻击和对抗

---

① 夏吉生：《南非临时宪法的特点和作用及新宪法的制定》，载《西亚非洲》1996 年第 5 期，第 9 页。
② 夏吉生：《新南非政党制度的特色和发展》，载《西亚非洲》1999 年第 5 期，第 22 页。
③ 刘乃亚：《从借鉴中国经验看南非政党政治》，载《西亚非洲》2002 年第 6 期，第 35 页。
④ 杨立华：《新南非十年：多元一体国家的建设》，载《西亚非洲》2004 年第 4 期，第 42 页。
⑤ 钟伟云：《当前南非政党态势》，载《当代世界》1997 年第 10 期，第 29 页。

时,则实行打、拉结合的策略,在继续揭露国民党过去所犯罪行的同时,对另一些政党进行安抚,例如多次邀请民主党和泛非大入阁等。从反对党角度分析,他们之间尚未能找到利益共同点形成联合力量,目前仍是处在各自为战甚至互相争斗的局面。①

2. 多党制下建立的短期合作性政党关系。在南非政党政治实践中,其法定政党关系模式"多党制"表现出"竞争之中保持合作,多党竞争一党独大"的特点。反对党制度也是南非宪法规定的政党制度之一,反对党的存在与多党竞争的模式对执政党形成了制约监督机制,保障了人民的主权地位,但也在一定程度上降低了南非执政党的执政效率。南非的政党选举制理论上看是竞争型的政党关系模式,而实际运作却是以非国大为首的三方执政联盟结成的短期合作性政党关系模式。非国大与共产党的联盟实现了民族主义政党与无产阶级政党的联合,相当大程度上代表了南非人民的利益,而南非工会大会拥有20多个附属工会组织,很好地发挥了社会整合、价值导向、组织动员等政党职能,有利于协调解决各种矛盾,为政治统治提供管理辅助。而面对非国大"一党独大"形势,其他两党在保持合作的基础上,也竭力争取自己的独立性。以南非共产党为例,在1994年选举中,数千共产党员由非国大领导下的支部提名认可,被选入非国大、全国各省代表委员会、省级司法机构和市议会。这种策略对于维护"三方联盟"的团结极为重要。但是,随着南非社会的发展,工人阶级和穷人大众期望的脱贫、就业、公共需求改善等目标并没有如愿以偿。因此,共产党要求其党员为本党派争取利益。作为三方联盟的一部分,南非共产党不少成员在(南非)非国大权力及决策机构任职,如全国执行委员会委员、全国工作委员会的委员职务。党要求在这些机构中任职的南非共产党党员必须积极参加讨论,努力贯彻执行党的路线、方针和政策。②

---

① 夏吉生:《新南非政党制度的特色和发展》,载《西亚非洲》1999年第5期,第6页。
② 钟伟云、车虹:《南非共产党努力进行社会主义实践》,载《党建》2007年第9期,第14页。

但是这种政党合作模式也存在着一些不稳定因素。对非国大而言，与南非共产党、南非工会大会的联盟限制了其意识形态的包容性，其政策也会因为其盟友的倾向而带有左翼色彩。对南非共产党而言，非国大终究是资产阶级性质政党，意识形态分歧只会不断扩大。

（三）政党体制的根源与基础

1. 直接选举与间接选举相结合。南非的选举主要包括总统选举、国民议会议员选举和全国各省代表委员会代表选举。新南非实行以普遍、平等、直接与间接相结合和秘密等原则为基础的选举制度，实行全国共同选民名册、定期选举、一人一票和比例代表制，以确保责任性、回应性和公开性。凡年满18周岁的南非公民并持有选民合格证者都享有选举权。[1] 新南非废除了选举权与种族联系在一起的歧视规定，选举制度走向了普遍选举，这是南非宪政制度的重大成就。南非总统由国民议会间接选举产生。国民议会在大选后的第一次会议上，或当总统席位出现空缺时，从其议员中选出一名男性或者女性担任总统。选举总统必须由宪法法院院长或其指定的一名法官主持，依照专门的程序进行。总统补缺选举的时间必须由宪法法院院长决定，但不得晚于空缺发生后的30日。总统一经当选，就不再是国民议会议员，必须于5日内任职宣誓效忠共和国和遵守宪法。总统任期不得超过两届。南非国民议会议员由全国大选直接选举产生。国民议会由350—400人组成，由选民按比例代表制直选，任期5年。其中一半席位由九省按人口比例分配，根据全国选举从各党的省级候选人名单中产生；另一半席位根据全国大选得票比例从各党全国候选人名单中产生。[2] 议会选举议长和副议长各一名。国民议会一届期满或解散后90天内应举行下一届大选。全国各省代表委员会代表从省立法机关中拥有席位的政党内产生，不是选民直选。在全国各省代表委员会设9个代表团，每个代表团10名代表，由当然代表省长、省长任命的3名特别代表和省议会依各政党在

---

[1] 夏吉生、杨鲁平：《非洲各国议会》，北京：中国财政经济出版社2005年版，第140页。
[2] 黄政：《南非选举制度简介》，载《西亚非洲》2010年第7期，第71页。

省议会中的比例选出的6名常任代表组成,在代表结构中须确保少数党的名额。①

2. 部族势力构成了南非政治生活的基础。美国著名记者戴维·拉姆说:"部族主义是最难掌握的一个非洲概念。但要了解非洲,它又是一个最基本的概念。"② 而"部族"(ethnic group)不过是一个具有名称的有着共同祖先和传说、共有的记忆和文化因素的人群;一种与历史的领土或家园有关的联系;一个团结的度量。③ 南非的政党分野仍然建立在传统部族、种族为主导的政治归属上,远没有达到以阶级区别为划分性质的程度。南非黑人占据人口多数,但经济产值并未能获取决定性优势,黑人中产阶层尚未能形成占据主导地位的强势阶级,因此在大选中获得黑人中下层群众的支持,是意图挑战非国大执政地位的反对党的当前唯一战略选择。④ 早在19世纪末,白人殖民者就开始利用部族制度对南非进行殖民统治。英国殖民当局重新划分了酋长领地,指定酋长,并付给其一定的薪酬,使其成为依附于殖民当局的地方官员。1948年国民党政府执政,推行种族隔离政策,把南非本土人分为10个黑人家园,并试图推动黑人家园独立,以期达到将本土人从南非分割出去的目的。为此,国民党政府不断扶植拥护黑人家园政策的部族势力,通过强化其既得利益,加强部族势力对传统社会的控制。种族隔离制度废除后,黑人家园随之取消。但是非洲部落酋长制度仍有很大的社会基础,尤其是在农村地区。尽管临时宪法规定,有传统部族社区的省,都要建立省的"传统领导人议院",以保障传统部族势力的影响力。但部落酋长们对地方选举仍颇感不快。"我们将没有任何权力。

---

① "2006南非概况",见 http://www.360doc.com/content/11/0413/04/5043743_109219395.shtml。

② [美]戴维·拉姆:《非洲人》,上海:上海译文出版社1990年版,第17页。

③ Anthony D. Smith, *The Ethnic Sources of Nationalism*: *Ethnic Conflict and International Security* (Princeton University Press, 1993), p.28.

④ 杨立华:《考验宪政体制的南非第四次民主大选》,载于《西亚非洲》2009年第8期,第10页。

我们甚至不能投票，即使有投票权，我们也得遵守多数人的决议。""这意味着我们将放弃祖先托付给我们的权力，我们将成为第一代背叛传统的人。"①

三、南非政党内部规章制度分析

（一）政党内部建设概况

1910年起，南非联邦正式推行了种族隔离制度，确立了白人对政治权利的绝对垄断，引起了当地非洲人的极大不满。在反抗殖民统治、争取民族独立的过程中，南非政党纷纷建立。如，国大党、共产党等。1994年南非宣布废除种族隔离制度、举行不分种族的全国大选后，一批新的党派随即诞生。

那些具有一定规模的政党都设立了一套完整的党章、党内候选人提名规章以及竞选宣言等。大部分政党都比较注重加强党的建设，不断提高党内民主决策和科学决策的水平。为保证决策的科学性，南非各大党在决策过程中注意征求、吸收基层组织、党员个人甚至是党外群众的意见，并相应建立起一套制度，出台了一些规定和办法。如代表大会是党的最高权力和决策机构，代表大会召开得越民主，决策过程就越民主。各党召开党代会方式灵活，气氛活跃。党代表有充裕的时间发言，可以提出质疑，发表不同意见。② 提前向全党公布党代会文件，使党的最重要决策充分反映党员意志。各党还普遍设立纪检和监察机构，强化党风、党纪建设，加强对领导人的监督。

（二）政党内部规章制度的类型

1. 党内规章

第一，对党内民主的规定。例如，南非共产党党章对于"党的基本组

---

① 杨立华：《南非政治中的部族因素》，载《西亚非洲》1995年第5期，第11页。
② 丁逾：《非洲国家执政党如何发扬党内民主》，载《当代世界》2012年第5期，第71—73页。

织原则"中明确规定,为保证南非共产党的团结,党员有义务维护南非共产党,并履行其决定。上级组织的所有决定对下级组织和党员都具有约束性。南非共产党的会议和大会有权依据党章决定或推翻党的政策,党员有权在会议或大会内部保留自己的观点。但不允许任何团体形成自己的规则。所有的上级组织都应该向下级组织和党员说明其政策的出台或执行情况,为此,上级组织应在重大政策出台和施行之前,与下级组织和党员进行充分的协商。党的各级机构应在党组织内开展建设性的批评与自我批评;党的各级机构和党员在各自的工作领域中必须确保对反对父权制、改造性别关系的斗争给予相应的重视,包括建立适当的机构负责执行这一任务。[1]

第二,注重发挥基层党组织的作用。非国大认为支部是,"党的行动基础和力量之源"。其党章称,支部是非国大的"基本单位",也是"党员行动的基本单位"。支部是党员行使民主权利,讨论与提出政策建议的场所。非国大为此不定期轮训支部领导和骨干,将支部干部培训制度化;向支部下派优秀干部,帮助提高支部活动能力,中央与省级领导还经常到支部指导工作;在财力上,除10%的党费返还基层组织外,非国大还给予各支部一定资助。[2]

第三,对政党资金的管理规定。几乎所有政党都设立了全国司库或财务主管负责管理党内资金。例如,因卡塔自由党在党章中明确规定,党的财务总长应担任党的会计和财务办公室的领导;向党总裁、全国财政委员会和全国委员会报告;管理和监督党的财政,包括资金的筹集,预算和开支;与相关省执行委员会联合审查该省的财务管理。党的经费来自党员交纳的党费;党平时收到的赠款,贷款,捐赠以及税收;通过本党章总则规定的其他方法筹集的资金。党的收入和资产只能用来支付党的开销,以促

---

[1] 刘洪才主编:《当代世界共产党党章党纲选编》,北京:当代世界出版社2009年版,第366页。

[2] 中央对外联络部研究室:《南非非国大努力提升党的行动能力》,载《党建》2009年第3期,第14页。

进党的宗旨和目标。决不允许将其作为收益在党员中分配。党的经费只能用于促进党的宗旨和目标。经党的全国委员会和省级委员会同意，可以将剩余资金用做投资。

第四，对党内纪律监督的规定。几乎所有的政党党章都对党员的权利、义务以及纪律作出了明确规定。例如，南非共产党党章明确规定了党的纪律，违反党章或行为有损于南非共产党的党员，应受南非共产党的纪律处分。针对党员的违纪情况，中央委员会可以开列处罚方式。正常情况下，纪律程序应该从违纪行为发生的层级展开，即支部、区、省、全国层级。支部执委会、区执委会或省执委会应在必要时设立纪律检查委员会处理违纪事件。中央委员会可以认命不少于2人且不超过5人的常设纪检委，以处理违纪。中央委员会可以裁定纪律程序的层级，使其高于违纪单位的层级。任何面临纪律程序的人，均应接到起码提前一周的聆讯书面通知，以及起诉书，并有合理的机会为自己辩护。拒不参加聆讯或拒不接受处罚将视为严重违纪，需立即予以停职起码30天。停职将近结束时，应重开纪律聆讯，若该员继续拒不合作，则应由中央委员会开除出党。

2. 政党宣言

第一，意识形态建设。例如，2007年，南非共十二大召开，全会通过了《南非社会主义之路》的行动纲领。南非共重申，要努力"在国家权力、工厂、社区及经济、意识形态和国际领域等方面确立工人阶级的领导权"，呼吁非国大中央政府重启"国有化"政策，使社会资源的分配能够向南非广大穷人和工人阶级倾斜，并且让他们得以实施免费的义务教育等。[1] 自苏东剧变之后，南非共并没有放弃"以被历史经验证明为放之四海而皆准的马克思列宁主义为指导，领导工人阶级实现民族和社会解放"

---

[1] 康来保：《苏东剧变后南非共产党的策略调整探析》，载《重庆科技学院学报（社会科学版）》2010年第15期，第37页。

这一重要思想。① 不过，值得指出的是，南非共目前的指导思想已经不再唯马列主义马首是瞻，而是朝多元化的方向进行调整。其指出，党的主要理论来源于马克思、恩格斯和列宁等经典作家，但党还要尽可能广泛地从一切进步思想中汲取养分，如毛泽东、胡志明、格瓦拉、卡斯特罗等第三世界无产阶级革命家的思想以及卡布拉尔、内图与尼雷尔、法农、萨米尔·阿明等非洲革命家和非马列主义者的思想，另外，还有南非共众多杰出领导人的思想等。② 这些都强调了其指导思想的多元性特点。总而言之，南非共当前的指导思想具有"兼收并蓄，一主多元"的特点。

第二，保障妇女权益。非国大非常重视男女平等问题，积极推动妇女就业。以2014年非国大竞选宣言为例，在各领域的政策倡议中几乎都关注了女性利益。如，在广泛支持小企业发展方面，鼓励学校配餐计划以动员当地妇女参与。③ 二十几年来，非国大选拔了大量女性担任各级政府官员和各级议会议员，女性参政比例不断提高，在2004年大选后的议会中，女议员达131名，占总数的32.75%，在世界各国议会中名列前茅。而在同期的内阁中，女性比例更是高达44.89%，并且提出今后要有更多的女性担任政府要职，实现内阁男女比例各半的目标。④ 正是由于非国大的性别平等理念，使得南非妇女在国家政治生活中发挥着越来越重要的作用。

第三，发展经济。例如，联合民主运动党提出了其对南非经济发展的基本政策立场。现政府忽视了穷人和边缘群体的利益诉求，导致大部分南非人比1994年前的状况更糟。联合民主运动党认为，政府应该帮助所有公民创造价值、自立自强以及为国家富强作出力所能及的贡献。因此，政府

---

① 张平：《冷战后南非共产党的新变化》，载《当代世界与社会主义》2006年第2期，第11页。

② 张登文：《苏东剧变后南非共产党对社会主义的新探索》，载《上海党史与党建》2006年第12期，第51页。

③ "Together We Move South Africa Forward: 2014 Election Manifesto of ANC," p. 26, 见 http://www.anc.org.za/docs/manifesto/2014/anc-manifesto.pdf。

④ 秦德占、唐海军：《南非非国大党内民主建设的实践考察》，载《新视野》2009年第2期，第86页。

必须关注创造就业、刺激经济增长、提升投资者信心、提高服务业效率，并且担当起干预经济的责任，以保证商业繁荣和就业机会能够惠及所有南非人民。而促进小企业的发展是关键，联合民主运动党的经济发展愿景是，积极推动个人及家庭创业。同时，政府应努力为小企业发展扫除障碍，如解决融资问题。①

（三）政党内部规章制度的价值和作用

1. 注重发扬党内民主。为保证党的统一团结，南非共在制定政策时，坚持在各级党组织中实行集体领导、民主协商的原则。在重大政策的最后确定和执行之前，上级组织应尽可能同下级组织和党员进行定期、有效的协商。② 所有党员均享有相同的权利和义务，有权在党内坚持自己的观点，直到下一届党代会根据党章授予的权利决定或改变党的政策。③ 在关于党的决策的执行方面，党的上级组织作出的所有决议下级组织和党员必须执行，所有党的上级组织在制定和执行党的政策时向下级党组织和党员负责。④ 此外，南非共还特别强调反对个人崇拜和个人决策的方式，也决不允许党员进行拉帮结派。

2. 注重组织建设。非国大的组织包括全国执行委员会、省执行委员会、地区执行委员会、全国代表大会和支部，外围组织包括非国大妇女联盟及非国大青年联盟。可见，南非非国大的组织结构从纵向上和横向上都较为完善。支部是非国大的基本组织单位，代表当地发展的利益要求。支部在每年举行的例会上选举支部执行委员会，支部代表在每两年召开的地区例会上选举地区执行委员会，在每三年召开的省例会上选举省执行委员会。全国执行委员会是全国代表大会闭会期间最高组织，负有领导组织的

---

① "Economic Policy Position of UDM,"见 http://udm.org.za/economic-policy-position/。
② 张平:《冷战后南非共产党的新变化》，载《当代世界与社会主义》2006年第2期，第12页。
③ 张登文:《苏东剧变后南非共产党对社会主义的新探索》，载《上海党史与党建》2006年第12期，第51页。
④ 康来保:《苏东剧变后南非共产党的策略调整探析》，载《重庆科技学院学报（社会科学版）》2010年第15期，第39页。

责任，在每五年召开一次的全国代表大会上选举产生。全国工作委员会由全国执行委员会选举并从其中产生，主要负责日常工作事务。全国代表大会是非国大最高决策机关，由支部代表选举产生。妇女联盟相当于非国大的自治组织，目标是保护妇女权利地位并确保妇女在生活和组织中得到充分认可与肯定，主要面向非国大的女性党员吸收成员；青年联盟目标是联合并领导青年人解决有关青年发展的问题，并确保青年人在非国大组成中的地位和比例，面向所有14—35岁之间的青年吸收成员。南非共的基本组织原则是共产主义政党一贯坚持的民主集中制原则，其组织机构类似非国大，党的代表大会是其最高权力机构，中央设中央委员会，地方设省委员会和省执行委员会、区委员会和区执行委员会、支部和支部执行委员会及各级代表大会。

四、南非制度建设的挑战与未来

（一）种族隔离制度影响仍未彻底根除

持续300多年的种族歧视政策和种族隔离制度给南非的政治和社会经济生活打上了深深的种族主义烙印。[①] 在绝大多数情况下，人们依然和自己的族人交往，并主要以白人和黑人的区分来实现认同，政党活动也是如此。在种族隔离时期，政党活动实际上只是白人政党的活动，白人政党占据统治地位，主宰政坛，主要的黑人政治组织受到迫害和打击，甚至被宣布为非法，有色人和印度人的政党则都是些无足轻重的小党。新南非成立后，虽然种族隔离和种族歧视的法律均被废除，但近百年种族隔离的遗产却难以在短期内消除，种族主义思想仍然具有蛊惑力，种族主义行为仍持续不断。[②]

---

① 贺文萍：《从曼德拉到姆贝基：南非民主政治的巩固》，载《西亚非洲》2001年第6期，第11页。

② 张凯：《金融危机以来南非政党政治的发展》，载《当代世界》2014年第4期，第77—78页。

尽管经过20多年的改革，种族和解的社会发展道路已被绝大多数人所认同，但是由于旧制度下不同种族居住区的隔离，社会生活中种族之间的偏见和歧视依然存在。有些白人雇主虐待侵害黑人雇工的消息不时被媒体曝光，而一些黑人对白人仍然享受优越经济地位感到不满，也有排斥和憎恨情绪。虽然南非爆发剧烈种族冲突的可能性不大，但是种族和解仍然具有脆弱性。① 如，因卡塔并未完全放弃在1994年大选前已提出的建立联邦制的主张，以确保其部族的更大主导权。而还有一些白人政党如保守党、自由阵线，要求成立以种族为基础的联邦或者划出一省成立单独的"白人家园"。② 正如姆贝基总统1998年5月在南非国民议会发表的简称为"两个民族"的讲演所言："南非是一个有着两个民族的国家，其中的白人民族相对富有……人数众多的黑人民族则十分贫穷……我们没有成为一个民族。其结果是，民族和解的目标还未能实现。尽管民主的诞生给我们带来了希望的馈赠，但如果这种情形持续时间过长，国家建设的想法就仅仅是一个根本没有存在基础的海市蜃楼，民族和解因而更无以实现。"③

（二）犯罪率飙升、腐败问题制约政治现代化发展

自1994年废除种族隔离制度、1996年实施民主宪法以来，南非社会问题不断。一方面，犯罪率飙升、政治动荡使得许多优秀的人才离开了正迫切需要人才来建设的新南非。在整个国家的520万白人人口中，已经有超过80万人离开了南非。④ 从社会发展情况来看，1994年南非的人类发展指数为0.65⑤，到2014年还是0.658。相对于种族隔离年代在世界上排名第72位的情况，下降到目前的118位。⑥ 另一方面，非国大执政后，官员

---

① 杨立华：《新南非的包容性发展之路》，载《西亚非洲》2012年第1期，第32—33页。
② 高晋元：《联邦制在非洲：经验教训与前景》，载《西亚非洲》1997年第5期，第13—14页。
③ 温宪：《我是非洲人——姆贝基传》，北京：世界知识出版社2000年版，第211页。
④ "White Flight from South Africa," http://www.economist.com/node/12295535.
⑤ UNDP, *Human Development Report* 15 (Oxford University Press 1994).
⑥ South Africa-Human Development.

腐败问题日益浮出水面，成为南非政府面临的一大挑战。根据透明国际（Transparency International）公布的数据，南非的清廉指数排名已由2001年的38名下跌至2013年的72名。2011—2012年财年，南非公共部门的贪腐渎职行为导致纳税人损失近10亿兰特，比2006—2007财年损失的1.306亿兰特大幅上升。根据南非反腐败机构的数据，每年腐败行为使南非政府损失300亿兰特；20%的政府采购预算被腐败吞噬。① 2013年底，南非总统祖马被称使用2亿兰特的公款对其在家乡恩坎德拉的住宅进行了升级，遭到反对党以及工会组织的严厉批评。②

社会治安问题频发及政府廉洁问题堪忧导致普通南非人对民主政体的好感也在明显下降。2013年全球腐败晴雨表（Global Corruption Barometer）调查报告显示，82%的南非受访民众认为政府反腐工作成效不佳，89%的人希望通过请愿、示威等方式参与反腐工作。2013年6月南非庞德潘达（Pondering Panda）调查公司公布的民调结果显示，60%的受访者认为非国大比民盟更腐败，52%的人认为民盟在提供水电、医疗、交通等公共服务方面的表现并不比非国大差。③

（三）社会经济的较高水平发展有利于推动政党建设

相对于其他非洲国家，南非拥有较高的经济起点，为其民主制度的践行奠定了多元发展的基础。过去20年，南非经济获得空前的国际发展空间，对外贸易、外国直接投资大幅度增长。外汇储备在1994—2012年间从31亿美元提高到549.8亿美元，增长近18倍。南非当前的经济总量相当于20年前的3倍；人均国民收入同步增长，也接近20年前的3倍（2011年达到人均8078美元）。由于经济的发展和居民个人收入的提高，南非的财政收入随之上升。南非的税收政策照顾到低收入者的利益，逐步提高个

---

① 杨立华：《曼德拉的政治遗产南非发展的制度基础》，载《当代世界》2014年第2期，第33页。

② 贺文萍：《从曼德拉到姆贝基：南非民主政治的巩固》，载《西亚非洲》2001年第6期，第11页。

③ 杨之枕：《南非第五次全国大选评析》，载《国际研究参考》2014年第6期，第50页。

人所得税起征点。但是个人所得税在南非总税收中比例依然呈上升走势，2010年占到政府税收的34.7%。纳税人口从1994年的170万人（主要是白人），增加到2012年的1370万人（包括各种族的人口），显示了近20年来南非黑人（包括非洲人、有色人种和亚洲裔人）中等收入人口的增长。国际货币基金组织有关南非的一份评估报告认为，南非政府在稳定经济方面取得可观的进展，并奠定了经济取得更高增长的基础。①

经济的发展提高了南非公民参与政治建设的积极性。不同社会阶层都有代表自身利益的政治团体与市民组织、工会运动，且新闻传媒结构独立又有责任感，无论从政治文化传统还是现代化过程中的政治发展都使非国大难以一党专权。因此，比较稳定的多党竞争的民主制度是南非政党制度发展的总趋势。②此外，经济的发展也推动了无线通讯和互联网领域的信息技术革命，南非市民社会组织的沟通能力获得了很大的提升，在向政府施加压力的意愿与动能方面都更具力量。据估计，目前南非市民社会组织的数量介于17000个到140000个之间。③他们积极推动构建一个透明、负责任的南非政府。

（四）从精英主导到公民参与的过渡

新南非的建立过程主要是由政治精英主导的，而随着南非现代化进程的推进，公民参与④政治建设的水平不断提升。在《1996年南非宪法》历时2年的制宪过程中，公众积极参加讨论并且提出自己的建议，据相关的

---

① 杨立华：《曼德拉的政治遗产南非发展的制度基础》，载《当代世界》2014年第2期，第31—32页。

② 李保平：《试论南非的政治发展及其意义》，载《北京大学学报（哲学社会科学版）》1997年第1期，第80页。

③ CORE and IDASA, "Two Commas and a Full Stop: A Preliminary Report On The CivicusIndex on Civil Society Project in South Africa," *CIVICUS Index on Civil Society Occasional Paper Series*, Vol. 1, No. 9, 2001, p.11.

④ 公民参与是指普通公民通过各种合法方式参加政治生活，影响政治体系构成、运行方式、运行规则和政策过程的行为，是现代民主政治最主要的特征之一（引自：王浦劬主编：《政治学基础》，北京：北京大学出版社1995年版，第207页）。

统计，在历时 2 年的宪法起草期间，南非民众个人或民间社会团体组织总共提交给制宪议会的建议有 200 多万条。[1] 但是最终的宪法文本显示，公众参与并没有对宪法文本内容产生实质性的影响，起决定性作用的还是那些在制定过渡宪法过程中就实质参与其中的各政党，甚至一些公民组织都未能实质性地参与制宪谈判的过程，而且即使是在经过这种大规模的公众参与后，调查显示，还是有 40% 的南非民众表示自己从来没有听说过制宪过程的事情，至于表示听说或者进一步提出过自身意见的公民中，更多的是来自教育背景较高的社会阶层。[2]

当前南非政府开始越来越重视推动普通公民参与公共事务的管理，逐渐打破政治精英对公共权力的垄断，努力构建参与、竞争、博弈、妥协的民主文化。基于此，非国大强调超越族群藩篱，建设最广泛的社会联合阵线。强调通过整合、协调不同阶层和族群利益，构建广泛的党群关系。南非非国大设立群众与地方官员及中央特派员共同参加的"地方论坛"、"政策论坛"和"警务论坛"，与民众共同讨论社区基础建设和安全等问题的解决方案。[3]

---

[1] 贺文萍：《非洲国家民主化进程研究》，北京：时事出版社 2005 年版，第 216—218 页。
[2] 程迈：《非洲国家宪政转型现状及其成因分析》，载《比较法研究》2015 年第 4 期，第 145 页。
[3] 钟廉言：《国外政党的民众路线》，载《瞭望》2007 年第 40 期，第 35 页。

第一部分
宪法、全国性涉党法律

宪 法

(1996年通过新宪法并于1997年生效)

前 言

我们南非人民，认识到过去的不公平，崇敬那些为这片土地的正义与自由作出牺牲的人，尊崇那些为国家建设与发展辛勤工作的人，并且相信南非属于所有居住在这里，并团结于多元文化之下的人们。

因此，我们通过自由选举产生的代表制定了本宪法作为共和国的最高法律，以：

消除过去的割裂，建立一个基于民主价值、社会正义和基本人权的社会；

奠定一个民主、开放的社会基础，政府以人民的意志为基础，每一个公民平等地受到法律的保护；

改善所有公民生活的质量并激发每个人的潜能，以及建立一个团结和民主的南非，能够在国际体系中承担作为一个主权国家的责任。

愿上帝保佑吾民。

天佑南非。

第一章 基础条款

1. 南非共和国

南非共和国是一个建立在以下价值之上的主权独立的民主国家：

(1) 尊严、平等、人权与自由；

（2）非种族主义及非性别主义；

（3）宪法至高无上以及法治；

（4）成人普选权、普通选举人名册、经常性选举以及一个多党制的民主政府以确保负责任性和公开性。

2．宪法的至高无上性

本部宪法是共和国的最高法律，凡其规定的义务均须履行，凡是与宪法不一致的法律均无效。

3．公民权

南非具有普遍的公民权。

所有的公民都：

（1）平等地享有公民权的权利、基本人权；

（2）平等地履行各种义务与责任。

国家立法必须规定公民权的取得、丧失与恢复。

4．国歌

共和国的国歌由总统宣布决定。

5．国旗

共和国的国旗是黑、金、绿、白、红与蓝色。

6．语言

共和国的官方语言是西伯蒂语、塞索托语、赛瓦纳语、西瓦帝语、赤文达语、西松加语、公用荷兰语、英语、以西恩德贝勒语、因西科查语与因西祖鲁语。

考虑到本土语言由于历史原因导致在使用上和地位上被贬低，国家必须采取实际和积极的措施以提升这些语言的地位并推动其使用。

（1）在考虑过习俗、实际可行性、费用、地区状况以及在各相关省份中的人使用偏好与需要的平衡后，中央政府及各省政府可以采用任何特别的官方语言以满足治理的需要，但中央政府或各省政府必须采用至少两种官方语言。

（2）各级政府必须考虑语言的习惯及其居民的偏好：

中央政府及省政府必须以立法形式或采用其他措施管制与监督官方语言的使用。在不违反本条第 2 款的前提下，所有官方语言地位平等。

由国家立法机关建立的泛南非语言评议会应：

（1）促进并发展使用所有官方语言以及科伊语、那马语、科伊桑语、手语；

（2）促进并确保尊重南非群体常用的所有语言，包括德语、希腊语、古迈拉提语、印度语、葡萄牙语、塔米语、特勒古语、乌尔都语以及在我国因宗教目的而使用的阿拉伯语、希伯来语、梵文及其他语言。

第二章　权利法案

7. 权利

本章权利法案是南非民主制度的基石。它铭记了所有南非人民的权利，并确认了人的尊严、平等与自由的民主价值。

国家必须尊重、保障、推动及实现本权利法案中的所有权利。

本权利法案中的权利受到本法第 36 条或本法其他地方所含或所提及的限制。

8. 实施

本权利法案适用于所有法律，并约束立法机关、行政机关、司法机关及其他所有的国家机构。

在考虑权利的性质以及权利所加诸义务的性质以后，在适用程度上，权利法案的条款也约束自然人或法人。

当权利法案的条款依第 2 款的规定适用于自然人或法人时，法院：

（1）为了实现本法案的权利，必须适用或在必要时发展习惯法以弥补因立法未实施而导致的该权利的不足；

（2）若该限制是依据本法第 36 条第 1 款，可发展习惯法的规则以限制权利。

依照权利和法人的性质，法人一定程度上享有权利法案中的权利。

9. 平等

任何人在法律面前都是平等的。平等地受法律保护，平等地享受法律所规定的权利。

平等包括完全及公平地享受所有的权利和自由。为了促进平等的实现，可采取立法或其他措施以保护个人或团体。

国家不得对任何人进行直接或间接的歧视，无论该歧视是基于种族、性别、怀孕状况、婚姻状况、种族或出身、肤色、性取向、年龄、残疾、宗教、观念、信仰、文化、语言、出生地等任何理由。

依照第3款的规定，任何人不得基于上述一种或多种理由直接或间接地歧视他人。立法机构必须制定法律以防止歧视。

出于第3款所列的一种或多种理由对任何人进行歧视都是不公平的，除非能够证明该项歧视确属公平。

10. 人格尊严

人人都有与生俱来的人格尊严，并有权要求尊重及保护其尊严。

11. 生命权

人人都享有生命权。

12. 自由与个人安全

人人都享有自由与安全的权利，包括：

（1）不被任意或无正当理由剥夺自由的权利；

（2）未经审判不得被拘禁的权利；

（3）免于任何形式的暴力的权利；

（4）免于任何形式虐待的权利；

（5）不被以残酷、不人道或有辱人格的方式对待或处罚的权利。

每个人都享有身心完整的权利，包括：

（1）繁衍后代的决定权利；

（2）身体安全的权利；

(3) 在未获得其同意前，不受医学或科学实验的权利。

13. 奴隶、奴役及强迫性劳动

任何人不可被充当奴隶，受到奴役或强迫劳动。

14. 隐私权

每个人都有隐私权，包括：

(1) 人身及住所不被搜查的权利；

(2) 财产不被搜查的权利；

(3) 财物不被扣押的权利；

(4) 通信不被侵犯的权利。

15. 宗教、信仰与意见自由

每个人皆有良心、宗教、信仰、思想、提出意见的自由。

宗教仪式可在国家相应的机构进行，只要：

(1) 这些仪式遵守有关当局制定的规则；

(2) 在平等的基础上进行；

(3) 出于自由自愿的参加。

本条款并不禁止立法承认：

(1) 依据传统、宗教、个人或家庭法律系统成立的婚姻；

(2) 在特定传统之下或为信奉某特定宗教的人士所附的个人或家庭法律系统，但是这种承认必须遵守本条及本宪法其他条款。

16. 言论自由

每个人皆有言论自由的权利。包括：

(1) 在报纸及其他媒体上发表言论的自由；

(2) 接受或传达信息、意见的自由；

(3) 艺术创作的自由；

(4) 学术及科学研究的自由。

本条第 1 款中的权利不适用于：

(1) 战争宣传；

(2) 暴力鼓动；

(3) 基于种族、性别或宗教的，引起伤害或煽动仇恨的主张。

17. 集会、示威、罢工及请愿

每个人都享有和平地、非暴力地参加集会、示威、罢工和递交请愿书的权利。

18. 结社自由

每个人皆有结社的自由。

19. 政治权利

每个公民都可以自由地作政治选择，包括：

(1) 组织政党的权利；

(2) 参加政党的活动或为政党招募党员的权利；

(3) 为支持政党或其政治主张参加活动的权利。

每个公民都有权对依本宪法规定而成立的立法机构进行自由、公平及定期的选举。

每个成年公民都享有：

(1) 在依照本宪法规定而成立的立法机构的选举中无记名投票的权利；

(2) 参选公共职位，如果当选须保有其职位的权利。

20. 公民权

任何公民不可被剥夺公民权。

21. 迁徙及居住的自由

每个公民都有迁徙的自由。

每个公民都有离开共和国的权利。

每个公民都有进入、停留及居住在共和国任何地方的权利。

每个公民都有拥有护照的权利。

22. 职业自由

每个公民都有权自由选择其行业或职业。法律可对该行业或职业的具体实践进行规定。

23．劳工关系

每个人都享有公平劳工关系的权利。

每个劳动者都有：

（1）组织及加入工会的权利；

（2）参与工会的各种活动及安排的权利；

（3）罢工的权利。

每个雇主都有：

（1）组织及加入雇主组织的权利；

（2）参与雇主组织的活动及安排的权利。

每一个工会及雇主组织都有：

（1）决定其自身管理、活动安排的权利；

（2）组织的权利；

（3）组织和加入联合会的权利。

每个工会、雇主组织及雇主有进行集体谈判的权利。国家可制定法律规范集体谈判。如果该法律有可能限制本章中的权利，其必须符合本法第36条第1款的规定。

国家立法可以承认集体协议中所含工会安全的权利。如果该法律有可能限制本章中的权利，其必须符合本法第36条第1款的规定。

24．环境

每个人都享有：

（1）享受无损于其健康与幸福的环境的权利；

（2）为了当前及后代子孙的利益，通过合理的立法及其他措施保护环境，以防止污染及生态恶化的权利、推动环境保护的权利以及在实现合理的经济与社会发展的同时，确保自然资源和生态环境永续发展和可持续利用的权利。

25．财产

除依据普遍适用的法律外，任何人不得被剥夺财产，并且任何法律不得允许随意剥夺财产。

依法基于如下理由，可进行财产征用：

（1）公共目的或公共利益；

（2）基于受到影响的各方同意或由法院裁定或认可的支付金额、时间和方式进行了赔偿。

赔偿的金额与支付的时间和方式必须是公正公平的，是公共利益与受到影响各方利益之间达成的合理平衡，并考虑到了所有的相关状况，包括：

（1）财产目前的使用状况；

（2）财产获得及使用的历史；

（3）财产的市场价值；

（4）在财产获得及权利的资本增益中国家直接投资及补贴的程度；

（5）征用的目的。

本条中公共目的包括国家土地改革的实行，以及基于推动公平使用所有南非自然资源的改革；财产不限于土地。

国家必须在其所拥有的资源范围内采取立法或其他措施，以保障每个公民都能在公平基础上使用土地。

那些在过去因种族歧视的法律或实际而不能在法律上保有土地的个人或群体，有权在议会制定的法律允许的范围内，享有相应的救济。

在 1913 年 6 月 19 日以后，因过去种族歧视的法律或实际而被剥夺财产的个人或群体，有权在议会制定的法律允许的范围内，或者是恢复该财产，或者是得到公平的救济。

本条款不禁止国家为了修正过去种族歧视的结果可采取立法或其他措施以实现土地和水的相关改革。但是不能违反本条规定，应当符合本法第 36 条第 1 款的规定。

议会须制定第 6 款中提及的法律。

26. 住房

每个人都有获得适当的住房的权利。

国家应当在其所拥有的资源范围内采取立法及其他措施，以此逐渐实现此项权利。

在未经法院考量所有相关情况而作出裁决前，任何人不得被赶出其家园。法律不得允许任意的驱逐。

27. 医疗、食物、水和社会保险

每一个人都有权获得：

（1）医疗服务，包括生育健康服务；

（2）足够的食物和水；

（3）社会保险，包括在其不能照顾自己及亲属的情况下获得适当的社会救助。

国家应当在其所拥有的资源范围内采取合理的立法和其他措施，来逐步实现上述权利。

任何人有权获得紧急的医疗救助。

28. 儿童

每个儿童都享有：

（1）姓名及由出生获得国籍的权利；

（2）获得家庭或父母照顾，而当离开家庭环境时，有获得其他适当照顾的权利；

（3）获得基本营养、住宿、基本医疗及社会服务的权利；

（4）受到保护不被虐待、侮辱、忽视及剥削的权利；

（5）不被剥削劳动的权利；

（6）不被要求去参与或提供那些不适合其年龄或者危害儿童的幸福、身心健康及教育的工作或服务的权利；

（7）除非作为最后的手段，享有不被拘禁的权利。即使拘禁，也只能拘禁最短的时间，并且除享有第12条及第35条规定的权利外，该儿童还享有与18周岁以上成人分开拘禁的权利以及以适合其年龄的方式得到监管的权利；

（8）涉及儿童的民事诉讼中，在有可能产生重大权利侵害的情况下，享有由国家指派律师并支付费用的权利；

（9）不被直接卷入武装冲突，并在武装冲突时受到保护的权利。

在每一件涉及儿童的事务中，保障儿童的最大利益是最重要的。

本条中的"儿童"是指18周岁以下的人。

29．教育

每个人都有权享有：

（1）接受基本教育，包括成人基础教育；

（2）逐步接受更高级别的教育。

每个人都有权在公立教育机构以官方语言或其选择的语言接受教育。为了保障公民能够充分享有该项权利，国家应考虑：

（1）教育的平等性；

（2）可行性；

（3）修正过去种族歧视法律的结果及实践。

每个人都有权建立与维持独立的教育机构：

（1）不以种族歧视为基础；

（2）通过国家注册；

（3）维持不低于公立教育机构的水准。

第3款并未排除国家可以对独立教育机构进行补助。

30．语言与文化

每个人都有权使用自己选择的语言、参与自己选择的文化生活，但是任何人不得以不符合本权利法案规定的方式实施这些权利。

31．文化、宗教、语言社群

属于任何文化的、宗教的或语言群体的人都可以：

（1）享受群体的文化，从事群体的宗教活动，使用群体的语言；

（2）组织、加入及维持文化的、宗教的及语言的社团，公民社会的任何其他机构。

第 1 款中权利的实施不得违反本权利法案规定。

32. 信息的获取

每个人都享有：

（1）获取国家持有的信息的权利；

（2）为了实现或保障权利而获取他人所持有信息的权利。

国家应当制定法律实现上述权利，并可以制定适当的措施以减轻国家的行政和财政负担。

33. 公正的行政行为

每个人都有要求合法、合理、程序公平的行政行为的权利。

权利受到行政行为不当影响的任何人都有权要求获得书面解释。

国家应当制定法律以实现这些权利，并且应当：

（1）规定法院或一个独立且公正的法庭对行政行为进行复议；

（2）规定国家的责任以实现第 1 款和第 2 款的权利；

（3）提高行政效率。

34. 向法院提起诉讼

若该纠纷能够通过法律解决，人人都有权由法院或一个独立且公正的法庭在公平的公共听证中，决定法律的适用以解决纠纷。

35. 被逮捕、拘禁之人的权利

每个因被指控犯罪而被逮捕的人都有权：

（1）保持沉默；

（2）立即被告知：有权保持沉默以及不保持沉默所带来的后果；

（3）不被强迫作出任何可用作对其不利证据的自白；

（4）在合理的最快时间内被转送至法院，但是最迟不得超过逮捕后的 48 小时，如果 48 小时届满后不是法院的正常工作时间，则在 48 小时届满后的第一个法院工作日转送至法院；

（5）在被逮捕后第一次出庭时，被告知其被继续羁押或释放的理由；

（6）如果符合正义的需要，在合理的条件下可被从拘禁中释放。

每一个被拘禁的人，包括每一个被判刑的人，都有权：

（1）立即被告知被拘禁的理由；

（2）选择并咨询律师，并立即被告知这项权利；

（3）在可能构成对当事人严重不利的情况下，由国家指派律师并负担费用，并被立即告知此项权利；

（4）在法庭上亲自对拘禁的合法性提出抗辩，如果羁押确属非法，应立即被释放；

（5）基于尊严，国家应当至少提供具备适当住宿、伙食、阅读资料及医疗条件的拘押环境；

（6）与下列人士交流或受访：配偶或伴侣、近亲、选定的宗教导师、选定的医师。

每个被告都有权接受公平的审判，包括：

（1）被告知指控的细节以便答辩；

（2）有足够的时间用于准备答辩；

（3）在普通法院公开受审；

（4）开始或结束审判，在没有合理的延迟理由的情况下，不受延迟；

（5）亲自出庭受审；

（6）选择律师并由其代理，并被迅速告知此项权利；

（7）在可能造成明显不公正的情况下，由国家指派律师并负担费用，并被立即告知此项权利；

（8）在审判过程中实行无罪推定并有权保持沉默，以及不作证；

（9）有权举证或对证据提出质疑；

（10）不被强迫自证其罪；

（11）以被告通晓的语言进行审判，无法这样做时应提供翻译；

（12）任何行为在发生时依国家法律或国际法并非犯罪，不得被宣告有罪；

（13）不得对先前已经宣告无罪或有罪的任何行为，再行审判；

（14）如果对于该犯罪行为的刑罚规定在犯罪行为发生与审判之间的

时间内发生变更，则应适用较轻的刑罚；

（15）上诉至更高一级的法院，或由其复审。

本条规定的任何对特定人提出的信息，应当以该人通晓的语言提出。

以侵害本权利法案规定的任何方式获得的证据，如果采纳这种证据会导致审判不公或损害正义，则应当予以排除。

36. 权利的限制

权利法案中的权利只能依据普遍适用的法律进行限制，并且这种限制在一个以尊严、平等和自由为基础的民主和开放的社会里被认为是合理的和公平的。对权利的这种限制究竟是否合理、公平，应当充分考虑以下相关因素，包括：

（1）权利的性质；

（2）限制目的的重要性；

（3）限制的性质和程度；

（4）限制的手段和目的之间的关系；

（5）是否存在采取较少的限制就能达到目的的可能性。

除了第1款的限制或本宪法中其他条文的限制外，法律不得限制本权利法案所确立的权利。

37. 紧急状态

紧急状态只能依据议会法律的规定，并且只有当：

（1）国家受到战争、侵略、大规模暴动、自然灾害或其他公共危机的威胁；

（2）必须宣布以恢复和平与秩序为目标时，才能宣布进入紧急状态。

紧急状态的宣告以及后续的所有立法或其他行动，只可以：

（1）向后实施，不得回溯；

（2）除非国民议会决议予以延长，否则不得超过宣布后的21日。国民议会延长紧急状态，每次不得超过3个月。第一次紧急状态的延长应当由国民议会成员赞成投票的多数表决而定。后续的延长，应当由国民议会成员60％的多数赞成投票表决。决议必须经过公开辩论，方能制定。

任何有管辖权的法院都可以决定：

（1）紧急状态的宣布；

（2）紧急状态的延长；

（3）依照紧急状态而制定的法律或采取的措施的有效性。

任何依据紧急状态而制定的法律，只有在下列情况下方可偏离权利法案：

（1）此项偏离是紧急状态所绝对必要的；

（2）此项立法是符合紧急状态下、国际法下的共和国责任的，符合第5款的，并且制定后在最短的时间内公布于政府公报上。

依据紧急状态制定的法律或采取的措施不得允许或授权：

（1）赦免国家或任何个人的非法行为；

（2）对本条款的任何损害；

（3）下表中列明的，是不可减损的权利：

条数	主题	权利不可减损
第9条	平等权	针对基于种族、出身、性别、宗教信仰以及语言的不公平歧视
第10条	人格尊严	全部
第11条	生命权	全部
第12条	自由与个人安全	针对第1款第4项、第5项和第2款第3项
第13条	奴隶、奴役及强迫性劳动	针对奴隶、奴役
第28条	儿童	针对第1款第4项、第5项；第1款第7项与18周岁以上的成人分开拘禁的权利以及以适合其年龄的方式获得监管的权利；第1款第9项针对15周岁以下的儿童
第35条	被逮捕、拘禁之人的权利	针对第1款第1项、第2项、第3项；第2款第4项；第3款第1项至第15项，第4项除外；第4款；第5款"如果采纳这种证据会导致审判不公或损害正义则应当予以排除"的权利

任何人在紧急状态期间受到未经审判的拘留时，下列条件必须遵守：

（1）须在最短时间内联络被拘留者的家庭成员或朋友，并告知此人已被拘捕；

（2）在此人被拘捕的 5 日内在政府公报中刊登告示，并指出拘捕该人所依据的紧急措施；

（3）被拘捕者在合理的时间内应被允许选择 1 名医师并受访；

（4）被拘捕者在合理的时间内应被允许选择 1 名律师并受访；

（5）法院应在最短的时间内复审该项拘捕，最迟不得超过拘捕后的 10 日，并且除非为了恢复和平与秩序而必须继续该拘禁，否则应当释放被拘捕者；

（6）如果依据第 5 款或本款的复审而未被释放，被拘捕者可在上次复审过后的 10 日内向法院再次申请复审，除为了恢复和平与秩序而必须继续该项拘禁以外，法院应释放被拘捕者；

（7）在考量其拘禁时，被拘禁者应被允许亲自出庭，并由律师代表参加庭审，作出反对继续拘禁的声明；

（8）国家必须向法院说明继续拘禁被拘禁者的合法原因，并在法院审理复审拘禁的前两天向被拘禁者告知该原因。

如果法院释放被拘禁者，则不得再以相同理由拘禁此人，除非国家能向法院证明再度拘禁该人的充分理由。

第 6 款及第 7 款不适用于非南非公民及那些因国际武装冲突而遭到拘禁的人。对于这些人的拘禁，国家应遵守国际人道法规定的共和国须遵守的义务。

38. **权利的执行**

任何在本条文所列之人皆有权向有管辖权的法院宣称，本权利法案中的权利遭到了侵害或威胁，法院须给予适当的救济。这些人是：

（1）依自身利益行事的人；

（2）代理另一不能以自身名义行事的人；

（3）以团体或阶层的成员的名义或利益行事的人；

(4) 依公共利益行事的人；

(5) 依其成员利益行事的社团。

39. 权利法案的解释

在解释权利法案时，法院、法庭：

(1) 应当促进强调基于尊严、平等与自由的开放民主社会的价值观；

(2) 应当考虑国际法；

(3) 可以考虑外国法。

解释法律、发展不成文法或习惯法时，每一法院、法庭应当维护本权利法案的精神、内涵、目的。

本权利法案并不否认其他为不成文法、习惯法或立法所承认或赋予的权利或自由，只要其与本条例相符。

第三章 合作政府

40. 共和国政府

南非共和国政府由国家、省及地方层级的政府组成，三者既相互区分又相互依赖。

所有层级的政府都应当遵守本章中的原则并在本章规定的范围内行事。

41. 合作政府的原则与政府间的相互关系

所有层级的政府机构都应当：

(1) 维护和平、团结与共和国的不可分割性；

(2) 保障共和国人民的福祉；

(3) 以共和国为整体建立有效、透明、负责及具有连贯性的政府；

(4) 对宪法、共和国及人民效忠；

(5) 尊重其他层级政府的地位、制度、权力与职能；

(6) 承担宪法中赋予的权利与职能；

(7) 在实施权力及履行职能时，不侵犯其他层级政府的职能；

(8) 各层级政府应相互信任、真诚合作、互相帮助与支持、互相通知与咨商有共同利益的事务、互相协调行动与立法、遵守达成一致的程序、避免互相控告。

议会的法律须：

(1) 建立或规定相应的组织和机构，以促进和改善各层级政府之间的关系；

(2) 规定适当的机制与程序，以利于各层级政府间纠纷的解决。

国家机构在涉及政府间纠纷时，应依规定的机制与程序解决纠纷，并且在诉诸法院解决该纠纷前，应当穷尽所有的其他救济程序。

若法院认为第3款的要求没有得到满足，可以将该纠纷退回相应的国家机关。

第四章　议　会

42. 议会的构成

议会由国民议会、全国省级事务委员会组成。

国民议会与全国省级事务委员会依照本宪法规定的方式参与立法。

国民议会代表人民，保证建立遵照宪法的民治政府。为达此目的，议会选举总统、提供考虑公共议题的国家论坛、制定法律、审查与监督行政行为。

全国省级事务委员会代表各省，以确保省的利益在中央政府得到考虑。全国省级事务委员会通过参与国家立法过程、提议考虑影响到省的公共议题的国家论坛的方式实现此目的。

总统可在任何时间召集议会特别会议，商议特定事项。

议会设在开普敦，但根据本法第76条第1款及第5款制定的议会法律，可以决定议会设在其他地点。

43. 共和国的立法权威

在共和国：

（1）依据第 44 条的规定，由议会行使国家立法权；

（2）依据第 104 条的规定，由省立法机关行使省级的立法权；

（3）依据第 156 条规定，由市议会行使地方层级的立法权。

44．国家立法权

国家立法权赋予议会。

（1）国民议会有权：

修改宪法；

制定关于任何事务的法律；

除修宪权外，可委托其他层级的立法机构行使其立法权。

（2）全国省级事务委员会有权：

依照第 74 条的规定，参与修改宪法；

依据第 76 条规定，通过有关事务的立法；

依照第 75 条的规定，审议由国民议会通过的法律。

议会可依照第 76 条第 1 款，通过法律干涉事务，以：

（1）维护国家安全；

（2）维护经济整体；

（3）维持基本国家准则；

（4）建立提供服务所必要的最低标准；

（5）防止一省采取危害到另一省或整个国家利益的不合理行动。

当行使立法权力时，议会只受限于宪法，并且必须在宪法范围内行事。

45．联合规则与命令及联合委员会

国民议会与全国省级事务委员会应建立一个联合规则委员会，来为两院的联席事务制定规则与命令，这些规则与命令包括：

（1）为加速立法进程设定程序，包括为立法的每一进程设定时限；

（2）建立由国民议会议员与全国省级事务委员会代表组成的联席委员会，根据第 74 条及 75 条的规定，审议相关法案；

（3）建立一个联席委员会，以至少每年审议宪法一次；

（4）管制联合规则委员会、仲裁委员会、宪法审议委员会以及依照第2款规定建立的任何联席委员会的事务。

内阁成员、国民议会议员、全国省级事务委员会议员在联席委员会中享有与其在国民议会或全国省级事务委员会中相同的特权与豁免。

第一节 国民议会

46．构成与选举

国民议会由不少于350人但不多于400人的议员组成，选举议员所依据的选举制度应当：

（1）由国家立法进行规定；

（2）以全国普遍选举人名册为基础；

（3）规定18周岁以上的选举年龄；

（4）保证选举结果大体上符合比例代表制。

议会必须立法规定决定国民议会成员人数的方式。

47．议员资格

任何享有选举权的公民都有资格成为国民议会的议员，除了：

（1）被国家任命或为国家服务并因此而获得薪资者。但是总统、副总统、部长、副部长以及其他官员，如果其职务依照法律规定不与其议员职务相冲突，则不在此列；

（2）全国省级事务委员会的永久代表或省级立法机构或市议会的议员；

（3）破产者；

（4）被共和国法院宣布为心智不全者；

（5）在本条文生效后，任何在国内或国外被控犯罪并被判12个月以上监禁并不得以缴纳罚金为替代的，条件是在国外构成的犯罪在国内也被认为是犯罪，且任何人不得被认为刑罚确定直到允许上诉的期限届满。本项的限制在服完刑5年后终止。

依照本条第 1 款第 1 项、第 2 项不得成为国民议会成员的人，可以基于法律的规定或限制成为国民议会候选人。

一个人在下列情形下丧失国民议会议员资格：

（1）不再符合国民议会成员资格；

（2）未经允许缺席会议，而议会的规则规定此种情形应当丧失议会议员资格；

（3）不再具有提名其担任议员的政党的党员身份。

国民议会的空缺应当依照国家法律予以补充。

48. 宣誓或确认

国民议会成员开始履行职务前，应当宣誓确认对共和国的忠诚及对宪法的遵守。

49. 任期

国民议会每届任期为 5 年。

如果国民议会依照第 50 条解散或任期届满，总统应当宣布设定日期举行选举，选举应当在议会解散或任期届满之日起 90 日内举行。宣布设定选举日期可以在国民议会任期届满之前或之后进行。

如果国民议会的选举结果未在第 190 条规定的期限内宣布，或选举被法院判定无效，则总统应当宣布设定日期举行另一选举，该选举应当在前一选举被判无效之日起 90 日内举行。

国民议会在解散或任期届满后仍有权继续运作，直到下届议会选举的第一日为止。

50. 任期届满前国民议会的解散

总统应当解散国民议会，如果：

（1）国民议会议员多数投票赞成解散；

（2）国民议会选举已过 3 年。

代理总统应当解散国民议会，如果：

（1）总统职位出缺；

(2) 国民议会未能在总统职位出缺的 30 日内选出新总统。

51. 开会与休会

选举结束后，国民议会的第一次开会应当依照宪法法院院长所确定的时间召开，但是不得迟于选举结果宣布后的 14 日。议会可自行决定其他的开会与休会时间。

总统可在任何时间召开国民议会的特别会议。

只有出于公共利益、公共安全或公共便利的理由以及国民议会的相关规定，国民议会的会议才能够在议会所在地以外的地方召开。

52. 议长、副议长

在选举后的第一次会议中，或必须填补空缺时，国民议会必须在其议员中选出 1 名议长和 1 名副议长。

宪法法院院长应主持议长的选举，或指派另一法官主持。议长应当主持副议长的选举。

议会可以决议免除议长与副议长的职务。

上述决定表决时，议会多数议员必须出席。

依据其规则与命令，国民议会可从其成员中选出其他的干事主持会议。

53. 决议

除非本宪法作出其他规定，否则

(1) 在对一法案或法案的修正案投票时，国民议会的多数成员必须出席；

(2) 至少有成员三分之一出席才能在国民议会中对其他问题进行投票；

(3) 在国民议会中所有问题皆由多数决定。

主持国民议会会议的成员无权自主投票，除非：

(1) 当赞成票与反对票票数相等时，应当投下决定性的一票；

(2) 在该问题必须由议会成员至少三分之二的支持票决定时，可以投下自主的一票。

54. 特定内阁阁员和副部长的权利

总统、内阁阁员以及非国民议会议员的副部长,依据国民议会相关规定可以出席国民议会并发言,但是不得投票。

55. 国民议会的权力

在行使其立法权力时,国民议会须:

(1) 审议、通过、修正或拒绝任何立法;

(2) 提议或准备立法,财政法案除外。

国民议会应当设定机制:

(1) 以确保中央政府的所有行政机构对其负责;

(2) 监督国家行政权威的运作,包括法案的执行。

56. 向国民议会提出的证据

国民议会或其任何委员会有权:

(1) 传唤任何人向其提出证据;

(2) 要求任何人或机构向其作出报告;

(3) 依照国家法律,要求任何人或机构遵守第1款或第2款的传唤或要求;

(4) 接受任何有关人士或机构的请愿及委托书。

57. 国民议会的内部安排、会议及程序

国民议会得:

(1) 决定并控制其内部安排、会议及程序;

(2) 在考虑代表性、参与性、责任制、透明度以及公众参与程度的基础上,制定关于其业务的规则与程序;

国民议会的规则与程序必须包括:

(1) 其委员会的建立、组成、权力、功能、程序及任期;

(2) 依照民主原则,国民议会中少数党对于国民议会及其委员会会议的参与;

(3) 依照比例代表制对议会中各政党提供财物及行政支援,以使各政

党及其领袖能在国民议会中有效发挥其作用；

（4）承认在国民议会中最大反对党的领袖为反对党领袖。

58. 特权

内阁阁员、副部长与国民议会成员：

（1）在国民议会及其各委员会中依其规则和程序享有言论自由；

（2）享有不得基于下列原因受刑事或民事诉讼追究、逮捕、监禁或赔偿的权利。包括：在国民议会及其委员会中所言、所出示或所提供的任何事物。

国家立法可以规定国民议会成员、内阁阁员的其他特权与豁免。

国民议会成员的薪水、津贴由国家财政直接支付。

59. 国民议会的公众接触与参与

国民议会必须：

（1）在国民议会及其各委员会的立法及其他程序中促进公众参与；

（2）以公开方式议事，在公开场合举行会议及其委员会的会议，但可以采取适当措施以规制公众进入议会及其委员会，包括规制媒体的进入以及搜查任何人，或必要时拒绝任何人的进入或驱逐任何人。

国民议会不得在委员会会议中排除公众或媒体，除非这种做法是在一个民主开放的社会中被认为是合理合法的。

第二节　全国省级事务委员会

60. 全国省级事务委员会的组成

全国省级事务委员会由每一省派遣10人的代表团组成。

这10人代表包括：

（1）当省长不能出席时，由省长指派的省1名立法机构成员、3名其他特别代表；

（2）依照第61条第2款规定所指定的6名永久性代表。

当省长不能出席时，由省长指派的1名省代表团成员率领省代表团。

61. 代表名额的分配

在省立法机构中有席位的政党均有权在省代表团中派出代表。

在省立法机构的选举结果宣布后的30日内，立法机构须：

（1）依照国家法律决定每一政党的代表有多少是永久性代表，多少是特别代表；

（2）依照各政党的提名指派永久性代表。

第2款第1项应确保少数党以民主的方式参与到代表团的永久性代表与特别代表之中。

经省长与有权在省代表团中派出特别代表的政党领袖同意，立法机构须经常从立法机构的成员中指派特别代表。

62. 永久性代表

被提名为永久性代表的人必须有资格成为省立法机构成员。

如果省立法机构的成员被指派为永久性代表，则其不再担任省立法机构成员。

永久性代表的任期在省立法机构下一次选举后的第一次开会前届满。

一个人在下列情形下不再担任永久性代表：

（1）失去省立法机构成员资格，但因被任命为永久性代表而失去资格者除外；

（2）成为内阁阁员；

（3）失去省立法机构的信任并被其提名政党召回；

（4）不再是其提名政党的成员并被该党罢免；

（5）未经允许缺席会议，而全国省级事务委员会规定此种情况丧失永久性代表职务。

永久性代表的空缺应当依照国家立法的规定填补。

永久性代表在全国省级事务委员会中开始履行职务前，应当宣誓确认对共和国的忠诚及对宪法的遵守。

63. 全国省级事务委员会的开议

全国省级事务委员会须决定其开议的时间、期间以及休会的期间。

总统可在任何时间召开全国省级事务委员会特别会议。

出于公共利益、安全或便利的理由，全国省级事务委员会才得与议会在不同地点开议。

64. 主席与副主席

全国省级事务委员会应在其代表中选出一位主席与两位副主席。

主席与一位副主席由永久性代表担任，任期5年，除非他们的代表任期更早届满。

另一位副主席则被选出任期1年，并且到期应当由另一省的代表继任，以便每一省都能依序被代表。

宪法法院院长应主持主席的选举，或指定另一位法官主持。

主席主持副主席的选举。

全国省级事务委员会可以免除主席或一个副主席的职位。

依照其规则与程序，全国省级事务委员会可在其代表中选出其他干事主持会议。

65. 决议

除非宪法另有规定，否则

（1）每一省有一票，由代表团团长投下；

（2）在全国省级事务委员会中所有问题皆须获得至少5省赞成票的支持。

依照第76条第1款或第2款的程序而制定的议会法案应规定，省立法机构授权其代表团代其投票的统一程序。

66. 行政部门成员的参加

内阁阁员和副部长可出席全国省级事务委员会并发言，但不得投票。

全国省级事务委员会须要求内阁阁员、副部长或国家行政机构或省行政机构的官员出席会议或其委员会的会议。

67. 地方政府代表的参与

依照第163条规定组成的地方政府须指派不超过10名代表不同层级地

方政府的兼职代表，在必要时参与全国省级事务委员会，但不得投票。

68．全国省级事务委员会的权力

在行使其立法权力时，全国省级事务委员会须：

（1）依据本章审议、通过、修正、建议修正或拒绝任何法案；

（2）提议或准备在第 76 条第 3 款中提到的立法，但不得提议或准备财政法案。

69．向全国省级事务委员会提出的证据

全国省级事务委员会或其任何委员会得：

（1）传唤任何人在宣誓下向其提出证据或出示文件；

（2）要求任何人或机构向其作出报告；

（3）依照国家立法，要求任何人或机构遵守第 1 款或第 2 款的召唤；

（4）接受任何有关人士或机构的请愿及委托书。

70．全国省级事务委员会的内部安排、会议及程序

全国省级事务委员会须：

（1）决定并控制其内部安排、会议及程序；

（2）在考虑代表性、参与性、负责性、透明度以及公众参与程度的基础上，制定关于其业务的规则与程序。

全国省级事务委员会的规则与程序必须包括：

（1）其委员会的建立、组成、权力、功能、程序及任期；

（2）所有的省份以民主的方式参与其会议；

（3）当一事项必须依照第 75 条作出决定时，在委员会中持有席位的少数党以民主方式参与议会及其委员会的会议。

71．特权

全国省级事务委员会代表以及第 66 条、第 67 条所涉及的人士：

（1）在议会及其各委员会中依其规则和程序享有言论自由；

（2）享有不得基于下列原因受刑事或民事诉讼追究、逮捕、监禁或赔偿的权利，包括：在国民议会及其委员会中所言、所出示或所提供的任何事物。

国家立法可以规定全国省级事务委员会代表以及第66条、第67条所涉及人士的其他特权与豁免。

全国省级事务委员会的永久性成员的薪金、津贴由国家财政直接支付。

72. 全国省级事务委员会的公众接触与参与

全国省级事务委员会须：

（1）在议会及其各委员会的立法、其他程序中，促进公众的参与；

（2）以公开方式议事，在公开场合举行会议以及其委员会的会议，但可以采取适当措施规制公众进入议会及其委员会，包括规制媒体的进入以及搜查任何人，或必要时拒绝任何人的进入或驱逐任何人。

全国省级事务委员会不得在委员会的会议中排除公众或媒体，除非这种做法是在一个民主开放的社会中被认为是合理合法的。

第三节　国家的立法过程

73. 所有法案

任何法案均须在国民议会提出。

只有内阁阁员或副部长、国民议会议员或委员会可在国民议会提出法案，但只有内阁中负责国家财政事务的阁员才可在议会中提出以下法案：

（1）财政法案；

（2）第214条规定的立法法案。

除了本条第2款第1、2项所称"法案"，第76条第3款所称"法案"可提交至全国省级事务委员会。

只有全国省级事务委员会议员或委员会可在议会中提出法案。

由国民议会通过的法案必须提交全国省级事务委员会，如果该法案必须由全国省级事务委员会审议，则由全国省级事务委员会通过的法案必须提交国民议会。

74. 宪法修正案

第 1 条及本条的修正，需要：

(1) 国民议会至少 75% 的赞成票；

(2) 全国省级事务委员会至少 6 省的赞成票。

第二章的修正，需要：

(1) 国民议会至少三分之二的赞成票；

(2) 全国省级事务委员会至少 6 省的赞成票。

本宪法其他条款的修正，需要：

(1) 国民议会至少三分之二的赞成票；

(2) 全国省级事务委员会至少 6 省的赞成票，如果该修正案与议会的事务相关，涉及改变省的疆界、权力、功能、制度或者修正关于省特定事务的条款。

宪法修正案不得包括宪法修正案以外的条文。

在依照第 73 条第 2 款的规定，提出宪法修正案前至少 30 日，计划提出法案的个人或委员会须：

(1) 依照国民议会的规则与程序，在国家政府公报上公布所提修正案的事项，供公众评论；

(2) 依照国民议会的规则与程序，向省的立法机构提出修改事项，听取其意见；

(3) 依照全国省级事务委员会的规则与程序，如果该修正案不需要全国省级事务委员会的通过，向议会提出修改事项进行公开辩论。

当宪法修正案被提出时，法案的提案人或提案委员会必须提交来自公众及省立法机构的书面评论：

(1) 给议长，以列入国民议会的议程；

(2) 关于第 1、2 款或第 3 款第 2 项中所指的修正案，给全国省级事务委员会主席，以列入全国省级事务委员会的议程。

宪法修正案不得在：

(1) 其提出后的 30 日内在国民议会付诸投票，如果法案是在国民议会开议期间被提出的话；

（2）在大会列入议程的 30 日内在国民议会付诸投票，如果法案是在国民议会休会期间被提出的话。

如果第 3 款第 2 项中所指法案或其任何部分只影响特定的一省或几省，全国省级事务委员会不得通过该法案或相关部分，除非其被有关省的立法机构所批准。

由国民议会或全国省级事务委员会通过的宪法修正案必须提交总统同意。

75. 不影响省的普通法案

当国民议会通过一个非适用第 74 条或第 76 条中规定程序的法案，该法案必须提交全国省级事务委员会，并且依照下列程序处理：

（1）通过该法案，或通过由其建议的修正案或拒绝该法案；

（2）如果议会并未建议修正而通过该法案，则法案必须提交总统同意；

（3）如果议会拒绝该法案或在修正下通过，则国民议会必须考虑全国省级事务委员会所提的修正案，并再度通过该案或决定不处理该案；

（4）国民议会依照第 3 项的规定通过的法案必须提交总统同意。

当全国省级事务委员会依本条规定投票时，第 65 条的规定不适用，而是

（1）省代表团的每一成员皆有一票；

（2）在投票时，必须至少要有三分之一的代表出席；

（3）如果支持反对的票数相同，则由主持会议的代表投下决定性的一票。

76. 影响省的普通法案

当国民议会依照第 3 款、第 4 款、第 5 款通过一法案后，该法案必须提交全国省级事务委员会并且依照下列程序处理：

（1）全国省级事务委员会必须通过该法案，或通过由其建议的修正案

或拒绝该法案；

（2）如果全国省级事务委员会并未建议修正而直接通过该法案，则该法案必须提交总统并获得总统同意；

（3）如果全国省级事务委员会通过一修正案，该修正案必须提交国民议会，而如果国民议会通过该修正案，则该修正案必须提交总统并获得总统同意；

（4）如果全国省级事务委员会拒绝该案，或国民议会拒绝其修正案，该法案连同修正案应适时交付仲裁委员会。仲裁委员会可同意国民议会通过的法案，或全国省级事务委员会通过的修正案或另一版本的法案；

（5）如果在法案交付后的 30 日内，仲裁委员会无法作出决定，则该法案失效，除非国民议会以至少三分之二多数再度通过该法案；

（6）如果仲裁委员会同意国民议会通过的法案，则该法案应提交全国省级事务委员会，如果全国省级事务委员会通过该法案，则该法案必须提交总统并获得总统同意；

（7）如果仲裁委员会同意议会通过的修正案，则该法案应提交国民议会，如果国民议会通过该法案，则该法案必须提交总统并获得总统同意；

（8）如果仲裁委员会同意另一版本的法案，则该版本的法案必须同时提交国民议会与全国省级事务委员会，如果二者皆通过，则该法案必须提交总统并获得总统同意；

（9）如果依照本条第 6 款或第 8 款提交全国省级事务委员会的法案未被议会通过，则该法案失效，除非国民议会以三分之二多数再度通过该法案；

（10）如果依照本条第 7 款或第 8 款提交国民议会的法案未被通过，则该法案失效，但原来由国民议会通过的法案须由其至少三分之二多数再度通过；

（11）由国民议会依第 5 款、第 9 款、第 10 款通过的法案，必须提交总统同意。

经全国省级事务委员会依照第 3 款通过的法案，须提交国民议会，并依下列程序予以处理：

（1）国民议会必须通过该法案，或通过其修正案或拒绝该法案；

（2）经国民议会依第2款第1项规定通过的法案，提交总统并获得总统同意；

（3）经国民议会通过的修正案，须提交全国省级事务委员会，而如果委员会通过该修正案，则必须提交总统并获得总统同意；

（4）如果国民议会拒绝该法案，或全国省级事务委员会拒绝通过修正案，该法案连同修正案应适时交付仲裁委员会，仲裁委员会可同意全国省级事务委员会通过的法案或国民议会通过的修正案或另一版本的法案；

（5）如果在法案交付后的30日内，仲裁委员会无法作出决定，则该法案失效；

（6）如果仲裁委员会同意议会通过的法案，该法案应当提交国民议会，如果国民议会通过该法案，则该法案必须提交总统并获得总统同意；

（7）如果仲裁委员会同意国民议会通过的修正案，则该法案应提交全国省级事务委员会，如果委员会通过该法案，则该法案必须提交总统并获得总统同意；

（8）如果仲裁委员会同意另一版本的法案，则该版本的法案须同时提交国民议会与全国省级事务委员会，如果二者皆通过，则该法案必须呈交总统并获得总统同意；

（9）如果依照第6款或第8款提交国民议会的法案未被通过，则该法案失效。一法案必须依照第1款或第2款中建立的程序处理，如其是在下列条款中规定立法的事项：

（1）第65条第2款；

（2）第163条；

（3）第182条；

（4）第195条第3款、第4款；

（5）第196条；

（6）第197条。

一法案必须依照第1款中建立的程序处理，如果它是在：

（1）第 44 条第 2 款或 220 条第 3 款中规定；

（2）第 13 章中规定的那些影响到省级政府财政利益的要立法的事项。

第 42 条第 6 款中提及的法案必须依第 1 款中建立的程序处理，除非：

（1）当国民议会提议表决法案时，第 53 条 1 款的条文不适用，而是只要国民议会多数赞成即可通过该法案；

（2）如果法案提交仲裁委员会，则适用下列规则：

如果国民议会考虑第 1 款第 7 项或第 8 项"法案"，只要国民议会成员的多数票赞成即可通过；如果国民议会考虑重议第 1 款第 5 项、第 9 项、第 10 项"法案"，则须经国民议会至少三分之一多数赞成方可通过。

本条文不适用于财政法案。

77. 财政法案

拨款、征税、捐税、关税的法案是财政法案，除了附属于拨款、征税、捐税、关税的事项外，财政法案不得讨论其他事项。

所有财政法案须依照第 75 条所建立的程序审议，国民议会应制定修改财政法案的程序。

78. 仲裁委员会

仲裁委员会由下列人士组成：

（1）由国民议会依据其规则所设定的程序选出 9 名国民议会议员，且要求在此结果中政党的代表与国民议会中政党的代表的比例大致相同；

（2）由全国省级事务委员会每一省代表团指定一名代表。

仲裁委员会同意某版本的法案或决定某问题，该版本的法案或该问题的这种决定须获得

（1）至少 5 位国民议会代表；

（2）至少 5 位全国省级事务委员会代表的支持。

79. 法案的同意

总统必须或是同意并签署依照本章规定通过的法案，或是对该法案的合法性有所保留而将其退回国民议会重议。

联席规则必须规定国民议会重议法案及全国省级事务委员会参与过程的程序。

全国省级事务委员会在下列情形下，必须参与由总统退回国民议会的法案重议：

（1）总统对法案合法性的保留是关于涉及全国省级事务委员会的程序事项；

（2）依据第 74 条第 1、2 款或第 3 款第 2 项或第 76 条通过的法案。

在重议后，如果法案完全按照总统的意见修改，则总统必须同意并签署该法案。否则总统必须：

（1）或是同意并签署该法案；

（2）或是提交宪法法院决定其合法性。

如果宪法法院判定该法案合法，则总统必须同意并签署之。

80．国民议会成员向宪法法院的申请

国民议会议员应向宪法法院申请宣布某法律的全部或部分违宪。

该申请：

（1）必须获得三分之一以上国民议会议员的支持；

（2）必须在总统同意并签署该法案的 30 日内提出。

宪法法院在下列情形下须宣布依照第 1 款规定申请解释的法律的全部或部分暂时无效，直到宪法法院作出决定：

（1）基于正义的利益；

（2）该申请存在申请成功的合理可能性。

如果申请不成功或没有申请成功的合理可能法，法院得要求申请者支付费用。

81．法案的公布

由总统同意并签署的法案成为法律，应立即公布，并从公布或依照该法津决定的日期起生效。

82．法律的保管

法津的签署版本是该法律条文的正式标准版本，在公布后，须委托宪法法院保管。

第五章　总统与国家行政部门

83. 总统

（1）是国家元首及国家行政部门首脑；

（2）必须支持、维护宪法为共和国的最高法律；

（3）促进共和国的团结。

84. 总统的权力与职能

总统拥有宪法与法律赋予的权力，包括履行国家元首及行政首脑的职能所必须拥有的权力。

总统有下列职责：

（1）同意并签署法案；

（2）将法案退回国民议会重议该法案的合法性；

（3）将法案提交宪法法院以决定其合法性；

（4）召集国民议会、全国省级事务委员会或特别会议；

（5）依照宪法或法律的规定，任命政府除行政首脑外的其他人员；

（6）任命调查委员会；

（7）依照议会法津的规定，宣布公民投票；

（8）接受及承认外国的外交及领事代表；

（9）任命大使、全权大使以及外交和领事代表；

（10）对犯罪者予以赦免或暂缓处刑以及免除任何惩罚；

（11）授予勋章。

85. 共和国的行政权力

共和国的行政权力在总统。

总统与其他内阁成员以下列方式行使行政权力：

（1）执行国家立法除非宪法或议会法律有其他规定；

（2）发展与执行国家政策；

（3）协调国家部门与内阁间的职能；

（4）准备及发起立法；

（5）执行任何其他宪法或法律规定的行政职能。

86. 总统的选举

国民议会在其选举后的第一次会议或必须填补总统缺位时，须在其成员中选出 1 名女性或男性担任总统。

宪法法院院长应主持总统的选举或指定其他的法官主持。

填补总统职位空缺的选举的时间应由宪法法院院长决定，但不得超过空缺发生后的 30 日。

87. 总统职位的担任

一旦被选为总统，该人不再担任国民议会议员，并且应在 5 日内宣誓就职，确认对共和国的效忠及对宪法的遵守。

88. 总统职位的任期

总统职位的任期自就职始，而至职位空缺发生或下一任总统就职时止。

任何人担任总统不得超过两届，但当一个人是被选出填补总统职位空缺时，该选举至下一次总统选举的期间不被视为一届。

89. 总统的解职

当总统有下列情形之一时，国民议会议员三分之二多数赞成可以免除其总统的职务：

（1）严重违反宪法和法律；

（2）严重的错误行为；

（3）无力履行职能。

因第 1 款第 1 项、第 2 项的原因而被免除总统职务的人，不得领取任何该职务的薪金报酬并不得再担任任何公职。

90. 代理总统

当总统不在共和国内或因故无法履行总统职责或在总统职位出缺的期间，下列人员依序代行总统之职：

（1）副总统；

（2）总统指定的部长；

（3）内阁其他成员指定的部长；

（4）议长，直到国民议会指定一其他成员。

代理总统拥有总统的责任、权力与职能。

在履行总统的责任、权力与职能前，代理总统应当宣誓确认对共和国的效忠及对宪法的遵守。

在下一任总统就任之前，已经宣誓的代理总统在其任职期间不需重复宣誓或确认效忠。

91．内阁

内阁由作为内阁首脑的总统、一位副总统和各部部长所组成。

总统任命副总统和各部部长，指定其权力与职能，并可将其免职。

总统：

（1）必须从国民议会议员中选出副总统；

（2）从国民议会议员中选出任何数目的部长；

（3）从国民议会议员之外选出不超过 2 位的部长。

总统必须指派一内阁阁员在国民议会中担任政府事务的领导。

副总统应协助总统履行政府的职责。

92．负责制

副总统和各部部长对总统指定其的行政权力和职能负责。

内阁阁员对其权力的运用及职能的履行向议会个别及集体负责。

内阁阁员必须：

副总统和各部部长对总统指定其的行政权力和职能负责。

内阁阁员对其权力的运用及职能的履行向议会个别及集体负责。

内阁阁员必须：

（1）依照宪法行事；

（2）向议会提供完整且经常性的关于他们主管事务的报告。

93. 副部长

总统可以：

（1）从国民议会议员中委任任意数量的副部长；

（2）在国民议会议员之外的人中委任不超过 2 名的副部长以协助内阁阁员，并有权将其免职。

依照第 1 款第 2 项委任的副部长为其权力与表现对议会负责。

94. 内阁在选举后的继续任职

当国民议会的选举举行时，内阁、副总统、部长及任何副部长仍可以继续履行其职务，直到下一任总统就职为止。

95. 宣誓或确认

在副总统、部长、副部长开始履行职务前，应宣誓确认对共和国的效忠及对宪法的遵守。

96. 内阁阁员及副部长的行为

内阁阁员及副部长须依照国家立法所规定的伦理准则行事。

内阁阁员及副部长不得：

（1）从事其他有报酬的职务；

（2）从事任何与其职务不相符的行为，或使自己陷入公共职责与私人利益相冲突的境地；

（3）利用其职务为自己谋利或使他人不当得利。

97. 职能的转移

总统可以公告，将下述职能由内阁的一位成员转移给另一位成员行使：

（1）任何法律的执行；

（2）法律规定的权利或职能。

98. 临时职务的指派

总统须将因缺席或不能行使权利或履行职务的阁员的权利或职务指派

给另一内阁成员。

99．职能的指派

一内阁成员须将依照议会法律规定必须行使或履行的权力或职能指派给一省行政会议的成员或市议会。而这样的指派：

（1）必须依照相关内阁阁员及行政会议成员或市政府间的协议；

（2）必须符合议会法律的规定须行使或履行的权力或职能；

（3）从总统公布之时起实施。

100．省级行政的国家干预

当一省不能或未依照宪法或法律履行其行政责任时，国家行政部门须采取任何适当的措施干涉以确保该责任的履行，包括：

（1）向省行政机关发出命令，指出其未能履行责任的情况，并告之须采取的步骤以履行其责任；

（2）必要时在该省承担相关的责任以实现：在提供服务时维持基本的国家标准；维持经济和谐；维护国家安全；防止该省采取不当行动损害另外一省或国家整体的利益。

如果国家行政部门依第1款第2项的规定在一省中进行干预：

（1）必须在干预开始后，于全国省级事务委员会第一次开议的14日内向其发出干预通知；

（2）全国省级事务委员会如果在干预开始后的180日内，拒绝接受该干预或在上述期限终止时没有接受该干预，则该干预须终止；

（3）在干预期间全国省级事务委员会须定期审视干预，并对国家行政部门提出适当建议。

国家须立法规范本条所建立的程序。

101．行政决定

总统须以书面方式作决定，如果该决定：

（1）法律规定应采取书面方式；

（2）有法律效果。

总统的书面决定须由另一阁员副署，如果该决定涉及指定给该阁员的职能。

公告、条例以及其他从属立法的文件须向大众开放。

立法机构可以规定第 3 款中的从属立法文件的种类和范围，并且必须：

（1）由议会审议；

（2）经议会通过。

102. 不信任动议

如果国民议会以多数票支持通过除总统外的内阁的不信任动议，总统须重组内阁。

如果国民议会以多数票支持通过对总统的不信任动议，总统与内阁其他成员以及副部长须辞职。

第六章

103. 省份

（1）共和国有以下省份：

（a）东开普省；

（b）自由邦省；

（c）豪登省；

（d）夸祖鲁－纳塔尔省；

（e）姆普马兰加省；

（f）北开普省；

（g）林波波省（根据 2003 年第 3 号法案增补）；

（h）西北省；

（i）西开普省。

（2）各省的边界在宪法生效时即已存在。

104. 各省的立法权限

（1）一个省的立法权授予省议会，并赋予省议会如下权力：

（a）根据第142条和第143条之规定，通过或修改本省的宪法；

（b）根据如下规定通过本省立法：

（i）附表4所列的区域内任何事项；

（ii）附表5所列的区域内任何事项；

（iii）经全国立法机构授权的区域外的事项；

（iv）宪法中规定的省级立法的任何事项。

（c）授权该省市议会以立法权力。

（2）经至少三分之二的支持票通过，省议会有权要求国会更改省名。

（3）省议会只受宪法约束，如果它是已经通过了本省宪法，则须在宪法和本省宪法规定内行动。

（4）如果有助于有效行使附表4所列事项或其他有需要执行的事项，省议会可基于附表4之事项为目的进行立法活动。

（5）由于议会的法令优先于省的法律，省议会可就权力范围以外的任何事项向国民议会建议立法。

105．省议会的组成和选举

（1）根据附表6A以及选举系统的规定，省议会成员的选举须：

（a）符合国家法律规定；

（b）基于全国普通选民在本省的比例；

（c）最低投票年龄18岁；

（d）实行比例代表制。

（2）省议会由30—80名成员构成。成员数量因省而异，各省议会成员数量须由全国法律根据公式计算得出。

106．议员资格

（1）每个有资格在国民议会投票的公民都有资格成为省议会的成员，除非：

（a）任何从事国家公职岗位的人员，但不包括下列人员：

（i）省长和其他省行政委员会成员；及

(ii) 其他兼任省议会的成员的人（已由国家法律规定）。

(b) 国民议会议员、省务院终身议员或市政会议成员；

(c) 生活不能自理的破产者；

(d) 任何被共和国法院宣布为精神不健全的人；

(e) 在本节生效后，任何在共和国境内、共和国境外犯罪，被裁定罪名成立，并判处监禁12个月以上而不得以罚款代罚的人。但在被判刑定罪或判刑提出上诉直到已经终审判决，或直至上诉的时间已过期之前，任何人不得被视为有罪。一旦判定有罪，根据本段规定，5年内取消被选举权。

(2) 除非国家法律作出任何限制条件，只要没有违反第（1）款的(a)项或(b)项之规定，即可拥有本省议会成员的候选人资格。

(3) 如果出现如下情况，将失去省议会的成员资格：

(a) 不具备资格；

(b) 根据议会条例和命令，指未经许可缺席立法会议；或

(c) 不再是所提名政党的提名人，除非按照附录6A规定成为另一个政党党员。（根据2003年第4号法案第四款修正）

107. 宣誓

根据附录2，省议会的成员在立法中开始履行其职责前，必须宣誓对共和国和宪法的效忠。

108. 省级议会的任期

(1) 省议会由选举产生，任期五年。

(2) 根据第109条，如果一个省议会任期届满解散，省长必须在议会解散或任期届满之日起的90天之内宣布重新选举的日期。可在省议会的期限届满之前或之后，发布通知和设定选举日期的公告。（根据2003年第4号法案第1款修正）

(3) 如果省级立法会选举的结果没有在第190条所指的期间内申报，或被法院裁定无效选举，总统必须在期限届满或被撤销90天以内，宣布下一次选举的日期。

(4) 省议会在任期内行使权力，直至下一次投票选举日。

109. 任期届满前解散省议会

(1) 如果遇到下述情况，省长必须解散省议会：

(a) 议会通过一项由多数成员投票支持的解散决议；

(b) 议会当选已满三年。

(2) 如果遇到下述情况，代理省长必须解散省议会：

(a) 省长空缺；

(b) 省长空缺时，议会没有在30天内选出新的省长。

110. 开会与休会期

(1) 选举后省议会的第一次会议时间，必须由最高法院首席法官指定法官确定，但不超过选举结果被宣布后的14天。省议会可以确定其他的开会及休会时间。（根据2003年第34号法案第8款修正）

(2) 省长可以在任何时候召集省议会讨论特别事项。

(3) 省议会可以决定其开会地点。

111. 议长和副议长

(1) 在议会选举后的首次会议上（或在必要时填补空缺），必须在其成员中选出一名议长和副议长。

(2) 最高法院首席法官指定一名法官主持议长选举。议长主持副议长选举。（根据2003年第34号法案第9款修正）

(3) 附表3的A部分所载的程序适用于选举议长和副议长的选举。

(4) 省议会可能会通过决议撤销其议长或副议长的职务，决议通过时大部分议会议员必须在场。

(5) 根据其规则和命令，省议会可以在其他人员中选举官员，以协助议长和副议长。

112. 决定

(1) 除非宪法另有规定，否则

(a) 在进行法案或法案修订投票时，多数省议会的成员必须在场；

(b) 在投票表决其他问题时，至少三分之一的成员必须在场；

(c) 省议会的所有问题由多数票通过决定。

(2) 主持的省议会会议的成员无投票权，除非

(a) 出现对于某问题表决双方票数对等时，必须投下决定性的一票；；

(b) 审议由至少三分之二的议员支持的问题，可投票。

113. 省议会终身议员

省务院终身议员可以随时参加其所在省的议会及其辖下委员会并可以发表演讲，但不得投票。议会可能请求终身议员参加其会议。

114. 省议会的权力

(1) 为了行使立法权，省议会可以

(a) 在立法前审议、通过、修订或否决任何条例草案；

(b) 除了财政法案以外，启动或筹备各种法案。

(2) 省议会必须提供机制

(a) 以确保对全省省级行政机构对议会负责；

(b) 以监督

(i) 包括落实各项法律在内的省内省级行政机关权力的行使；

(ii) 任何省级国家机关的工作。

115. 省议会会议上的证据或信息

省议会或任何委员会可以

(a) 传召任何人出席省议会会议，并在宣誓的前提下提供证据或文件；

(b) 要求任何人或省级机构报告工作；

(c) 依据省级立法或法规和命令，强令任何人或机构根据由本条（a）或（b）款要求行事；

(d) 接收任何相关人士或机构提交的请愿信、陈述或意见书。

116. 省议会的内部运转程序

(1) 省议会可以

（a）确定和控制其内部运转程序；. 并

（b）充分考虑到代表性和民主参与的情况下，制定关于问责制、透明度和公众参与及与其业务相关的法规和条令。

（2）省议会的法规和条令，必须

（a）提供其委员会的设立、组成、权力、职能、运作程序和期限；

（b）为少数党提供以符合民主的方式参与议会及其委员会的程序；

（c）按照代表比例向议会中各党派提供财务支持和行政援助，使党派及其领导人在议会有效地履行其职责；

（d）承认议会中最大的反对党的领袖，并称其为"反对党领袖"。

117. 特权

（1）省议会议员和各省在省务院的终身议员拥有以下特权：

（a）在法律规定下，在议会及其下属委员会享有；

（b）在民事或刑事诉讼中不因下述行为而被逮捕、监禁：

（i）在议会或其下属委员会的言论；

（ii）在议会或其下属委员会提供的信息。

（2）国家法律将规定的省议会及其成员的其他特权和豁免权。

（3）省财政收入基金直接用于支付省议会成员的薪金、津贴和福利。

118. 省议会应向公众开放并允许公众参与

（1）省议会必须

（a）推动并落实公众参与立法和议会及其委员会的其他工作；

（b）公开议会工作，但须同时采取下述合理的措施：

（i）规范公众包括媒体对议会及其委员会的访问，并

（ii）提供人员查找服务，且在适当情况下，公布拒绝任何人进入或离开的原因。

（2）除非在一个开放和民主的社会具备合理性与公平性，否则省议会必须将其下属委员会的会议对媒体和公众公开。

119. 提交法案

只有省行政委员会成员或省议会委员会（或成员）可以在议会提交法

案；但只有负责全省财务事宜的行政委员会成员可以在议会提交关于货币政策的法案。

120. 货币政策法案

（1）有下列内容的法案可被称为货币政策法案：

（a）货币升值；

（b）征收地方税，关税或附加费；

（c）废除、减少针对地方税、关税或附加费予以豁免政策；

（d）授权向省财政收入基金要求支付某项费用。

（2）除了下属事项，货币法案不能处理任何其他事项：

（a）与货币升值有关事项；

（b）废除、减少地方税、关税或附加费；

（c）针对地方税、关税或附加费予以豁免政策；

（d）授权向省财政收入基金要求支付某项费用。

（3）一位省级法官必须提供省议会修订货币条例草案的程序。

121. 批准法案

（1）根据本章规定，省长必须签署一个由省议会通过的法案，如果对法案的合宪性持保留态度，可将该法案向立法会申请复议。

（2）如果复议后，法案完全满足该省长的保留意见，省长必须同意并签署法案，如果仍没有满足，省长只能在下列两个选项上进行抉择：

（a）同意并签署该条例草案；

（b）提交宪法法院释宪。

（3）如果宪法法院确定该法案是符合宪法，省长必须同意并签字。

122. 宪法法院成员的申请

（1）省议会议员可以向宪法法院申请宣布全部或部分的省法令违宪。

（2）这一申请

（a）必须获得至少20%的议员支持；且

（b）必须在省长签署该法案之日起30日内予以提交。

（3）依照第（1）款，在下述条件下，宪法法院可以裁定本项申请所涉及的法令全部或部分无效，直到法院最终决定其适用性：

（a）正义的利益需要；

（b）该申请有成功的可能性。

（4）如果申请未获通过，且没有可能成功，宪法法院可以令申请人支付诉讼费用。

123. 省级法令的出版

由省长同意并签署的法案成为省法律，并应予以迅速公布，生效日期即为公布之日或该法律条文中所确定的日期。

124. 省法令的保管

经签署的省法令副本是法令通过的证据，在法令出版后须交由宪法法院保管。

省行政机构

125. 省的行政权力

（1）省的行政权归属于省长。

（2）省长与行政委员会的其他成员通过下述方式一同行使行政权力：

（a）在全省内立法；

（b）除了宪法或议会法令另有规定，否则应执行附表 4 或 5 中所列区域内所有国家法律；

（c）除附表 4 和 5 中列出的各区域内所有国家法律，对全省进行管理并依据议会法令将管理工作分配到省行政机构。

（d）制定和实施省的政策；

（e）协调省级政府及各部门的职能；

（f）编制并启动省级立法工作；

（g）完成宪法或议会法赋予行政委员会的其他工作。

（3）在执政效率方面，各省在第（2）款第（b）项规定的范围内有行政权。根据第（2）款，中央政府必须通过立法和其他措施协助各省有效地行使其权力和履行其职能。

（4）如果对某省执政能力提出质疑，该质疑可提交省务院予以裁定，省务院须在30天内作出裁决。

（5）根据第100条规定，对本省法律的实施是本省独享的权力。

（6）省级行政机关运转必须依照如下法律：

（a）宪法；

（b）省宪法（如该宪法已经在该省获得通过）。

126．职责分配

根据议会法或省法令，省行政委员会成员可以指定市政厅行使省行政委员会的任何权力或职能，但须符合下述规定：

（a）必须依据相关行政委员会成员和市政厅之间的协议；

（b）必须符合所涉及的相关行政职责的法律；

（c）省长宣布后即生效。

127．省长的权力和职能

（1）省长行使宪法和任何法律赋予的权力和职能。

（2）省长负责如下工作：

（a）签署法案；

（b）将条例草案返还省议会复议该条律是否违宪；

（c）将条例草案提交宪法法院裁定其是否违宪；

（d）召集议会特别会议处理特殊工作；

（e）委任调查委员会；

（f）根据国家法律规定在全省进行全民公投。

128．省长选举

在选举产生省议会后的首次会议上，以及遇到需要填补省长空缺时，省议会必须在其议员中：

（1）选举一人担任省长。

（2）由最高法院首席法官指定一名法官主持选举的省长。选举省长依据附表3第A项规定。（2001年第34号法案对此条进行修正）

（3）省长空缺时，选举日期由首席法官决定，但不迟于出现空缺后30天。（2001年第34号法案对此条进行修正）

129. 省长的就任

根据附录2，当选省长必须在当选日起5日内就任，宣誓效忠共和国和宪法。

130. 省长的任期及罢免

（1）省长的任期自就任开始至出现空缺（或者至下一任当选者就任）时结束。

（2）省长任期不得超过两届，但是因为省长职位出现空缺而进行的补选所产生的省长任期，在本次补选和下一次省长正式选举之间的时段不被视为一个任期。

（3）经省议会至少三分之二议员的赞成，可基于如下理由解除省长职务：

（a）严重违反宪法或法律；

（b）严重失职；或

（c）无法履行其职能。

（4）依据第（3）款第（a）或（b）项，任何被解除省长职务的人都不得再从该职务上获取任何利益，且不可以担任任何公职。

131. 代理省长

（1）当省长未能现身或因其他原因不能履行省长职责或者省长职位空缺时，按以下顺序由相关人员代行省长职责：

（a）由省长指定的行政委员会成员；

（b）由行政委员会其他成员指定的委员会成员；

（c）议长（直到立法机构指定其中一名议员担任该职务）。

（2）代理省长履行省长的职权。

（3）按照附录2规定，代理省长在履行省长职权前，必须宣誓效忠共和国和宪法。

132. 行政委员会

（1）一个省的行政委员会由如下人员构成，省长（作为委员会负责人）和经省长任命的不少于5名且不超过10名省议员。

（2）省长任命行政委员会成员，赋予他们权力和职能，并予以辞退。

133. 问责制和责任

（1）省行政委员会的成员负责省长分配给他们的职务；

（2）省行政委员会成员以个人或集体名义对其职权向议会负责；

（3）省行政委员会成员必须履行以下职责：

（a）依据宪法和省宪法履行职责（该省的宪法已经获得通过）；

（b）向议会就其负责事项定期提供全面报告。

134. 选举后行政委员会工作的交接

省议会举行选举时，行政委员会及其成员仍行使其职能，直到下一任省长就任。

135. 宣誓

按照附录表2，省行政委员会成员开始履行其职责前，须宣誓效忠共和国和宪法。

136. 行政委员会成员的行为规范

（1）省行政委员会成员必须按照由国家法律规定的道德规范行事；

（2）省行政委员会成员不能有如下行为：

（a）接受其他任何有报酬的工作；

（b）有任何不符合他们职位要求的行为，或出现工作职责和私人利益之间冲突的情况；

（c）利用职务之便或预先获得的信息，为自己牟利或从他处获利。

（当省长就职后或各省颁布宪法，本条包含3—6项，详见附件6第12款第2项。）

137. 工作的分配

省长可向行政委员会成员交接如下工作：

（a）处理任何一项法律的职责；

（b）法律规定的其他职权。

138. 工作的临时交接

当行政委员会成员职位空缺或无法履行职责时，省长可以把该成员的工作交给行政委员会另一名成员负责。

139. 省对地方政府工作的干预

（1）根据宪法和法律，当一个直辖市不能或不履行义务，相关省可以采取适当的措施进行行政干预，以确保其履行义务，具体方法包括：

（a）向市议会发出指令，指出其未能履行义务的情况与程度，并告知履行其义务所需要的步骤；

（b）承担该市一定范围内的职责，包括：

（i）满足基本的国家标准或社会服务所必须达到的最低现行标准；

（ii）防止市议会采取违背其他城市或全省利益的不合理行动；

（iii）保持经济体制的一致性。

（c）如有特殊情况，解散市议会并委任官员直至选举产生新市议会。

（2）如果依据本条第（1）款第（b）项，各省对市的干预：

（a）必须书面将干预决定通知下述单位或人员：

（i）负责地方政府事务的内阁部长；

（ii）在干预开始后的14天内。

（b）在下述情况下，干预必须结束：

（i）干预开始后的28天内或批准干预的期限内，负责地方政府事务的内阁部长反对干预；

（ii）干预开始后180天内或批准干预的期限内，市议会反对进行干预。

（c）当干预进行时，市议会须定期对干预进行检查，并向省行政委员会提出适当的建议。

（3）如果依据本条第（1）款第（c）项，市议会解散。

（a）省级行政委员会必须立即以书面形式将解散通知送达如下成员或单位：

（i）负责地方政府事务的内阁部长；

（ii）有关省议会和省务院；

（b）收到解散通知的 14 天后，市议会旋即解散，除非这 14 天的期限届满前，否则内阁部长或议会宣布予以搁置。

（4）如果一个市未能依据宪法或法律批准预算或出台任何增加预算收入的措施，相关省级行政机关必须介入并采取适当的步骤以确保预算或增加收入的措施得到批准，这些措施包括解散市议会和如下措施：

（a）任命官员，直到选举产生新市议会；

（b）批准一项临时预算或增收措施，供该市维持运转。

（5）一旦某市出现财政危机并面临严重财政亏空，以致无法提供基本的服务或履行其财政承诺，或该市承认已无法履行其义务或财政承诺，相关的省级行政机关必须采取如下措施：

（a）对该市强制实行经济恢复计划，以确保市政府有能力履行其义务，提供基本的服务或财政承诺，这一步骤须：

（i）符合国家法律；

（ii）将市政府立法权与行政权结合，但仅限于在财政范围内解决危机的需要。

（b）如果市政当局未能批准恢复计划所需的法案（包括制定预算或任何增加收入的措施），则需解散市议会，并采取如下步骤：

（i）任命官员代行职务，直到选举产生新市议会；

（ii）批准一项临时预算或增收措施，供该市维持运转。

（c）若依据本条第（b）款不解散市议会，则省行政机构负责实施恢复计划。

（6）省级行政委员会必须立即以书面形式将解散市议会的决定在干预

开始后 7 日内送达通知如下成员或单位：

（a）负责地方政府事务的内阁部长；

（b）有关省议会和省务院。

（7）如果省级行政机关不能或不足以执行本条第（4）或（5）款所述的权力或职能，国家行政机关必须依据本条第（4）或（5）款介入代替相关的省级行政机关进行干预。

（8）国家法律应对这一节规定的执行情况进行规范，包括本节各条款所设立的一些法律程序。

（2001 年第 3 号法案的第 4 款对 139 条进行修正）

140. 行政决定

（1）如果省长的决定具备下述条件，则必须以书面形式：

（a）根据法律所做的决定；

（b）具有法律效力。

（2）如果决定涉及另一行政委员会成员的工作，则省长的书面决定需由该名成员签署。

（3）省公告、条例和其他法律文件必须向公众开放。

（4）省级立法可以指定第（3）款中涉及的文件以何种方式或在何种程度上满足下列条件：

（a）提交省议会；且

（b）经过省议会批准。

141. 不信任议案

（1）如果省议会的多数成员支持一项针对行政委员会的不信任议案（不包括对省长提出的不信任案），省长必须重组行政委员会；

（2）如果省议会的多数成员支持一项针对省长的不信任议案，省长和行政委员会均需辞职。

省宪法

142. 省宪法的通过

如果获得至少三分之二的议员的支持,省议会可以通过本省宪法,并在适当情况下修正省宪法。

143. 省宪法内容

(1) 省宪法或宪法修正案,不得违反本宪法,但可对如下事项进行规定——

(a) 与本章所载相异的省立法或行政机构或程序;或

(b) 在适当时,对传统君主制度下的机构、职权和地位进行规定。

(2) 根据第(1)款第(a)项或(b)项规定,省宪法或宪法修正案的条款:

(a) 必须符合第1条及第3章的精神;

(b) 不得授予省任何有关下述方面的权力或职能:

(i) 附录4和5所规定的省管辖之外的地区的事务;

(ii) 本宪法其他部分未授权给该省的事务。

144. 省宪法的认证

(1) 如果省议会通过或修正了省宪法,省议会议长必须向宪法法院提交宪法或宪法修正案的文本进行认证。

(2) 直到宪法法院认证了如下内容,省宪法或宪法修正案才能成为本省法律:

(a) 根据第142条,该宪法或修正案文本已获通过;且

(b) 全部文本均符合第143条之规定。

145. 省宪法的签署、发布和保管

(1) 省宪法或宪法修正案文本被宪法法院认证后,省长须予以批准并签署。

(2) 省长签署并生效的文本并必须在国家政府法律公告中予以发布,

该宪法或修正案在公布后即生效，或在其规定的日期生效。

（3）经签署的省宪法或宪法修正案文本是该文本相关条款有效的证据，在发布后，该版本必须交由宪法法院保管。

法律之间的冲突问题

146. 国家法律和省法律之间的冲突

（1）本条适用于附表4所列的范围内的国家法律和省法律之间的冲突。

（2）如果符合下列条件，对全国产生效力的国家法律的解释力优先于省法律：

（a）省制定的法律不能单独有效处理的事项，交由国家法律处理；

（b）国家法律处理在全国范围内须统一解决的事项，国家法律通过建立如下规范解决统一性的问题：

（i）规范和标准；

（ii）框架；

（iii）国家政策。

（c）下述事项必须由国家法律予以处理：

（i）维护国家安全；

（ii）维护经济的统一；

（iii）保护共同市场的货物、服务、资本和劳动力的流动性；

（iv）促进跨省经济活动；

（v）促进社会各阶层平等地获得政府服务的机会；

（vi）保护环境。

（3）为了防止各省采取如下不合理行为，国家法律享有更高的权威：

（a）损害其他省份或整个国家的经济、健康或安全利益；

（b）妨碍国家经济政策的实施。

（4）当有第（2）款（第c）项列出事项引发是否需要国家立法进行规范的争议且该争议尚未经过法院裁决时，法院在裁决时必须充分考虑省务院对相关法律批准或拒绝的决定；

（5）如所处理事项不适用第（2）或（3）款，则省法律拥有高于国家法律的权威；

（6）只有被省务院批准，依据议会法或省法令制定的法案才具有优先权；

（7）如果在第一次会议召开后 30 天之内省务院未能就提交审议的法律作出决定，则该法律自动视为经省务院批准；

（8）如果省务院否决了第（6）款规定中所涉及的法律，则省务院必须在 30 日内向将该否决决定连同否决原因退还给申请审核该法律的机构。

147. 其他的冲突

（1）在国家法律和省宪法之间存在如下冲突的处理方法：

（a）宪法作出明确规定或要求国家制定相关法律予以规范的事项，国家法律享有更高权威。

（b）第 44 条第（2）项规定的国家法律需要进行干涉的事项，国家法律享有更高权威；

（c）附表 4 所列的事项应适用第 146 条规定（条件是该事项所涉及的省宪法条款是有关省立法事务的问题）。

（2）第 44 条第（2）款规定的国家法律拥更高权威的事项在附录 5 中列出。

148. 无法解决的冲突

如果法律之间的冲突不能由法院解决，则国家法律拥有更高权威。

149. 法律权威的降低

当法院作出裁决，一条法律拥有比另一条法律更高的权威，这并不等于判定后者失效，而是在法律之间的冲突存在时后者不能被使用。

150. 对法条冲突的解释

当处理国家与省法律或国家法律与省宪法之间的冲突时，每个法院必须优先考虑出台合理的解释以避免在国家和省法规之间产生冲突，而不能因为这一解释产生另外一个冲突。

第七章 地方政府

151. 城市的地位

（1）地方政权是由在共和国境内建立的市级政府构成；

（2）市政委员会拥有该市的行政和立法权力；

（3）根据宪法规定的国家和省法律，各市对本地地方政府事务拥有自主管辖权；

（4）国家或省级政府不得损害或阻碍各市行使其或履行其职能的权力。

152. 地方政府的目标

（1）地方政府的目标是：

（a）为当地社区提供民主和负责任的政府服务；

（b）确保以可持续的方式向社区提供服务；

（c）促进社会和经济发展；

（d）促进安全和健康的环境；

（e）鼓励社区组织参与地方政府的事务。

（2）市政当局应当在财政和行政能力范围内努力实现第（1）款中的各项目标。

153. 市级政府的发展职责

各市必须：

（a）优先考虑当地社会的基本需求，构建和管理好行政、预算和相关规划，促进社会和经济的发展；

（b）参与国家和各省的发展规划。

154. 各市与各级政府的合作

（1）根据立法和其他法案，国家和省级政府必须支持和加强各市管理各事务的能力，确保行使其权力，履行其职责；

（2）在起草国家或省级法律时，如果会影响当地政府的职能、机构、权力,在提交国会或省议会之前,必须予以公布以征求公众意见,同时允许当地政府、市政当局和其他感兴趣的人对相关立法提供建议。

155. 市的建立

(1) 市主要有以下几类:

(a) A 类:享有独立行政权和立法权的市;

(b) B 类:跟同一区域内的 C 类市共享行政和立法权力的市;

(c) C 类:拥有超过一个市行政机关和立法机构的市。

(2) 国家必须根据以上三种类别制定法律,定义各种类型的市;

(3) 国家必须立法

(a) 制定标准,定义一个地区应该有一个直辖市或 A 类城市或同时有 B 和 C 类城市;

(b) 为独立机构划分市的边界线制定标准和程序;

(c) 根据第 229 条,如果一个地区既有 B 类也有 C 类市,需要明确规定各自的权力分工和职能的划分,部门的权力和职能在不同的 B 类市和 C 类市会有所区别。

(4) 根据第(3)款中提及的法律,必须考虑到以公平和可持续的方式提供市政服务的需要。

(5) 各省必须立法确定在全省建立不同类型的市。

(6) 各省级政府须根据省颁布的法律条款中关于第(2)和(3)款规定事项在省范围内建立市,并通过立法或其他措施完成如下事项:

(a) 对地方政府监督与支持;

(b) 促进地方政府能力的发展使市政府有能力履行其职能和管理事务。

(6A) 如果在市政边界不跨省级行政区域界线的情况下不能满足第(3)款第(b)项规定中的标准,则采取如下措施:

(a) 只有出现如下情况,市政边界可以跨省级行政区域界线:

(i) 该市与有关省份已经达成的协议;

(ii) 各自的省级政府根据国家法律授权可以在行政区内建立市,

同时：

（b）国家法律

（i）根据第（5）条款，提供有关各省之间建立市的统一标准；

（ii）提供关于省级政府在各市中如何行使权力的框架；

（iii）对市政边界重新确定，条件是相关某省份根据第（a）项撤回某市关于边界的决议的支持。

（7）根据第44条，国家政府和省政府有立法和行政权力，就在附表4和5所列事项来检查市政府是否有效执行或行使在第156条第（1）款条所列出政府的职责。

156. 市的职权

（1）各市拥有行政权，有权处理如下事项：

（a）附录4的B项和附录5的B项所规定的地方政务；

（b）国家或省法律规定的其他事项。

（2）为了有效地管理权限范围内的事务，市政府有权根据法律制定行政法规；

（3）根据第151条第（4）款，行政法规不得违反国家和省法律。如果发生行政法规与国家和省法律相违背的情况，且根据第149条规定导致其中法律无法执行的情况，在法律无法实行的情况下，行政法规也将被视为无效。

（4）如果涉及如下情况，各级政府必须通过签订协议的方式授权各市对附录4的B项和附录5的B项所规定的地方政务进行处理：

（a）各地自己解决地方事务是最有效的方式；

（b）各市有能力自主解决问题。

（5）出于更有效解决问题的目的，各市有权自主行使权力处理相关事务。

157. 市政委员会的组成和选举

（1）根据附录6A的规定，市政委员会由以下人员组成：

(a) 根据第（2）和第（3）款规定选举产生的成员；

(b) 如果国家法律规定，还应包括：

(i) 其他市政委员会任命的代表；

(ii) 第（a）项规定的成员和（i）小项规定的成员；（2002年第18号法案第1条第a项已经对此条进行修正）

(2) 第1款第（a）项中规定的被选举产生的官员必须符合国家的法律。根据国家法律规定，选举应符合如下条件：

(a) 根据各市在全国普选中选民比例进行选举；同时各党派的候选人须通过各政党予以推荐。或

(b) 第（a）项规定的比例代表制选举方法与社区在全国普选中的选民比例代表制相结合的方法。

(3) 第（2）款中的方法须原则上按照比例代表制进行选举：（2002年第18号法案第1条第b项已经对此条进行修正）

(a) 如果选举方法包含了社区比例代表制的选举，相关独立机构必须根据国家法律对社区进行界定。

(b) 根据第155条（6A款）的规定，当市的边界已经确定时，市内的社区的边界不得超越市的边界。（1998年第87号法案第12条已经对此条进行修正）

(4) 只有在本市登记为全国大选选民的人士才有资格在市政委员会选举中投票；

(5) 国家针对第（1）款第（b）项的情况进行立法，允许政党或与市政委员会有相关利益的团体公平参与市政委员会的选举。

158. 市政委员的资格

(1) 除了下列人士，所有有权投票选举市政委员会的公民均有资格成为市政委员：

(a) 市政当局现任官员或其他为本市服务而接受酬劳的人员，以及其他根据国家法律尚未被判为失去选举资格的人；

(b) 其他市政当局现任官员或其他为其他城市提供服务而接受酬劳的

人员，以及其他被市政委员会依据法律被判失去被选举资格的人；

（c）任何被剥夺参加国民议会投票的人或根据第 47 条第（1）款的第（c）、（d）、（e）项规定不具备担任国民议会议员资格的人员；

（d）国民议会议员、省务院代表或省议会议员，但此条不适用于市政委员会在省务院的代表；

（e）其他城市市政委员会成员，但此条不适用于那些通过其他渠道在其他城市市政委员会代表本市的人员。

（2）根据第（1）款的第（a）、（b）、（d）、（e）项规定而不具备资格参选市政委员的人，可根据国家法律的其他相关规定获得候选人资格。

159. 市政委员会任期

（1）根据国家法律规定，市政委员会任期不超过五年；

（2）如果根据国家法律市政委员会被解散或任期结束，必须在解散或任期结束后 90 日内选举产生新的市政委员会；

（3）除了第 139 条所涉及的处于被上级机构干预状况下的城市，市政委员会将在任期内（解散前）行使其职能，直至下一次选举产生新的市政委员会。(1998 年第 65 号法案第 1 条已经对此条进行修正)

160. 内部运转

（1）市政委员会拥有以下职能：

（a）为行使市政府的所有职权作出相关决议；

（b）选举委员会主席；(1997 年 6 月 30 日生效)

（c）根据国家法律选举执行委员会和其他委员会；

（d）聘用必要的人员以便有效地履行其职能。

（2）市政府可能不会被授予以下的权力：

（a）通过行政法规；

（b）批准预算；

（c）征收差饷及其他税项，政府征费及关税；

（d）增加贷款。

(3) 只有以下条件下，市政委员会才可以通过相关行政法规：

(a) 所有市政委员必须获事先获得相关通知；

(b) 相关法规已经公布并向公众征求意见。

(4) 国家可以发布提供制定以下事务的标准：

(a) 一个市政委员会的规模；

(b) 市政委员会是否可以选举产生执行委员会或其他委员会；

(c) 执行委员会或其他委员会的市政委员会的规模。

(5) 市政委员会有权就下列事项制定法规、作出决定：

(a) 其内部的组织安排；

(b) 其工作程序；

(c) 市政委员会下述各委员会的成立、组成、程序和职权。

(6) 市政委员会必须以开放的态度施政，并有权在合理考虑其工作交接后结束其任期或其下属各委员会的任期；

(7) 市政委员有权以下述方式参加市政委员会及其下属委员会的工作：

(a) 能公平反映各党派和利益团体的诉求；

(b) 符合民主精神；

(c) 符合国家法律规定。

161. 特权

在国家和省法律框架所规定的范围内，市政委员会及其成员享有特权和豁免权。

162. 市行政法规的公布

(1) 市行政法规在省官方文件发布后方可执行；

(2) 省级相关机构可根据市级政府要求在官方文件中发布其行政法规；

(3) 行政法规必须向公众公开。

163. 有组织的地方政府

按照第76条规定制定并实行的议会法必须包含以下事项的规定：

（a）承认能够代表市行政当局的国家和省级组织；

（b）决定能与当地政府进行沟通的下述渠道：

（i）与国家或省级政府的协调渠道；

（ii）派代表参加省务院；

（iii）参加第221条里规定的工作议程。

164. 其他事项

地方政府的规定中没有涉及的任何内容，应由国家或省在国家法律框架内制定法律进行规定。

第八章 法院和司法工作

165. 司法权

（1）共和国司法权授予法院；

（2）法院根据宪法和法律公平、公正、不受任何压力地独立行使审判权；

（3）没有人或者国家机构可以干涉法院司法工作；

（4）国家机构必须通过立法或者其他的措施帮助确保法院的独立、公正、有效行使审判权；

（5）法院的裁决适用于所有人或国家机构。

166. 司法体系

法院包括：

（a）宪法法院；

（b）最高上诉法院；

（c）高等法院，包括根据议会法设立的听取高等上诉法院意见的任何高等法院；

（d）地方法院；

（e）根据议会法建立的其他与高级法院或地方法院地位类似的法院。

167. 宪法法院

（1）本宪法法院由南非首席大法官、副首席大法官和其他 9 名大法官组成；（2001 年第 34 号法案第 11 条已对此进行修正）

（2）在上诉至宪法法院之前，必须听取至少 8 名大法官的意见；

（3）宪法法院

（a）是涉及宪法案件中的最高权威；

（b）只可决定宪法案件和与之相关问题的裁决；

（c）就判断案件是否属于宪法范畴作出最终决定。

（4）只有宪法法院拥有下列权利：

（a）在宪法范围内解决国家机关之间或国家（省级）事务中关于国家机关职权的纠纷；

（b）裁决议会或省议会制定法律是否合乎宪法，但只在第 79 条或第 121 条下适用；

（c）决定第 80 条或第 122 条适用的领域；

（d）决定宪法修正案是否符合宪法；

（e）裁定国会或总统未能履行宪法义务；

（f）根据第 144 条规定批准省级宪法。

（5）宪法法院就下述问题作出最后裁决：一项国会法案、省级法案或总统的行为是否符合宪法；在最高上诉法院、高级法院或其他法院颁布的命令生效前有权判其无效。

（6）当处于正义的要求或需要提交宪法法院进行处理时，国家立法机构或者宪法法院的规则必须保证个人拥有如下权利：

（a）直接提请宪法法院审理；或

（b）通过其他法院上诉宪法法院审理。

（7）宪法案件包括对宪法的捍卫、解释或执行的任何案件。

168. 最高上诉法院

（1）最高上诉法院由首席法官、副首席法官和一定数量的根据议会法

规定的上诉法官组成;（2001 年第 34 号法案第 12 条已对此进行修正）

（2）上诉至最高法院之前必须由一定数量的法官根据议会法予以决定;（2001 年第 34 号法案第 12 条已对此进行修正）

（3）最高上诉法院有权裁定任何上诉事宜。除宪法案件外，最高法院只可以裁定

（a）案件上诉;

（b）与上诉有关的事宜;

（c）议会法规定的其他事宜。

169. 高等法院

高等法院可裁定如下案件:

（a）任何涉及宪法案件，除了

（i）只能由宪法法院才能决定的案件;或

（ii）国会法交由和高等法院相似地位的法院进行审理的案件。

（b）议会法授权审理的案件。

170. 地方法院和其他法院

地方法院和所有其他法院可以裁定任何议会法规定的各类案件，但低于高级法院的法庭无权审理立法合宪性或调查总统的行为。

171. 法院的工作程序

所有法院的工作程序和规范须符合国家法律。

172. 法院在宪法案件中的权利

（1）在权利范围内对宪法案件进行裁决时，法院应采取如下方法:

（a）当任何法律或行为不符合宪法时，法院必须裁定其无效;

（b）在处理如下案件时公正、公平进行裁决:

（i）颁布命令，限制声明无效性的溯及力;

（ii）在任何时期任何条件下宣布终止任何期限或条件以授予主管机关足够的权限纠正错误。

（2）最高上诉法院、高等法院或类似地位的法院可以裁定，确认议会

法案、省法案或任何关于总统的行为是否符合宪法，但该裁决需要得到宪法法院确认；

（3）在宣布违宪审查时，法院可颁布短期禁令，或者对特定团体暂时解除禁令、终止审判程序或推迟诉讼，以等待宪法法院的有效判决；

（4）国家立法必须给宪法法院提供判定违宪审查的指令；

（5）任何个人或国家机关可根据本条款直接向宪法法院上诉或申请进行或更改违宪审查的判决。

173．固有的权力

宪法法院、最高上诉法院和最高法院拥有固有权利来保护和规范自己的审判程序并发展习惯法，确保公平公正。

174．司法官员的任命

（1）只要符合要求的人士不分性别，无论男女，均可被任命为司法官员。宪法法院的司法官员必须为南非的公民；

（2）任命司法官员时需要考虑覆盖各地区、各种族，兼顾性别平衡；

（3）作为国家元首，总统是在咨询司法服务委员会和国民议会中各党派领导人的意见后，任命首席大法官和副首席大法官，在与司法服务委员会商议后，任命最高上诉法院的首席法官和副首席法官；（2001年第34号法案第13条已对此进行修正）

（4）作为国家的元首，总统依据下述程序经咨询首席大法官和国民议会中各党派领导人意见后，任命其他宪法法院的法官：

（a）司法服务委员会必须准备候选人名单提交总统，该名单上的人数要比需要任命的法官职位多3位；

（b）总统可以从候选人中任命，但必须向司法服务委员会就该候选人是否具备资质征求意见；

（c）司法服务委员会可补充提名人，总统从补充人选中完成剩余职位的任命。（2001年第34号法案第13条已对此进行修正）

（5）在任何时候，宪法法院中，必须至少有4名法官在被任命为宪法法院法官时已经具备法官身份；

（6）总统必须在司法服务委员会的建议下任命所有其他法院的法官；

（7）其他司法法官必须符合议会法的相关条款，以保证无论是经历了任命、提升、转岗、解雇或违反纪律，他们都须在审案中做到公正和无私；

（8）在司法官员开始审理案件时，他们必须按照附表2的内容宣誓捍卫宪法。

175. 代理法官

（1）当法官缺席或出现法官空缺时，总统可以不分性别任命宪法法院的代理法官。但任命必须得到负责司法工作的内阁成员和首席大法官的共同推荐；（2001年第34号法案第14条已对此进行修正）

（2）在咨询了法院的高级法官后，负责司法工作的内阁成员必须指定代理法官去行使代理法官应尽的职责。

176. 任期和薪酬

（1）除非议会法延长宪法法院法官的任期，否则，宪法法院法官的任期为12年，不得连任，当法官年满70岁时即结束任期；（2001年第34号法案第15条已对此进行修正）

（2）其他法官任期根据议会法而确定；

（3）不应减少法官的工资、津贴和福利。

177. 免职

（1）出现下述情况时，法官才会被免职：

（a）司法服务委员会发现，法官不具备工作，或有犯罪、严重渎职行为，并且

（b）国民大会以三分之二多数通过决议要求法官辞职。

（2）当要求法官辞职决议通过后，总统必须免除法官职务；

（3）在司法服务委员会的建议下，总统可以对法官处以暂时停职。

178. 司法服务委员会

(1) 司法服务委员会的组成：

(a) 首席大法官（主持委员会的会议）；

(b) 最高上诉法院首席法官；(2001 年第 34 号法案第 16 条已对此进行修正)

(c) 一名由首席法官指定的首席法官；

(d) 负责管理司法事务的内阁成员，或由其指定备用人选；

(e) 职业诉讼行业提名 2 人（此二人代表整个行业）并经总统任命的成员；

(f) 职业律师行业提名 2 人（此二人代表整个行业）并经总统任命的成员；

(g) 南非各大学的法学教师 1 一名代表；

(h) 由国民议会指定 6 名成员，其中最少 3 人必须是反对党代表；

(i) 4 名省务院常驻代表（须得到至少有 6 省的支持）；

(j) 在国民大会咨询所有各方领导人后，总统指定 4 人；

(k) 当决定特定的高等法院法官时，法院的首席法官、省长（或其代表）制定的人选。(2001 年第 34 号法案第 16 条和 1998 年第 65 号法案已对此进行修正)

(2) 如果在代讼人或者律师中提名人数恰好等于空缺的职位数，则总统直接任命。如果提名的人选数量超过了需要填补的职位空缺，在咨询有关的专家后，考虑该候选人在整个行业的代表性，总统只能任命能够填补空缺的人数；

(3) 由省务院指定的委员会成员要任职直到全体被更换，或直至任何职位出现空缺。其他被指定或提名的委员会成员也需要一直工作，直到他们被任命者更换；

(4) 宪法和国家法律赋予司法服务委员会以相关权力和职能；

(5) 司法服务委员会可就任何重要的司法或者司法工作问题向政府提供建议。司法服务委员会可以决定任何事宜，但是当涉及任命法官的事宜时，第（1）款第（h）项（i）小项中提到的成员不得参与建议；

（6）司法服务委员会可决定其自身工作流程，但决定需要得到委员会多数成员的支持；

（7）如果首席大法官或最高上诉法院的首席法官在短期内无法出席委员会工作，副首席大法官或最高上诉法院的副首席法官暂代其职能；（2001 年第 34 号法案第 16 条和 1998 年第 65 号法案第 2 条 b 项已对此进行修正）

（8）根据第（1）款第（c）、（e）、（f）和（g）项，法官和其他人员任命、提名或指定委员会的成员。当委员会的人因公或者其他理由暂时不能履行职责，应以同样的方式任命、提名或指定一个候补成员。（1998 年第 65 号法案第 2 条 b 项已对此进行修正））

179. 检察机关

（1）根据议会法，全国有且只有一个国家检察机关，其组成包括：

（a）作为检察机构领导的总检察长（由总统任命）；

（b）总检察长根据议会法任命。

（2）检察机构有权力代表国家调查刑事案件、执行有关调查刑事案件的任何职能；

（3）国家必须立法确保总检察长：

（a）具有相当的资格；

（b）根据第（5）款，在特定的司法中负责检察。

（4）国家必须立法确保检察机关公正、不受外部压力地行使其职责；

（5）总检察长

（a）当与内阁成员和其他有关检察长咨询后，依据相关法律流程负责并决定司法管理工作；

（b）颁布的措施必须符合检察工作程序；

（c）当政策指导不符合检察工作时，需要进行干预；

（d）在咨询有关的检察长并在经总检察长决定的特定时期内，在征求下述人员后，对是否起诉的决定进行审查：

(i) 被告人;

(ii) 原告人;

(ii) 总检察长认定的相关人或相关的团体。

(6) 负责司法工作的内阁成员对检察机关工作负总责;

(7) 所有关于检察工作的事宜必须由国家通过立法予以决定。

180. 关于司法工作的其他事项

国家须对宪法未涵盖的其他事项进行立法,包括:

(a) 司法人员培训;

(b) 对司法人员的投诉程序,以及

(c) 除司法工作人员以外的人列席庭审的规定。

第九章 加强宪政民主的其他国家机构

181. 建立和管理原则

(1) 下列国家机构旨在加强南非共和国的宪政民主:

(a) 公益保护官;

(b) 南非人权委员会;

(c) 促进和保护文化、宗教和语言权利委员会;

(d) 两性平等委员会;

(e) 审计长;

(f) 选举委员会。

(2) 这些机构是独立的,受宪法和法律制约,其必须公正行使权力和履行职能,不得惧怕、偏袒或歧视任何一方;

(3) 其他国家机关通过立法和其他措施协助和保护上述机构,以确保其能够独立、公正、有尊严以及高效运作;

(4) 任何人或国家机关不得干扰上述机构的运作;

(5) 上述机构对国民大会负责,必须每年至少一次向大会报告工作。

公益保护官

182. 公益保护官的职能

（1）国家法律授予公益保护官以下权力：

（a）调查国家事务以及政府行政中涉嫌不当或导致任何不当行为或损害公众利益的事件；

（b）对上述行为进行上报；

（c）采取适当的补救措施。

（2）国家法律授予的其他权力和职能；

（3）公益保护官无权调查法院的判决；

（4）所有个人和社区都可以拜访公益保护官；

（5）公益保护官的工作报告必须向公众公开，除非在特殊情况下，国家法律可要求其报告保密。

183. 任期

公益保护官的任期为 7 年，不得连任。

南非人权委员会

184. 南非人权委员会的职能

（1）南非人权委员会必须：

（a）尊重人权和构建尊重人权的社会文化；

（b）促进人权的保护、发展和实现；

（c）监测和评估共和国的人权状况。

（2）南非人权委员会必须依法履行以下职能：

（a）调查和报告人权状况；

（b）采取措施纠正违反人权的状况；

（c）开展调研；

（d）宣传教育。

(3) 每年，南非人权委员会必须向有关国家机关征集南非人权法案的实施情况，包括住房、医疗保健、食品、水、社会保障、教育和环境等信息；

(4) 国家法律授予的其他权力和职能。

促进和保护文化、宗教和语言权利委员会

185. 委员会的职能

(1) 委员会的首要目标是促进和保护文化、宗教和语言群体的权利：

(a) 促进文化、宗教和语言群体的权利；

(b) 在平等、非歧视、自由结社的基础上，促进不同文化、宗教以及语言群体的和平发展、友谊、人道、宽容以及民族团结。；

(c) 按照国家法律，建议在南非设立或认可文化或其他委员会或社区。

(2) 依据国家法律，委员会有权就涉及文化、宗教和语言社区权利的问题进行监测、调查、研究、教育、游说、建议和报告。

(3) 委员会应向南非人权委员会汇报其履职情况；

(4) 国家法律授予的其他权力和职能。

186. 委员会的组成

(1) 委员会委员的任命和任期，依据国家法律规定，委员负责促进和保护文化、宗教和语言群体的权利；

(2) 委员会由下列人员组成：

(a) 文化、宗教和语言社区的广泛代表；

(b) 委员构成要反映南非的性别比例。

两性平等委员会

187. 两性平等委员会应履行下列职能

(1) 两性平等委员会负责促进性别平等的保护、发展和实现；

(2) 两性平等委员会依法履行监、调查、研究、教育、游说、建议和报告有关两性平等的问题;

(3) 国家法律授予的其他权力和职能。

审计长

188. 审计长的职能

(1) 审计长负责审计以下账目、财务报表以及财务管理:

(a) 所有国家部委以及省级国家机关;

(b) 所有直辖市;

(c) 国家法律规定的、须由审计长负责审计的其他国家级以及省级机构;

(2) 除第 (1) 款的规定,审计长还负责审计以下账目、财务报表以及财务管理:

(a) 受国家税收基金、省级税收基金以及市政府资助的机构;

(b) 法律授权以公共名义筹资的机构。

(3) 审计长必须将审计报告提交给与该审计单位有直接利害关系的立法机关,以及法律规定的上级机关。所有审计报告必须予以公开;

(4) 国家法律授予的其他权力和职能。

189. 任期

审计长的任期一般为固定的 5—10 年到,不得连任。

选举委员会

190. 选举委员会的职能

(1) 选举委员会必须:

(a) 管理国家级、省级以及市级立法机构依法进行选举;

(b) 确保上述选举自由和公平;

(c) 依据法律规定,在一定期限内,尽快公布上述选举的结果。

(2) 国家法律授予的其他权力和职能。

191. 选举委员会的组成

选举委员会至少由 3 人组成。委员的人数和任期依照国家法律规定。

独立广播事务管理局

192. 广播事务管理局

国家立法必须建立一个独立的机构来规范广播事务，确保维护公共利益，能够公平地反映出南非社会的多样性的意见。

一般规定

193. 任命

(1) 公益保护官和本章涉及的所有委员会委员必须：

(a) 是南非公民；

(b) 是担任该职务的适当人选；

(c) 遵守国家的法律规定。

(2) 本章涉及的委员会构成必须广泛反映南非的种族和性别比例。

(3) 审计长必须是南非公民，是担任该职务的合适人选。在任命审计长时，其国家财政与公共管理的专门知识和经验是重要考虑因素。

(4) 总统依据国民议会的建议，任命公益保护官、审计长以及下列委员会委员：

(a) 南非人权委员会；

(b) 两性平等委员会；

(c) 选举委员会。

(5) 国民大会负责推荐：

(a) 由各党派按比例组成的国民大会委员会负责提名；

(b) 获大会投票通过的：

(i) 如果该推荐涉及公益保护官和审计长的任命，则至少由大会成员的 60%投票通过；

（ii）如果该建议涉及委员会委员的任命，则须由大会成员多数投票通过。

（6）在推荐过程中的民间社会的参与按照第 59 条第（1）款第（a）项的规定进行。

194. 免职

（1）公益保护官、审计长以及本章涉及的委员会委员出现以下情况将被免职：

（a）行为不当、无能或不称职；

（b）国民大会委员会认为其行为不当、无能或不称职；

（c）国民大会通过对其的免职决议。

（2）国民大会在以下情况下可通过免职决议：

（a）涉及公益保护官和审计长的免职，则须经至少三分之二的大会成员大会投票通过；

（b）涉及委员会委员的免职，则须经多数大会成员投票通过。

（3）总统：

（a）在国民大会委员会启动免职程序后，总统可以随时将其解职；

（b）在国民大会通过免职决议后，总统须立刻将其解职。

第十章 公共事务管理

195. 公共管理的基本价值观和原则

（1）公共管理必须遵守宪法规定的民主价值观和原则：

（a）必须促进和保持高标准的职业道德；

（b）高效、节约以及有效地利用资源；

（c）公共管理必须以发展为导向；

（d）公共服务必须公正、公平、平等和不带偏见；

（e）人民的需要必须予以回应，并必须鼓励公众参与决策；

(f) 公共管理必须是负责任的；

(g) 必须向公众提供及时、方便和准确的信息，信息发布必须透明；

(h) 制定良好的人力资源开发和职业发展规划，最大限度地通过教育发挥人的潜能；

(i) 公共管理必须广泛代表南非人的利益，就业政策和人事管理必须以能力、客观性、公正性以及需要为基础，纠正过去的不平衡现象，实现广泛的代表性。

(2) 上述的原则适用于

(a) 管理各领域的政府行政机构；

(b) 国家机关；

(c) 国有企业。

(3) 国家立法机构必须确保第（1）款中所列出的价值观和原则的推广；

(4) 依据政策的考虑，可以任命一些人在公共管理部门工作，但上述任命必须经过国家立法部门的批准；

(5) 公共管理部门的立法程序在不同的领域、主管部门以及机构是不同的；

(6) 公共管理立法需要考虑不同的领域、主管部门以及机构的性质和职能。

196. 公共管理委员会

(1) 南非共和国设立一个单一的公共管理委员会；

(2) 该委员会是一个独立、公正的机构。委员会必须毫无恐惧、倾向或偏见地维护公职机构的高效运行以及公职人员保持高标准的职业道德。该委员会由国家立法机构管理；

(3) 其他国家机关必须通过立法和其他措施协助和保护委员会能够独立、公正、有尊严以及有效地运作。任何人或国家机关都不得干扰委员会的运作；

(4) 委员会的权力和职能

（a）在整个公职机构促进宪法第195条规定的价值观和原则；

（b）调查、监督和测评各组织和管理机构，以及公职人员的行为；

（c）采取措施确保公职机构的有效和高效运作；

（d）发出指示，旨在确保招聘、调动、晋升和解雇等人事任免程序遵守宪法第195条规定的价值观和原则；

（e）报告其活动和工作情况，包括：发现新的情况、下达指示和建议，以及评估对宪法第195条规定的价值观和原则的执行情况；

（f）无论是自己检查到的还是收到的投诉，都应：

（i）调查和评估人员和机构的公职履行情况，并报告相关行政机关和立法机关；

（ii）调查的政府雇员对官方作为以及不作为的不满，并建议采取适当的补救措施；

（iii）监督和调查公职机构是否依法行政；

（iv）对国家以及省级机构的人事任免提出政策建议。包括，公职人员的招聘、任命、调任、撤职等。

（g）依据议会法，行使其他权力和职能。

（5）该委员会直接对国民大会负责；

（6）依据本条第（4）款第（e）项规定，委员会必须每年向下列机构汇报至少一次：

（a）国民大会；

（b）将其在省内的活动，报送该省的立法机关。

（7）委员会由总统任命的14名委员组成：

（a）依照本条第（8）款第（a）项规定，由国民大会任命五名委员；

（b）依照本条第（8）款第（b）项，由每个省的省长任命一名委员；

（c）依照本条第（7）款第（a）项任命的委员，必须：

（i）由多党按照一定的比例构成的国民大会中的一个委员会推荐；

（ii）经国民大会投票表决，获得多数支持后，形成批准决议。

（d）由各省省长任命的委员，必须：

(i) 由多党按照一定的比例构成的省立法会中的一个委员会推荐；

(ii) 经省立法会投票表决，获得多数支持后，形成批准决议。

(8) 由议会法规范委员的任命程序；

(9) 委员的一届任期五年，只能连任一次。委员必须符合以下条件：

(a) 南非公民；

(b) 拥有行政管理知识或者公职工作经验的适当人选。

(10) 委员出现以下情况将被免职：

(a) 行为不当，无行为能力或不称职；

(b) 对于国民大会任命的委员，由国民大会的一个委员会作出免职裁定。对于省长任命的委员，则由省立法委员会作出免职裁定。

(c) 免职决议须获得国民大会或省立法委员会多数投票支持，方能生效。

(11) 总统负责宣布解职委员：

(a) 在国民大会通过解职决议后；

(b) 在省立法会通过解职决议后，由省长书面呈报总统。

(12) 依据本条第（7）款第（b）项规定，委员应依法行使权力、履行职责。

197. 公共管理

(1) 南非共和国设立统一的公共管理系统，该系统应依照南非法律设置和行使职能，必须忠实执行合法的政策。

(2) 公职人员的任期以及工作待遇由国家法律统一规定。法律保障政府雇员享受公平的退休金。

(3) 公职人员不得因其党派倾向受到青睐或损害。

(4) 省级政府应依照统一的公职人员规范和标准，招聘、任命、提拔、调任以及罢免公职人员。

第十一章 国家安全

198. 指导原则

共和国的国家安全基于下述原则：

（a）作为个人和作为一个国家，国家安全必须要解决南非本国人民平等地生活、和平和谐的生活、摆脱恐惧和欲望、寻求更好的生活。

（b）除本条款或其他国家法律的规定外，在国内或国际上，都不允许任何南非公民以得到和平与和谐的生活为目的参与武装冲突。

（c）国家安全必须遵守包括国际法在内的各种法律。

（d）议会和国家行政机构是国家安全政策的制定者。

199. 建立、构建和使用安全部队

（1）根据宪法，共和国的安全部队由一支国防军、一支警察部队和情报系统组成。

（2）在共和国，国防军是唯一合法的武装力量。

（3）除宪法规定的维护国家安全部队外，武装力量的使用只能依据国家法律进行。

（4）国家应立法规范安全部队的使用。

（5）在共和国，安全部队必须依照宪法和法律采取行动，而且必须教导并约束其成员的行为，包括熟习国际法和国际协定的约束力。

（6）任何安全部队的成员都不能服从一个明显的非法命令。

（7）无论是安全部队，或任何其成员，都不能以如下方式履行其职责：

（a）对任何政党持有偏见；或者

（b）为某一政党的利益服务。

（8）为了落实透明和问责，议会多党派联合委员会监督安全部队按照国家法律或议会决定的规则和程序履行职责。

国 防

200．国防军

（1）国防军是一个纪律严明的军队；

（2）根据宪法和国际法原则，国防的主要目的是捍卫和保护共和国领土完整和人民安全。

201．政治责任

（1）须由一名内阁成员负责国防事务。

（2）总统作为国家行政机关的首脑，可以授权国防军：

（a）与警察合作执行任务；

（b）保卫共和国；或

（c）履行国际义务。

（3）当国防军用于第（2）款中提到的目的时，总统必须及时告知议会以下内容：

（a）使用国防军的原因；

（b）国防军的使用地点；

（c）参与任务的军力；以及

（d）预计使用的期限。

（4）如果国防军根据第（2）款规定情形进行部署的前七天内，未能召开议会，总统必须向监督委员会提供第（3）款中的信息。

202．国防军的指挥权

（1）作为国家元首，总统担任国防军总司令，同时必须任命国防军的军事指挥官。

（2）在总统的授权下，国防军指挥权由内阁中负责国防事务的官员具体实施。

203．国防总动员

（1）作为国家的首脑，总统可以宣布国防总动员，但必须提早通知国会以下情况：

(a) 总动员的原因；

(b) 部署国防军的地方；以及

(c) 涉及军力。

（2）如果公布国防总动员时未召开议会，总统必须在总动员令发布后七天内召集议会进行说明；

（3）除非议会在七天内批准，否则将取消国防总动员。

204．民兵秘书处

国家应该立法设立一个民兵秘书处，此秘书处在内阁成员的管理下行使职责。

警　察

205．警察部队

（1）国家必须在国家、地方和任何需要的地方组建并部署警察部队。

（2）国家法律确定警察部队的权利和职责，并可以有效地免除警察部队的责任，从而有效地满足地方政府的需求。

（3）警察部队的目标是预防、对抗和调查犯罪活动，从而维持公共秩序，保证共和国居民及其财产安全，以及其他执法工作。

206．政治责任

（1）须由一名内阁成员负责治安工作，该内阁成员在咨询地方政府和治安工作的需求后制定警察部队的政策；

（2）根据不同地区的差异，国家的治安政策必须因地制宜；

（3）每个省的权力如下：

(a) 监管治安工作；

(b) 监督治安工作的效果和效率，包括审议警察部队的报告；

(c) 促进警察部队和社区的关系向好的方向发展；

(d) 评估一般治安工作的效果；

(e) 和内阁成员协商治安工作，并且负责本地区的犯罪调查工作。

（4）省级行政机关拥有：

(a) 本章所赋予的权力；

(b) 国家法律所赋予的权力；

(c) 国家治安政策所赋予的权力。

（5）为了完成第（3）款列出的职能，各省应该：

(a) 调查或者任命一个调查委员会，管理任何投诉警察的不作为或警察和任何一个社区的矛盾；

(b) 必须向负责治安工作的内阁大臣提出意见。

（6）国家应立法建立独立的警察投诉管理机构。一旦收到地方主管部门的投诉建议，必须立即调查地方警察的不作为或者违法行为；

（7）国家必须立法为市级警察部队的建立、职权和管理制定框架；

（8）建立由内阁成员和省行政委员组成的委员会来管理警察部队，确保警察和政府之间的合作和协调；

（9）地方立法机构可以要求地方警官出席任何会议并回答委员会问题。

207. **警察部队的管理**

（1）作为国家元首，总统应任命一人为全国总警监来管理和指挥警察部队；

（2）这名总警监必须按照国家治安政策和负责警察事务内阁成员的要求训练、指挥和管理警察系统；

（3）这名总警监在征得地方政府同意后必须认命一名当地警监，但是如果地方政府和被任命人不同意总警监的任命，负责警察事务的内阁成员负责进行协调；

（4）当地警监负责管理本地区的警察事务，包括：

(a) 按照国家的法律规定履行职责；

(b) 服从总警监的命令，指挥和管理所辖的警察部队。

（5）地方警监必须每年一次向地方立法机构报告本地区的治安情况，并同时向总警监提交一份报告；

（6）如果省级执政当局对地方警监失去信任，当局可采取适当程序，根据相关法律免去其职务、调离岗位或提请进行纪律审查。

208. 居民治安秘书处

警察部队必须设立一个居民治安秘书处，此秘书处由国家法律设定，并且在负责警察事务的内阁成员的管理下行使职能。

情报工作

209. 情报机构的建立和管理

（1）除了国防部队和警察之外的任何情报机关必须由总统亲自任命，并且只能以国家立法的方式确立；

（2）总统必须为每一个情报机关任命一名负责人管理根据第（1）款建立的情报机关，总统还必须承担指挥和管理情报机关的政治责任，或者指定一名内阁成员承担此项责任。

210. 职权和监督

国家必须立法调整情报部门的工作内容和职责，针对任何一个情报部门，如国防、警察部队等，国家必须立法保障如下工作：

（a）各个情报部门之间的协调配合；

（b）这些部门的活动由国家总统任命的文职人员进行监督，该人事任命必须通过国民大会三分之二以上的成员投票通过。

第十二章　部族领袖

211. 法律承认

（1）按照习惯法之规定，部族领袖地位的确立和作用均应得到宪法的承认；

（2）遵守习惯法体制的部族权力应该在可适用法律和习俗的约束下予以行使，这种情况也包括法律或者习俗条款的修正或者废除；

（3）当习惯法适用，并且受到宪法和与习惯法有关的具体法律约束时，法院应当适用习惯法。

212. 部族领袖的角色

（1）国家法律将为部族领导权提供地位的保障，赋予它们领导和影响当地社区基层事务机构的权力；

（2）处理与部族领导权、领袖地位、习惯法和遵守习惯法体制的社区习俗等一切有关事务：

（a）国家或省级可以立法为部族领袖建立部族会议提供帮助；

（b）国家可以立法建立一个部族领袖会议。

第十三章 财政

一般财政事务

213. 税收基金

（1）中央政府所收缴的税收（除议会法合理地取消税收之外）将存入税收基金；

（2）在下列情况下，税收可以从税收基金中支出：

（a）按照议会法条款规定支出，或者

（b）宪法或者议会法案中规定的直接借记国家税收基金。

（3）每个省平等上交的税收份额将直接记在国家税收基金中。

（生效日期：1998年1月1日）

214. 税收的公平收入和分配

（1）议会法必须规定：

（a）全国征集的税收必须公平地在全国、省级和地方政府的范围内分配；

（b）确定省级分配收入中每个省的份额公平，以及

（c）其他分配至省、地方政府或者市级政府的国家税收项目及分配规定。

(2) 第（1）款适用的条款只有在经过省级政府、有组织的地方政府以及金融和财政委员会协商后才能生效，并且委员会的任何推荐应该考虑到以下内容：

(a) 国家利益；

(b) 任何涉及国家债务和其他国家义务的条款；

(c) 由客观标准决定的政府需求和利益；

(d) 省市能够向人民提供基本服务和功能的需要；

(e) 省市的财政能力与效率；

(f) 省、地方和市级政府的发展和其他需求；

(g) 省内以及省与省之间的经济差异；

(h) 国家立法规定的省市义务；

(i) 地方政府希望国家给予稳定和可预计的拨款的愿望，以及；

(j) 灵活应对紧急情况或其他临时工作的需求，以及建立在类似客观标准之上的其他因素。

（生效日期：1998年1月1日）

215. 国家、省、市的财政预算

(1) 国家、省和市级预算和预算流程必须加强透明度、问责制，对经济、债务和公共部门进行有效的金融管理；

(2) 国家必须立法规定

(a) 国家、省和市财政预算的构成；

(b) 何时应当提交国家和省级预算的预案，以及

(c) 在每个领域内，政府的预算必须显示收入的来源，并遵照国家法律提供预算开支的计算方法。

(3) 每个领域内政府的预算必须包括：

(a) 在区分资本与经常项目开支的情况下，对收入和开支的预估；

(b) 申请提出对其预期财政赤字进行拨款的相关计划；

(c) 申明关于借贷、其他公众开支以及会增加下年公众债务的政策的计划。

(生效日期：1998年1月1日)

216. 财政管理

（1）国家应该立法建立财政部并制定相关措施，确保每个政府领域内的财政的透明度并控制开支，主要通过以下方式：

(a) 统一的会计规范；

(b) 统一的财政开支分类，以及

(c) 统一的财政规范和标准。

（2）国家财政部必须强制遵守第（1）款中规定的措施，并且在省机构犯严重或持续违反这些法律措施的情况下，国家财政部可以阻止省机构的资金转移。

(已由2001年第61号法案的第5a款进行修正)

（3）按照第214条第（1）款第（b）项规定，决定停止资金转移的决定只有在第（2）款规定的情况下发生，并且

(a) 停止资金转移不可超过20日，并且

(b) 可以立即执行，除非国会遵循与制定第76条第（1）款相同的和经议会通过的程序可批准取消这一指令。但是，这个过程必须在国家财政部作出决定后30日内进行。

(已由2001年第61号法案的第5b款进行修正)

（4）在遵循第（3）款规定的程序下，议会每次可以重新决定给予不超过120日的资金转移期；

（5）在议会决定赞成或者重新决定停止一个省的资金转移之前：

(a) 审计署署长必须向议会报告，并且

(b) 相关省将被授权回应任何指控，并向委员会陈述案情。

(生效日期：1998年1月1日)

217. 采购

（1）当国家、省、市级政府的机构或者任何国家立法中承认的机构签订合同采购商品和服务时，它必须遵守公平、公正、透明、鼓励竞争和高

效益的原则；

（2）第（1）款不禁止国家机构或者单位执行针对下列情况的政策：

（a）分配采购合同时倾向于某类商品，并且

（b）由不公平歧视导致的某类法人、商品的优势地位。

（3）国家立法应该制定一个框架，在其框架内将执行第（3）款提及的政策。

（此条已由 2001 年第 61 号法案的第 6 款进行修正）

218. 政府担保

（1）只有在担保人遵守国家法律规定的情况下，国家政府、省或者市级政府才能为其担保贷款。

（2）只有在金融和财政委员会的建议被考虑之后，第（1）款中提及的国家法律才能颁布。

（3）每年政府必须公布一份与进行担保有关的报告。

（法律生效日期：1998 年 1 月 1 日）

219. 公职人员的薪资

（1）议会法必须建立一个组织框架，以决定：

（a）国民议会成员、省务院永久性代表、内阁成员、副部长、部族领袖或者任何议会的部族领袖的薪水、津贴和收入，以及

（b）省级立法机关成员、行政委员会成员和各类市议会议员的薪水、津贴或者收入上限。

（2）国家必须立法为第（1）款中提及的薪水、津贴和收入专门建立一个可以提供建议的独立委员会；

（3）只有在考虑第（2）款提及的委员会提出的任何建议之后，议会才能通过适用于第（1）款的法律；

（4）只有在考虑第（2）款提及的委员会提出的任何建议之后，国家行政机构、省行政机构、市行政机构或者任何相关的权力当局才能执行适用于第（1）款中的国家法律；

（5）国家必须立法建立组织构架以决定法官、公益保护官、审计长以及宪法规定的任何委员会成员（其中也适用第192条的广播事务官员）的薪水、津贴和收入。

金融和财政委员会

220. 建立及职能

（1）共和国建立金融和财政委员会，该委员会在宪法、国家法律、议会、省级立法机关和其他国家法律确定的职责范围内向政府提供建议；

（2）委员会保持独立，并只受宪法和法律的约束，以确保公正无私；

（3）委员会必须按照权利法案中的条款进行运作，并且在行使机构功能时必须考虑其他的相关因素，包括在第214条第（2）款中提及的情况。

221. 委员会成员的任命和任期

（1）该委员会将由总统任命的下列成员构成：

（a）一位主席和副主席；

（b）经过与总理商议按照国家法律规定的程序选举出的三位成员；

（c）经过与总理商议按照国家法律规定的程序选举出的两位成员，以及

（d）两位其他成员。

（此条款已由2001年第61号法令第7a项和1999年第2号法令第2条修正）

（1A）适用第（1）款的国家法律必须有下列人士参与制定：

（a）第（1）款第（b）项中规定的决定委员会名单的省长，以及

（b）第（1）款第（c）项中规定的决定委员会名单的地方政府代表。

（此条款已由2001年第61号法令第7b项修正）

（2）该委员成员必须拥有适当的专业知识；

（3）委员会成员必须按照国家法律的规定完成任期。如果出现失职或者缺乏足够资质的情况，总统可以解除其委员职务。

222. 报告

委员会必须定期向议会和省级立法机关进行报告。

中央银行

223. 中央银行的建立

南非储备银行是共和国的中央银行，并受议会法案条款的约束。

224. 主要目标

（1）南非储备银行的主要目标是：为了南非共和国平衡和可持续的经济增长而稳定货币币值；

（2）为了实现这个目标，南非储备银行必须独立、不受外界影响、公正地执行其功能职责，但是与此同时，央行和负责财政事务的内阁成员之间必须经常协商。

225. 职权

南非储备银行的职权主要是指通常由中央银行执行或者进行的工作。该职权由议会法案决定，并且其工作受该法案条款的约束。

省级和地方财政事务

226. 省级税收

（1）各省政府所收缴的税收（除议会法合理地取消税收之外）将存入税收基金；

（2）税收只有通过如下方式才能从省级税收基金中取出：

（a）符合省级法律的拨款，或者

（b）宪法或者省级法律规定的可以直接支出省级税收基金的操作。

（3）按照第214条第（1）款中规定，省级政府分配给地方政府的税收可以直接从省级税收基金中支出。

（4）国家可立法设立一个组织框架，在这个框架下：

（a）按照第（2）款第（b）项中规定，省级法律可授权直接从税收

基金中取款，并且

（b）按照第（3）款规定，省级分配给地方政府的税收必须直接支付给该省的市级单位。

（第4条由2001年第61号法案第八款增补）

（法律生效日期：1998年1月1日）

227．省和地方政府税收中从中央政府得到的收入

（1）地方政府和各省

（a）有权公平地分享全国税收，以使它能够为公民提供基本的服务，履行它的基本职能，以及

（b）可以有条件或者无条件地从国家政府税收中获取部分收入。

（2）省和市额外征收的税收份额将不会从全国征收的税收中扣除，也不会从国家税收的其他配额中扣除。同样，国家政府也没有义务向没有根据财政能力和税收基础征收税款的省或地方政府进行补偿；

（3）各省在全国税收收入中的配额必须尽快且全额地转移至省账户，但第216条中规定停止资金转移的情况除外。

（4）各省必须按照省级宪法的规定为本省的收入规定其他来源，以作为本宪法中规定的收入来源的补充。

（法律生效日期：1998年1月1日）

228．省级税收

（1）省级立法机构可以征收：

（a）除个人所得税、增值税、一般营业税、房产税或关税之外的税收和关税；

（b）除了在企业所得税、增值税、房地产税或关税之外，国家法律规定的对各类税种强制征收的统一税率的附加费。

（由2001年第61号法案第9款修正）

（2）省级立法机关进行强制征收税款的权力：

（a）将不得损害国家经济政策、跨省经济活动或者全国商品、服务、

资本或者劳力的流动；

(b) 必须受议会法的约束，并且只有在考虑金融和财政委员会的建议之后才能颁布实施。

（法律生效日期：1998年1月1日）

229. 市级财政权力及其职能

(1) 第(2)、(3)、(4)款所规定的市级机构可以强制征收：

(a) 为该市提供服务或者代表市政当局服务而征收的财产税和附加费，以及

(b) 国家法律授权的拨款至地方政府或者市级管辖的地方政府的其他税种，但是不允许市级政府强制征收所得税、增值税、营业税或者关税。

(2) 为该市提供服务或者代表市政当局服务而征收的财产税和附加费的权力：

(a) 将不得损害国家经济政策、跨省经济活动或者全国商品、服务、资本或者劳力的流动；

(b) 将受到国家法律的约束。

(3) 当两市对同一地区拥有同样的财政权力和执行职能时，应该按照国家法律成立适当的分割财政权力和执行功能的机构。该部门只有基于如下条件才能成立：

(a) 健全的税收原则；

(b) 每个市执行的权力和职能；

(c) 每个市的财政能力；

(d) 征税、课税的效率；

(e) 平等原则。

(4) 本条款允许在同一地区拥有财政能力的多个市政当局按照本条款之规定分割本地税收的情况；

(5) 只有向地方政府、金融与财政委员会咨询建议且该意见被充分考虑后，本条款中的相关法律才能生效。

（法律生效日期：1998年1月1日）

230． 省级贷款

（1）省级政府可以根据国家法律为投资或者当前政府的各项支出筹集贷款，但是为政府支出筹集的贷款只能出于完成本财年任务的需要而进行。

（2）只有向金融与财政委员会咨询建议且该意见被充分考虑后，本条款中的相关法律才能生效（本条由2001年第61号法案第10款修正）。

（法律生效日期：1998年1月1日）

231． 市级贷款

（1）市议会可以根据国家法律进行如下工作：

（a）可以根据国家法律为投资或者当前政府的各项支出筹集贷款，但是为政府支出筹集的贷款只能出于完成本财年任务的需要而进行。并且

（b）在行使与筹款相关的立法和行政权力时，约束自己和即将组建市政委员会以确保该贷款和投资的安全性。

（2）只有向金融与财政委员会咨询建议且该意见被充分考虑后，本条款中的相关法律才能生效。

（本条由2001年第34号法案第17款增补）

第十四章 一般条例

国际法

232． 国际协定

（1）谈判并签署所有国际协定的工作由国家行政部门负责；

（2）除本条第（3）款之规定的协定，与南非共和国产生法律效力的任何国际协定须获得国民议会和全国省级事务委员会的批准；

（3）关于专业技术或行政性质的国际协定无需经过国民议会和全国省级事务委员会的批准，但该国际协定经过行政部门后仍需要及时向两院报备；

（4）当国际协定经过国家立法批准施行后即成为共和国的法律，除非该协定违背了宪法和议会法；

（5）宪法规定的国际协定生效后将对共和国产生法律效力。

233．已形成国际惯例的国际法

除非违背本国宪法和议会法，已形成国际惯例的国际法在南非共和国自动有效。

234．国际法的适用

当对任何法律进行解释时，所有法院的解释原则是：采用符合国际法的司法解释，而不采用不符合国际法的司法解释。

其他事项

235．权利宪章

为了进一步推进本宪法创立的民主原则，国会将根据宪法的相关规定制定权力宪章。

236．自决权

根据宪法规定，在权利框架之内，并在南非领土内或国家法律的范围内，全体南非人民享有的自决权不得逾越任何共同语言和文化社群所享有的对民族自决权的理解。

237．政党资助

为了加强多党民主制，国家法律须制定政党资助管理条例，确保各政党平等并按照一定比例参与全国和各省立法机构。

238．勤于政事

宪法规定的各职能须得到勤勉且及时地履行。

239．机构或代表

各级政府行政部门：

（a）有权将其权力或职能授予其代表。该名代表或机构将根据国家法律规定行使行政单位授予他的任何职权，条件是该代表或机构符合立法机构规定的行使该职权的要求；

（b）有权根据机构或代表的原则行使其他行政机构授予其的职权。

240. 相关定义

除非另行规定，本宪法中的相关概念定义如下：

"国家法律"包括

（a）根据议会法规定制定的任何具体法律；

（b）根据宪法规定且被国家政府部门执行的有效的法律。

"国家部门"包括

（a）全国、省、地方各级政府机构中的部委；

（b）其他职能单位：

（i）根据宪法和州宪法行使职能的单位；

（ii）根据任何法律规定行使公权力的部门。

"国家部门"不包括法院和司法官员。

"省法律"包括

（a）根据省法律规定制定的任何具体法律；

（b）根据宪法规定且被省政府部门执行的有效的法律。

241. 不同法律条文版本的冲突

如果遇到不同语言版本的法律条文出现冲突的现象，英文版本享有最高权威。

242. 过渡与变更的安排

宪法所规定的任何新政令实行以及任何关于宪法法令的过渡变更问题，适用于附件6的规定。

243. 法律的失效

附件7中提及的法律可根据第243条和附件6的规定失效。

244. 简称与颁布生效

（1）本宪法的名称是"南非共和国宪法"（1996年版），经总统签署后即刻生效，但生效日期不得晚于1997年7月1日。

（2）根据宪法规定，总统在本条第（1）款规定的最晚生效日期前决定宪法生效的日期。

（3）除非另有规定，宪法的生效时间即宪法中各条款的生效时间。

（4）根据本条第（2）款规定，如果宪法中规定了相关条款的具体生效时间（与宪法生效时间不同），宣言中的1993年版宪法的相应条款将在同一日期自动失效。

（5）第213、214、215、216、218、226、227、228、229和230条规定于1998年1与1日生效，但是这不影响在该日期之前制定的本宪法中条款的效力。在这一日期之前，1993年宪法相关条款仍有效。

（本部分附件省略）

（译自：*Constitution of South Africa*，1997）

政党公共拨款法

1997年103号法案，为了建立代表政党的基金，以便于为资助政党参加国会和省议会；为了便于选举委员会对资金进行管理和与基金相关的会计核算工作；为了规范基金的分配和政党使用资金的目的；并为了应对突发事件，特制定本法。

序　言

鉴于宪法建立了多党民主的基本原则；

鉴于宪法第236节的制定，为了强化其所规定的原则，要求国家立法机关对政党参加国家和政府立法活动提供资助做好准备，并在公平和比例均衡的基础上扩大多党民主；

鉴于宪法第236节规定，为了创设基金以供给各政党供其使用而制定必要法律；

鉴于分配的资金供政党使用的目的是源于各政党具有现代民主政党之功能；

据此，南非共和国国会制定如下法律。

（总统签署的英文本，于1997年11月27日批准）

定　义

1. 在这项法案中，除非上下文作出规定，下述词语的含义是：

"财年"是指第4条第（3）款第 i 项规定的资金财政年度；

"规定"是根据第 10 条第 v 款项所规定的随时采取的各种规定；

"委员会"是指根据 1996 年选举委员会法案第 3 条第（1）款建立的选举委员会（1996 年第 51 号法案）；

"基金"是指根据第 2 条第（1）款和第 ii 项规定，为代表型政党建立的基金。

"本法案"包括了根据第 10 条制定和生效的有关规定。

政党基金的建立

2.（1）政党基金的目的是为了资助政党参加国会和省议会选举。

（2）这项基金的贷方包括

（a）国会拨款；

（b）任何来自国内外的捐赠和捐助；

（c）根据第 3 条第（1）款获取的资金存款利息，和根据第 3 条第（2）款进行投资获得的利息；

（d）任何通过其他途径积累的资金。

资金的存储和投资

3.（1）除了在第 2 条第（2）款所涉及的款项，那些作为信托基金的资金将另立银行账户存储，这个账户将由委员会在共和国现已登记在册的银行开户。根据第 5 条规定分配给政党的资金将从该账户中进行支付。

（2）第 5 条中尚未被立即分配给政党基金的资金将用于投资。根据 1984 年公共投资法案，由公共投资委员会的工作人员进行投资。

基金的管理和运作

4.（1）根据委员会的指示，经由选举产生的总选举事务官在委员会的管理范围内，负责基金的管理和运作，同时担任基金的财务主管和首席执行官。

(2) 每一个财年，委员会必须根据公认的会计规范和程序记录基金的收支情况。这包括：增长的部分，分配和支付的部分，以及基金的资本和负债的运行情况。

(3)

(a) 除了下述（b）项规定之外，基金的财年从每年 4 月 1 日到第二年的 3 月 31 日，含起止日期。

(b) 第一财年从该法案实施时直到下一个年度的 3 月 31 日为止，含起止日期。

基金的分配

5. (1)

(a) 任何符合下述条件的政党在每一个财年都有资格获得资金资助：

(i) 在国民议会有代表该党议员；或

(ii) 在省议会有代表该党议员；或

(iii) 同时在上述两个议会中有代表该党议员。

(b) 根据第（c）项规定，其他符合下述条件且符合现代民主政治原则的任何一个政党也有资格获得资金资助：

(i) 推动民众政治意愿；

(ii) 利用政党影响力塑造公众舆论；

(iii) 激励或推进政治教育；

(iv) 提高公民对政治生活的积极参与；

(v) 影响政治思潮；

(vi) 保证人民与国家机关之间的稳定与必要的联系。

(c) 基金分配给各政党将按照规定的分期或陆续划拨的方式。

(2)

(a) 必须根据下述原则将基金分配给有关政党——

(i) 部分资金须遵从比例均衡原则，该原则须基于如下具体方法：

(aa) 根据这个政党在国民议会中拥有议员的数量与国民议会全体议

员数量的比例进行分配；或者

（bb）根据这个政党在省议会中拥有议员的数量与省议会全体议员数量的比例进行分配；或者

（cc）根据这个政党在第（1）款第（a）项规定的各级立法机构中拥有议员的数量与该立法机构全体议员数量的比例进行分配。

（ii）部分资金遵从公平原则。考虑到，在其他之中——

（aa）对每一个参与国民大会、省议会或同时参与两级议会的政党都有一个固定最低资助金额；

（bb）对每一个参与国民大会、省议会或同时参与两级议会的政党按照代表、权重比例分配金额。

（b）确定每一个政党的分配方案时，所需的信息和细节必须从相关的事实或分配时的具体情况进行确定。

（3）从基金获得的资助不可被使用于如下用途：

（a）直接或间接地作为酬金、费用、奖励、补贴和其他好处提供给在国民议会、省务院或其他任何立法机构中代表该党的议员，或者那些在国家、省或各级政府中从事公职工作的人员；

（b）（根据具体情况而确定的）直接或者间接违反与国会和省议会议员道德准则相违背的任何事件、工作或行为；

（c）直接或间接为了交易或者获取金融收益的行为（包括不动产的交易），但只能将该资助用于政党日常活动的不动产购置和使用；

（d）用于其他不符合现代政党政治运行的项目。

（4）根据第（1）款第（a）项规定，政党注册停止后未能注册的政党将不再获得资助。在注册停止21天内，未注册的政党必须返还尚未花费的资助余额。

政党对所获资助应承担的责任

6.（1）每一个被获得资助的政党须进行如下工作：

（a）在一个共和国境内注册的银行开设独立账户，用于存储这些资金；

（b）任命该政党的一名官员或者公务人员作为会计随时管理这笔资金。这名官员对资金的运作负责，还包括该法规定的其他责任，以及确保该党按照本法律的要求，确保这些资金没有被支付给未经法案授权的项目。

（2）在每一财年这些资金分配给相关政党之后，该会计官员必须以规定的方式独立保管关于这些资金和相关资金交易的账簿和会计记录。

（3）在每一财年这些资金被分配给政党之后的两个月内，会计官员必须说明政党接受的一切款项及使用情况，也包括说明款项使用目的的相关财务报表。随后，会计官员必须将财务报表、账簿和账户记录交由公共会计师和审计师根据1991年会计和审计法案进行审计（1991年81号法案）；

（4）审计师根据第（3）款进行审计，必须在审计师的报告里面，说明这些资金是否被花费在未被授权的项目中；

（5）审计师的报告和审计财务报表必须由会计官员在每一财年结束的三个月内上交委员会；

（6）除了第（3）款规定，总审计师可以在任何时候审计任何政党与该基金分配相关的账簿、账户记录和财务报表；

（7）

（a）根据第（b）项规定，如果出现下述情况，委员会将进行下述工作：

（i）如果这个政党没有满足该法案的要求，并出于正当理由，委员会可以命令暂停分配给政党资金；

（ii）如果根据政党的后续行动判定已无正当理由暂停拨款，则必须继续拨款。

（b）分配给政党资金可以根据第（a）项命令暂停，但委员会须采取如下方式：

（i）通过一个书面通告告知该党及其暂停拨款和理由；

（ii）要求政党在通告规定的时间内（从通告日起不少于30日）内提供继续拨款的理由。

返还被政党违规花费的资金

7.（1）

（a）如果政党没有根据法案要求花费第 5 条分配给政党的资金，会计官员，根据第 6 条第（1）款第（b）项，有义务将这些违规花费返还；

（b）任何返还的资金将会被重新回收至基金进行存储。

（2）由基金首席执行官所代表的委员会必须找回违规花费的资金，其主要方式是——

（a）通过向相关政党的会计官员提起民事诉讼；

（b）向相关政党就违规花费资金予以罚款。

委员会向议会就基金使用情况进行报告

8.（1）尽可能在每一财年结束后，委员会须：

（a）准备关于这一财年对基金的管理和运行的报告；

（b）准备关于基金的财务报表，涵盖如下内容：

（i）在财年里基金增值情况；

（ii）在财年里面分配给各个政党的资金情况；

（iii）在财年里政党按照规定花费资金的情况；

（iv）到财年结束时基金的盈余和债务情况。

（2）委员会必须提交上述报告。委员会的财务报表、账簿和账务记录必须交审计长以接受审计；

（3）在接受到审计长的审计报告 30 天内，委员会必须向议会汇报审计的财务报表和审计的委员会报告。

每一财年剩余资金的处理方法

9.（1）在每一财年任何未花费的资金，要由政党根据第 6 条第（1）款第（a）项规定储存在一个特别账户中，信用余额信息将显示在政党的

相关账簿和账户记录中，并转入下一财年使用，然而

（a）结转的资金将被仅限于本法案规定的本财年分配比例；且

（b）结转进入下一年的资金，将不计算为本财年按照比例分配给政党使用的部分。

（2）在每一财年结束时所有基余额将作为信用额度结转进入下一财年。

（3）

（a）根据1996年南非共和国宪法（1996年108号法案），如果国会和省议会解散，根据第6条规定，所有在各级立法机构的有代表的政党在不晚于下次选举前21天必须冻结其账户记录，并在14天之内提交一个关于这些账簿和记录的审计报表；

（b）不晚于选举开始前的一天，根据第5条而获得资金的账户被冻结前，各政党必须将这些未被花费的余额返还给委员会。

（4）

（a）如果国会和省议会在任何情况下被解散，根据第6条规定，在这些机构中有议员的所有政党必须在不晚于选举开始前21天关闭账簿和记录。随后在14天内，提交一个关于这些账簿和报告的审计报表；

（b）

（i）立法机构解散后，在第（a）项中提及在立法机构拥有议员的政党，其议员在全体议员中的比例必须由委员会根据第（3）款第（a）项进行计算；

（ii）在簿记和账户关闭时，各政党通过议员比例而获得的资金必须不迟于选举开始前返还给委员会。

规　章

10.（1）总统可以根据国民议会和省务院组成的联合委员会的建议以公告的形式制定符合本法案的有关下述问题的规章制度：

（a）依据本法案所必须规定的任何事件；

（b）根据第5条第（1）款，确定政党的何种行为不符合现代民主政治的要求；

（c）为了确保正确和有效地根据本法案进行管理，必须对政党应提供给委员会的信息和情况进行规定；

（d）规定资金支付的程序和方式；

（e）规定任何与第（c）、（d）项有关的其他必要工作的程序。

（2）根据这项条款制定的首项管理规定的生效日期即本法案的生效日期。

简称和生效

11.（1）这个法案被称作1997政党公共拨款法案，其生效日期以总统在公报上公告的日期为准；

（2）经与财政部长商讨，总统可根据本条第（1）款使用追溯权，追溯日期不早于1997年4月1日。

（译自：*Public Funding of Represented Political Parties Act*, 1997）

政党登记条例

由1996年版选举委员会法（1996年第57号法令）第23条第（1）款第（c）项规定赋予的权力，选举委员会制定本规定并载于附表中。

定义

1. 本条例中：

（a）任何词语都与1996年选举委员会法（第51号法令）第1条规定中任何词语具有相同的含义；

（b）除非另有表示，本规定中的"法律"表示经过修正的1996年《选举委员会法》（1996年第51号法令）。

申请注册

2.（a）选举委员会法第15条第（1）款和第15条第A（1）款规定的申请，均须按照类似附录1的形式提交总选举事务官；

（b）选举委员会法第16条第（1）款第（a）项所列举的申请公告必须按照类似附件2（本书节略）的形式提交；

（c）任何对即将举行的注册工作持反对意见的人须采取如下方法，书面提交反对意见及理由，并根据选举委员会法第16条第（1）款第（a）项的规定，在注册申请的公告发布后14天内递交到比勒陀利亚总选举事务官办公室；

（d）如果遇到下列情况，总选举事务官必须拒绝注册申请——

（i）处于任何理由违反选举委员会法第16条第（1）款的规定；或者

（ii）如果该申请不符合选举委员会法或本规定的条款。

申请的基本条件

3. 根据选举委员会法第 15 条、第 15A 条规定，成立政党的基本条件是：出具 50 名合格选民联署支持，选民的全名和身份证号码必须在联署文件上予以体现。

注册费

4.（1）在每个城市中，选举委员会法第 15 条第（3）款第（b）项规定的注册费用是 500 兰特，而第 15A 条第（2）款第（b）项规定的费用是 200 兰特；

（2）本条第（1）款提及的费用概不退还。

登记证

5. 选举委员会法第 15 条第（5）款规定的登记证格式参照附件 3（本书节略）。

在政府文件中刊登政党登记信息

6. 根据选举委员会法第 15 条第（5）款，在政府文件集中须刊登如下信息：

（a）政党的名称和缩写名称；

（b）政党标志；

（c）该政党在一个城市进行注册的证明信息；

（d）证党的注册日期；

（e）政党序列号。

政党的注册表和注册文件

7.（1）总选举事务官办公室必须保留一份政党注册记录，记录所有的注册、更新、更新失败、注册名称变更、缩写名称、区分不同政党的标记或符号，以及取消注册的相关信息。

（2）政党登记信息以及供总选举事务官办公室完成注册、更新、注册名称变更、缩写名称、区分不同政党的标志或符号以及取消注册等工作的每一份文件及副本都应保存在总选举事务官办公室供公众检查，任何人均可查阅注册记录,并可在工作时间免费索取记录副本。

(3)根据第(2)款的规定,总选举事务官必须向任何申请人提供一份注册文件副本,收取费用为每页1兰特。

注册后的影响

8. 根据规定注册后的政党可具备以下资格:

(a)根据政党联络委员会条例,可提名本党代表参加政党联络委员会;

(b)自由参阅任何由政党联络委员会编制和保存的选民名录;

(c)有权由联络委员会保护其名称、缩写名和标志或符号。

更改注册信息的通报

9. 对附件1(本书节略)中列举的信息的任何更改,必须由注册联系人或政党领导人在变更后30日内以书面形式通知总选举事务官。

更新注册

10. 根据选举委员会法第15条第(6)款,没有在政党注册当年后每年1月的最后一天前在立法机构登记注册的政党应由该党的执行官员向总选举事务官递交书面申明更新其注册。如果出现这种情况,该党应作出声明以示该党没有解散,并继续作为一个政党运转。

就总选举事务官员注册或不注册某政党进行上诉

11. 根据选举委员会法第16条第(2)款规定,就总选举事务官员注册或不注册某政党进行上诉时应采取如下步骤:

(a)在提出申诉的政党的指示下由该政党工作人员书面签署申请,并且

(b)充分写明上诉理由。

更改党的名称、标志或符号

12. (1)根据选举委员会法第16A条第(1)款,申请变更注册名称、缩略名、标记或符号的形式可参阅附件4(本书节略),该法第16A条第(2)款所涉及的申请通知的形式参阅附件5(本书节略)。

（2）申请通知书必须于向总选举事务官提交申请前30天在政府文件中予以公示。

取消政党登记

13. 在选举委员会法第17条第（1）款第（b）项所涉及的通知，应当以该党工作人员发布声明的方式由该党正式予以公告，以示在指定日期该党已经解散或拟解散。

委员会调查

14. 根据第17条第（1）款的规定，在任何调查中，委员会可进行如下工作：

（a）调查问题的事实依据；

（b）提供被调查政党作出书面或口头解释的机会；

（c）要求其他人士或政党提交书面或口头材料；

（d）进行听证，或

（e）采取任何一个、多个或所有上述工作。

违法及处罚

15. 任何人在任何申请或其他文件中作出虚假的陈述或提供虚假资料的，应属违法行为，一经确定违法，可处罚款或不超过两年的监禁或这两种处罚同时执行的处罚。

废除条例

16. 由政府 No. R. 712 号公报于2000年7月13日公布的2000年版政党注册条例现予废除。

简称

17. 本规定被称为2004年版政党登记条例。

（译自：*Regulations for the Registration of Political Parties*, 2004）

选举法

第一章 解释、应用及管理

1. 定义 除非作出特别说明,否则此法案的所有词条为如下定义:

"代理人",指第58条任命人员。

"主要选举官员指",第12条第一项选举委员会法任命的人员以及任何在第12条第3款法案中委派的人员。

"规章",指委员会在第99条法案发行的,也指选举行为法中提到的。

"委员会",指选举委员会,在第3条的选举委员法中定义的。

"计票员",指第78条任命的人员。

"计票局",指在第76条任命的机构。

"选举",指:

(a) 国民大会委员的选举;

(b) 地方立法机关委员的选举;

(c) 市政委员或递补市政委员的选举。

"选举时间表",指选举委员会在第20条中发表的时间表。

"选举行为规章",指明细表2中的规章。

"选举委员会法案",指1996年颁布的第51号选举委员会法案。

"选举法庭",指在选举委员会法案中第18条建立的法庭。

"身份证件",指1986年1月1日起根据身份法案第8条规定的证件(1986年第72号法案),或者根据1997年身份法案规定的临时身份证件(1997年第68号法案)。

"候选人名单",指在第 27 条中提到的候选人名单。

"市政委员会",指宪法第 7 章涉及的市政委员会。

"官员",释义如下:

(a) 投票站主任;

(b) 投票官员;

(c) 点票人员;

(d) 计算人员;

或根据第 80 条规定所任命的任何自然人。

"党派联络委员会",指根据已发布的选举委员会法令有关党派联络委员会的相关规定而建立起来的委员会。

"政治处",与注册登记的党派相关,也就是选举或提名党派所在办公室的一名成员作为代表,不论是否涉及薪酬或党派其他支付办公室,推选一名成员。

"规定",指根据第 100 条所作的相关规定,"规定"有各自相对应的释义。

"规定的选举方式",包括任何规定所要求的选举时间、过程和形式。

"投票站主任",指根据第 72 条相关规定而任命的人。

"登记注册党派",指根据选举委员会法令中第 15 条有关规定而登记的党派。

"安全服务",指宪法中第 199 条所规定的服务要求。

"服务",指通过挂号信、电报、传真或是人工用手的投票方式。

"此条例",包括第 100 条所作的所有规定。

"投票人",指南非公民:

(a) 年满 18 周岁;

(b) 其名字显示在投票者名册上。

"投票者名册",指第 5 条国家通用选民编制名册。

"选举区",指第 60 条所确定的选举地区。

"投票官员",指根据第 74 条规定所任命的人。

"投票站",指根据第64条所规定的投票点。

2. "对此条例的解释"——解释或应用此条例必须符合下列条件：

(a) 解释须符合宪法的相关声明和保证，以及宪法里所规定的职责；

(b) 考虑任何适当的核心准则。

3. 此项法令的适用

此项法令适用于：

(a) 国民大会的任何选举；

(b) 省立法机关的选举；

(c) 市议会的选举或补选。

4. 此法案的行政管理委员会必须负责管理此法案。

第二章　选民和投票名册的登记

5. 国家通用选民名册

总选举事务主任须编制和保留国家通用选民名册。

6. 申请登记成为投票者

(1) 任何持有身份证明文件的南非公民都可以申请登记成为投票者；

(2) 根据第13条规定的一般性选民登记，身份文件证明形式须符合由政府公报所公布的符合内政部规定的临时证明文件的形式，且由内政部总干事向人口登记在册的已申请身份文件证明的南非公民发布。

7. 申请登记成为选民

(1) 申请成为选民必须：

(a) 遵循规定的选举方式；

(b) 在居民常居地方的选举点进行投票。

(2) 根据第33条共和国总部所规定的公民应符合：

(a) 被看做该公民常住居所或是该家庭的一员；

(b) 选民须是该家庭或所在地址的常住居民，定期往返；

(c) 选名册上的选举人不是该公民在法律上被监禁或逮捕的住所，而是在监禁或逮捕前的常住居所。

8. 如果该公民的申请登记符合此条例的规定，那么选举事务主任会通过在该选民的名册上作通行的必要标记而使其成为注册选民。

（2）选举事务主任在下列条件下会不授予公民的登记：

（a）用欺骗或其他手段进行登记；

（b）非南非公民；

（c）由高级法院确认头脑不健全或精神混乱者；

（d）根据1973年《精神健康法案》所拘留者；

（e）不是该公民所申请登记的该投票点的常住居民。

（3）公民的名字无法载入选举名册，因为在多个选举区进行登记。

9. 登记详情的改变

（1）申请登记成为选民的公民，当名字或常住居所发生改变时，必须根据规定在选民名册或该公民的申请表上作出相应改变；

（2）当由于婚姻状况而发生名字改变时无需进行改变；

（3）如果该公民符合这些规定，那么总选举事务主任须在选举名册上记录相应的改变。

10. 取消选民登记

（1）已登记选民可根据规定取消选民登记；

（2）要取消登记，总选举事务主任须移除该选民在选举名册上的名字。

11. 总选举事务主任对选民名册的修改

（1）总选举事务主任必须

（a）如果总选举事务主任发现选民的信息不符合选举名册，或有所改变，则须改变选民的登记信息；

（b）如果总选举事务主任发现选民不具资格或已没有资格进行登记，则须取消选民的登记。

（2）如果选民常住住址改变后选举点转移到另一个地区时，总选举事务主任须在选举名册或申请登记为选民的申请表上作出相应的选举点的改变。

12. 总选举事务主任告示

(1) 总选举事务主任须根据规定通知个人：

(a) 根据第 7 条规定该公民的选民申请已被拒；

(b) 根据第 9 条规定该公民名字和住所的改变申请已被拒；

(c) 根据第 11 条规定该公民选民资格登记被取消；

(d) 根据第 11 条规定该公民的登记信息已经改变。

(2) 告示须给出拒绝原因。

13. 对总选举事务主任决定和步骤的上诉

(1) 根据 12 条规定的公民须符合下列条件：

根据第 8、9、11 条规定认为受到总选举事务主任的决定和步骤不公平待遇时，可根据规定对向选举委员会上诉；

(2) 选举委员会须按规定考量和决定所提诉讼并告知上诉人和总选举事务主任有关决定；

(3) 根据选举委员会法案第 20 条第（2）款第 1 项规定，不得对选举委员会的决议进行上诉。

14. 一般选民登记

(1) 选举委员会须根据第 5 条编辑选民名册并进行一般性选民登记；

(2) 选举委员会须规定选民登记和选举名册编制的截止日期，包括下列日期：

(a) 任何想成为选民名册里的人须根据第 7 条申请登记成为选民或根据第 9 条改变登记信息；

(b) 总选举事务主任须根据第 12 条通知相关公民；

(c) 上诉人须根据第 13 条规定提请上诉；

(d) 选举委员会须按规定考量和决定所提诉讼并告知上诉人和总选举事务主任有关决定；

(e) 总选举事务主任须告知查看已编制的选民名册的相关时间和地点；

(f) 须提出所编制的选民名册上第 15 条中有异议的部分；

（g）选举委员会须根据第 15 条来审定异议部分并通知提出异议者和总选举事务主任以及相关公民而非涉及名字和登记信息的异议者；

（h）总选举事务主任须完成选民名册的编制和出版。

15. 投票名册的反对

（1）关于投票者名册和临时编制的投票者名册的任何细节，任何人可按规定向选举委员会提出反对要求，包括：

（a）应排除出该段的选民姓名；

（b）应列入该段的选民姓名；

（c）名册段落里关于公民登记信息的正确性。

（2）任何反对排除或增加其他人的姓名以及其登记详情的公民必须要告知被反对者；

（3）选举委员会须审定该反对要求（除反对临时编制的投票者名册之外）并在 14 天之内告知下列公民相关规定：

（a）提出反对的人；

（b）总选举事务主任；

（c）反对排除或增加其他人的姓名以及其登记详情的公民而非反对者其他的人。

（4）总选举事务主任须根据次条例第 3 条规定使得委员会的决议在三日内生效；

（5）根据选举委员会法案第 20 条第 2 款中的第 1 项规定，对选举委员会的决议不得上诉。

16. 选民名册的出版和复制

（1）在委员会总部办公时间任何时期的选民名册副本都可以随时查阅，省市选民名册须根据政府公报里总选举事务主任所发布的通知在任何时候任何地点可查阅；

（2）总选举事务主任须向已缴纳规定费用的人提供合格的副本或当时的摘选选民名册。

第三章 公告和选举的准备

第一部分 选举的公告

17. 国会选举的公告

（1）当总统或代理总统呼吁国会选举时，公告中必须设定单独的一天作为选举日；

（2）选举日必须与委员会协商后确定。

18. 省议会的选举公告

（1）当总统、部长或代理部长呼吁选举时，省议会必须必须设定单独一天作为选举日；

（2）选举日必须与委员会协商后确定。

19. 市政选举的公告

市政选举必须与宪法和国家或省级立法项下的第七章一致。

20. 选举时刻表

（1）该委员会必须同党、国家联络委员会协商后：

（a）编制每次选举的时间表（按照附表一）；

（b）在政府宪报上登出选举时刻表。

（2）委员会可能修改选举时刻表，并在政府宪报上通知：

（a）如果有必要进行自由和公平的选举；

（b）如果按照第21条规定，选举日将被推迟。

21. 一般性推迟选举

（1）为使议会满意，委员会可能会请求致使选举日推迟的那个人：

（a）推迟选举有必要来确保一个自由公平的选举；

（b）选举日仍要确保在宪法和国家或省级立法项下制定的选举日期间。

（2）如果对方提出加入的请求，通过在政府宪报刊登的公告或通知，必须推迟选举投票日，该加入者可决定在哪一天选举，但那一天的期限必须落在前款（b）项规定的期间内。

22. 在投票站推迟选举

（1）在投票站进行自由和公平选举在所宣称的投票日当天如果它是不够合理，议会可以在投票前的任何时间推迟在该投票站投票。

（2）就条款而言的推迟，它必须：

（a）按规定的方式进行；

（b）选举日应仍在第21条所规定的期限内；

（c）在认为合适的媒体上公布，以确保公众广泛的知道在投票站投票日的推迟。

23. 在投票站重新投票

（1）如果使用的选票在选举的投票站丢失、毁坏或非法移除投票，表决站前计算或临时修改投票站已经确定的结果，该委员会可能会允许在投票站重新投票。

（2）在投票站重新投票必须：

（a）选定的日期必须在第21条所规定的期限内；

（b）在其认为合适的媒体宣传，以确保广泛宣传让人们知晓所确定的重新选举日；

（c）按照委员会规定的程序进行，与第四章规定的原则一致。

第二部分　投票者的卷

24. 选民的卷

（1）用来选举的选民的名册，或者部分名册，在选举当天公布。

（2）通过不迟于选举时刻表规定的相关日期，总选举事务官必须证明其选民的卷使用，选举和发布，使它可以检查下列地点：

（a）在该委员会的总部，选举将会发生的选区；

（b）在每一个省，委员会的省级代表办公室，在选举将会进行的所有选区；

（c）在每个市办公室，选举所在市的所有选区；

(d) 第一次国民议会和省议会选民的卷。

(3) 第24条不能应用于第一次国会选举，第一次省级立法选举参照附表6（本书节略）的第6条第（3）款第（a）项和第11条第（1）款第（a）项。

(4) 选民用来选举的卷是参考的第一部分，它是总选举事务官根据第五部分编辑并在参考第14条第（2）款第（A）项的日期后出版。

第三部分 各党参加选举和候选人名单

25. 党派参加选举。一个党派能够参加选举，只有满足以下条件：

(a) 注册了的党；

(b) 按照第27条已经提交候选人名单。

26. 提交候选人名单

(1) 已经注册过的党，想要参加选举，必须提名候选人，按照规定的方式，不迟于选举时间表规定的相关日期，向总选举事务官提交一个或多个候选人名单。

(2) 名单必须附带一个规定的

(a) 承诺书，由党的正式授权代表，与该党绑定的人，在党内担任政治职务的人，它的代表和成员签字，并加密；

(b) 声明书，由党的正式授权代表签名。按照宪法第七章，就宪法或国家或省级立法而言，名单上的每个候选人有资格代表选举；

(c) 接受提名，由每个候选人签署；

(d) 每个候选人签署承诺书，该候选人受保密协议约束；

(e) 存款。

(3) (a) 就选举的推迟而言，委员会规定相应存款的金额；

(b) 参加省选的由注册方存入的金钱总数一定要少于参加国会选举的总量。

27. (1) 不符合有关规定而提交的候选人名单，如果已经提交了候选人名单的注册党，没有完全遵守第27条的规定，总选举事务官必须告知该党不遵守规定事宜；

（2）该通知必须按照规定的方式，在不晚于制定的选举时刻表之前下达，并表明该党在不晚于时刻表的相关日期前，有机会遵守第27条；

（3）为选举推迟提供的机会，包括一次替换选举人和重新排列名单上的姓名顺序的机会。

28. 检查候选人的名单和所附带的文件：

（1）在选举时刻表上标明的相关时刻之前，总选举事务官必须通知，就第27条而言，注册时必须提交候选人名单和附属文件。按照第28条修改和补充，以利于检查；

（2）该通知必须：

（a）在政府宪报上发表；

（b）总选举事务官在认为合适的媒体上公布，以确保名单的公开性。

（3）该通知必须表明，总选举事务官必须确保，在选举时刻表制定的相关日期内：

（a）列表的副本

（i）国会的选举将有利于委员会总部的检查，在通知中指定的每一个省和国家范围内每个市的办公室；

（ii）省级立法机关的选举将有利于委员会总部的检查，在通知中指定的每一个省和省内每个市的办公室。

（b）文件和清单的副本有利于委员会总部的检查。

（4）按照第一部分，任何人能对候选人名单的副本和相应的文件进行检查；

（5）总选举事务官必须提供一份认证的候选人名单或文件给已经按规定付过费的人。

29. 反对候选人名单

（1）任何人，包括首席选举官员，可能会反对候选人的提名，理由如下：

（a）该候选人没有资格参选；

（b）没有规定接受由候选人签署的提名；或者

(c) 没有规定由候选人签署的承诺即候选人受守则约束。

（2）反对必须以规定的方式在不晚于选举时间表的相关日期里向委员会声明，并必须服务于已提名候选人的注册党；

（3）委员会必须对异议作出决定，并且，在以订明的方式通知反对者及已提名候选人的注册党作出的决定；

（4）反对者，或已提名候选人的注册党，可以在不得迟于选举时间表的相关日期里以订明的方式向选举法院对委员会提出上诉；

（5）选举法院必须考虑和决定提出的上诉，并在不得迟于选举时间表的相关日期里以订明的方式通知当事人上诉和总选举事务主任作出的决定；

（6）如果委员会或选举法院决定候选人的提名不符合第27条规定，委员会或选举法庭可能会给予注册党一次符合第27条的规定的机会，包括替换候选人和重新安排替换者名单的排序。

30. 当事人有权参加选举，最终的候选人名单：

（1）不迟于选举时间表内的有关日期，总选举事务主任表示必须：

（a）落实委员会有关第30条第（3）款的决定和选举法院有关第30条第（5）款选举法院的决定；

（b）编制注册各个有权参选和被关注的党的名单和当事党提供的最终候选人名单。

（2）总选举事务主任必须提供的核证副本，或摘录的列表截止于选举时间表所规定的相应时间，总选举事务主任必须在选举的最后名单发布每一名候选人的名字，这是证明一个候选人身份的凭证。

第四部分　市议会

31. 市议会选举的深化规范

无论何时深化规范市议会的选举制度都是十分必要的，依照宪法第七章的条款或是条款所规定的国家或临时的立法机构要求，委员会可以制定相关规范：

（a）政党选举的号召；

（b）选举时间表；

（c）政党候选人名单；

（d）候选人为市议会的选举而竞争，候选人支付存款，相关的返还和没收，候选人名单的审查，候选人的反对理由；

（e）投票点投票的推迟；

（f）投票过程；

（g）统计选举最后票数和反对材料；

（h）候选人代理人的任命；

（i）一般来说，一切其他可以实现此法案和宪法第七条规定或国家地方法规所必须或保证权益的条款。

第五部分　特别选票和声明票

32. 特别选票

（1）委员会

（a）当法定选民由于以下原因而不能在指定的选区的选举点投票，则要给予其使用特别投票权：

（i）身体虚弱或残疾，或处于怀孕期；

（ii）因政府公务或作为议会人员而缺席；

（iii）官员在大选期间不在选区或作为选举的安保人员正在岗位。

（b）规定其他可使用特别投票权的人群。

（2）委员会必须规定：

（a）使用特别投票权的程序；

（b）统计特别投票数的程序要和第4条相符合。

33. 声明票——委员会规定

（a）由于环境条件投票者无法避免地不能够在所登记的选区投票，可申请在其他地方投票；

（b）申请声明票的过程，并且

(c) 关于投票和唱票的规程，与第四章原则一致。

第四章　选　举

第一部分　投　票

34. 选举站官员——投票日各个投票站工作人员配备须：

（a）由主管官员指派，负责行驶权利并履行该法案规定的相应义务；

（b）被指派到该站的官员须行驶权利并履行该法案规定的相应义务。

35. 投票时间

（1）投票时间不得晚于选举时间表规定的相关日期，委员会须制定选举时间；

（2）如有必要，为确保公平公正的选举，委员会可为不同投票站规定不同选举时间；

（3）选举事务主任须以恰当的媒介公布投票时间以告知公众；

（4）投票站须：

（a）在规定时间开放；

（b）遵守第（7）款第（b）项规定，保持开放直至规定时间，或听从委员会决定，在出现第（7）款第（a）项情况时推迟关闭时间。

（5）投票站关闭后任何人不可再投票；

（6）投票站投票须持续直至：

（a）每位享有投票权利的投票人已参与投票；

（b）每位投票人已被告知该投票站关闭的规定时间。

（7）为确保公平公正的选举，委员会可：

（a）在选举日延长投票时间直至当日午夜；

（b）在选举日的某时段暂时关闭投票站，如果在该时段无法保证该站选举的公平公正。

36. 初始规程——开放投票站之前，主要官员须：

（a）向所有在场政党代表展示当日所有投票箱内无任何物品；

(b) 在所有政党代表见证下以规定方式关闭并锁好。

37. 投票规程

(1) 每位投票人只得在其注册选区的投票站投票一次；

(2) 每位投票站的投票人须具备以下条件：

(a) 向投票站的首席官员或投票官员提供其身份证明；

(b) 其姓名应在其所在选区的投票人名单上。

(3) 当投票人向首席官员或投票官员提供第（2）款第（a）项中的身份证明时，首席官员或投票官员须核实身份证明并确定：

(a) 该投票人是否为身份证明中涉及的人；

(b) 该投票人姓名在其所在选区的投票人名单上；

(c) 该投票人还未投票。

(4) 为遵守第第（3）款第（a）项，首席官员或投票官员可要求投票人指纹；

(5) 如果首席官员或投票官员对第（3）款中涉及的所有有关该投票人的信息无疑义，该官员须：

(a) 记录该投票人已投票；

(b) 以规定方式标出该投票人的书写；

(c) 在选票背面标记；

(d) 将该选票交给投票人。

(6) 一旦投票人收到第（5）款第（a）项提到的标记过的选票，其须：

(a) 进入一间空闲投票室；

(b) 标出其希望选举的注册方或候选人；

(c) 将选票折叠以隐藏投票信息；

(d) 将选票交到投票箱处，将其向首席官员或投票官员展示第（5）款第（a）项中提到的信息；

(e) 将选票投入投票箱；

(f) 立即离开选举点不得停留。

（7）投票室须符合第70条提出的细则。

38. 协助个别投票人：

（1）首席官员或投票官员在无法识字的投票人要求下，可须对其提供协助，但须有以下人员在场：

（a）第85条提到的由公认监选人指派的人员，如果可行；

（b）每个政党各派出的两名代表，如果可行。

（2）在投票过程中，个人可在以下情况协助投票人：

（a）投票人由于身体缺陷需要协助；

（b）该个人自愿提出协助投票人；

（c）首席官员确定该个人已满18周岁。

（3）第39条中预期的保密性在本部分的应用中仍须得到保护。

39. 空白选票问题

（1）如果某投票人无意、没有在选票上标明其选择，并且该选票未被投入投票箱：

（a）该投票人可将该选票送回首席官员或投票官员处；

（b）该官员须根据第（2）款处理该选票，并根据第38条第（5）款发给该投票人一张新选票；

（c）该投票人可根据第38条第（6）款投票。

（2）收到第（1）款提到的选票后，首席官员或投票官员须在选票背面标明"作废"，并分开归档，以便根据第43条规定处理。

40. 对投票提出异议

（1）在投票人递交选票之前的任何时间，政党代表皆可对其是否有资格投票或其是否有资格在该投票站投票提出异议；

（2）政党代表或投票人，如果被拒收选票，可提出异议；

（3）政党代表或投票人可对出第（1）、（2）款中已提到的任何包括政党代表，官员在内的一切在场人员的行为提出异议；

（4）第（1）、（2）款中提到的异议须以规定方式提交到首席官员处；

（5）首席官员须以规定方式对异议进行裁决并告知异议提出者及一切

与该异议相关人员；

（6）对首席官员裁决的上诉须以规定方式在规定时间内向委员会提出；

（7）首席官员须以规定方式对该部分的各异议及决定经行书面记录。

41. 密封已满投票箱

（1）一旦投票箱已满，首席官员须在到场各代表见证下将投票箱以规定方式密封好，并准许各代表进行检查；

（2）最后一张选票投递完成后，应立即以同样方式处理各已使用的投票箱；

（3）密封好的投票箱须：

（a）保持密封状态直至第46条第（1）款提到的计票程序开始；

（b）保留在投票站直至该站开始计票；第43条第（3）款提到，如果不在该站计票，须保留直至其被送至计票点。

42. 完成表格及密封选举材料

（1）当投票站结束投票并关闭后，首席官员应尽快在到场代表见证下做到：

（a）完成表格，该表格包括以下内容：

（i）委托给该首席官员的所有投票箱数；

（ii）已用投票箱数；

（iii）未用投票箱数；

（iv）委托给该首席官员的所有选票数；

（v）以填选票数；

（vi）空白选票数；

（vii）作废选票数。

（b）将各未使用投票箱密封；

（c）将以下项目分开密封与不同信封中：

（i）该选区认证的投票人名单；

（ii）委托给该首席官员的未使用投票箱；

(ⅲ) 作废选票；

(ⅳ) 第41条第（7）款要求的关于投票异议的书面记录。

（1） 准许各代表检查第（b）、(c) 项中提到各项目是否密封好。

（2） 如果选票即将在其被投放站计数，并且计票官员并非该站首席官员，该站首席官员须将第（1）款中提到的所有项目递交到计票官员处；

（3） 如果选票不在其被投放站计数，根据第46条第（1）款第（b）项委员会规定首席官员须将以下项目递交到该站的计票部门：

（a） 第（1）款第（a）项提到的表格；

（b） 密封好的已用投票箱；

（c） 密封好多未使用投票箱；

（d） 第（1）款第（c）项提到的密封好的信封。

43. 移动投票站

（1） 如果决定在选举中使用移动投票站，委员会须大体根据第35—43条规定为投票制定规程；

（2） 在移动投票站关闭后，该站负责的首席官员须立即按照第43条第（3）款中规定进行操作。

44. 同一天内多场选举——如果同一天内举行多场选举，委员会须大体根据第35—43条规定为选举制定规程。

第二部分　投票站计票

45. 计票时间及地点

（1） 选票须在其被投放站计票，以下状况除外：

（a） 投票站为移动投票站；

（b） 为保证选举的公平公正，委员会批准选票在其他计票点计票。

（2） 计票部门须确保该部分的所有规程在投票结束后立即执行，并且在完成之前不得打扰；

（3） 该部分法案的规定程序只有经过委员会同意后才可暂缓，一旦暂缓，所有选票将由计票部门妥善保管，直到计票工作完成为止。

46. 计票及确定即时计票结果

（1）计票部门须按地区将所有已用密封投票箱拆封，详见第42条第（1）、（2）款；

（2）计票部门须：

（a）如果一天内在同一投票站举行多于一场选举，将选票按不同选举分类；

（b）将每场选举的选票分类，并以规定方式将其与已公布的投票数相比较；

（c）将每场选举的选票以规定方式计数；

（d）确定各投票点的计票结果。

（3）计票部门须拒收以下选票：

（a）透露投票人身份的选票；

（b）投有多个参选方或是多个候选人的选票；

（c）空白选票；

（d）无法确定投票结果的选票；

（e）没有地区标识的选票；

（f）非官方选票。

（4）计票部门须在拒收的选票背面注明"拒收"，并将其分开归档；

（5）如果有政党代表对计票部门的某张选票的接收或是拒收有争议，计票部门须：

（a）在该选票背面注明"争议"；

（b）分开归档，接收的争议选票仍需计算；

（c）将拒收的争议选票分开归档。

47. 对选票分类提出异议

（1）政党代表可对任何各地区选票分类过程中出现的违规现象提出异议，详见第47条第（2）款第（a）项或（b）项；

（2）异议须在计票部门完成第48条中提到的表格之前的任何阶段向计票部门提出；

（3）第41条第（5）款第至（7）款，根据情境对异议进行必要调整。

48. 对计票及确定即时计票结果提出异议

（1）政党代表可以对第47条第（2）款第（c）项或（d）项提到的计票过程中发现的任何差错或是即时计票结果提出异议；

（2）异议须在计票部门完成第50条中提到的表格之前的任何阶段向计票部门提出；

（3）计票部门须以规定方式对异议进行裁决并决定是否需要重新计票；

（4）计票部门须告知异议提出者以及任何与该异议相关的人员第（3）款中提到的决定；

（5）如果决定重新计票，计票部门须公布重新计票结果；

（6）对计票部门决定的上诉须在规定时间以规定方式告知委员会；

（7）计票部门须以规定方式对第（1）款中提到的异议和第（3）款中提到的决定提供书面记录。

49. 即时计票结果及选票材料规程

（1）在投票站确定投票结果后，计票部门须完成一个表格，该表格包括以下内容：

（a）提交到该投票站的选票数；

（b）该投票站的选票结果；

（c）无争议选票数；

（d）有争议选票数；

（e）拒收选票中有争议选票数；

（f）拒收选票中无争议选票数；

（g）弃权选票数；

（h）未使用选票数。

（2）完成第（1）款中的表格后，计票部门须向该投票站在场的公众和政党代表宣布投票结果；

（3）完成第（2）款后，计票部门须将投票结果告知该投票站的委员会；

（4）完成第（3）款后，计票部门须：

（a）将第（1）款中提到的各项密封于单独信封中；

（b）将第（1）款中提到的完成的表格和密封好的信封提交到总选举事务主任指派的官员处。

50. 该部分法案的应用和规程

（1）该法案有关第46条第（1）款第（a）项或（b）项提到的计票；

（2）计票部门须保证该部分法案规定的程序在接受第43条第（3）款中提到的项目后立即适用，并保证不可中断，直至完成；

（3）该部分法案的规定程序只有经过委员会同意后才可暂缓，一旦暂缓，所有选票将由计票部门妥善保管，直到计票工作完成为止。

51. 核对程序

（1）收到第43条第（3）款中提到的各项后，计票部门须检查各项密封是否牢固；

（2）计票部门须准许在场任何政党代表检查密封是否牢固；

（3）检查密封是否牢固后，计票部门须打开所有密封的投票箱和信封并核对第43条第（1）款第（a）项提到的执行官员完成的表格，须核对以下项目：

（a）收到的已使用投票箱数；

（b）收到的未使用投票箱数；

（c）收到的信封数；

（d）投票箱和信封内容。

（4）计票部门须以规定方式处理违规现象和矛盾；

（5）计票部门须以规定方式对违规现象和矛盾以及如何处理这些违规现象和矛盾的方法进行书面记录。

52. 对核对程序提出异议

（1）计票开始前的任何时候，政党代表都可对计票部门核对程序中出现的违规现象和差错提出异议；

（2）异议须以规定方式告知计票部门；

（3）第41条第（5）款至第（7）款，根据情境对异议进行必要调整。

53. 第二部分某些条款的应用第47条至第50条，如对计票和除投票站外地点的投票结果的确定、异议以及关于结果和投票材料的程序，可根据情境进行必要调整。

第四部分　选举最终结果的重要异议

54. 选举最终结果的重要异议

（1）除去本章的第一和三部分，任何相关方均可对任何对选举结果有重要影响的方面提出异议；

（2）异议须在投票日第二天21点前以规定方式提交到委员会；

（3）如有正当理由的话，委员会可以勉强接受迟交的异议；

（4）委员会须以规定方式对异议进行裁决，并告知异议提出者以及任何与该异议相关的人员其决定；

（5）异议提出者以及任何与该异议相关的人员或是对裁决不满者可以规定方式向选举法庭提起上诉；

（6）选举法庭须以规定方式，对上诉进行判断和裁决，并向上诉方告知其决定；

（7）选举结果不会因等待选举法庭的裁决而推迟。

55. 委员会及选举法庭权利

如果委员会成员或选举法庭需要决定是否作为第55条提出的某个异议或是上诉的结果，或是选举中任何一方面发生违规现象，委员会和选举法庭可以决定：

（a）某投票站的选票部分或完全作废；

（b）某投票站支持某注册方或是注册候选人的选票部分或完全从该注册方或注册候选人的所有选票中扣除；

第五部分　最终选举结果的确定和宣布

56. 最终选举结果的确定和宣布

（1）委员会须汇总所有投票站的结果，决定和宣布最终选举结果；

（2）最终选举结果的确定和宣布必须在投票后七天内进行完毕，但不得：

(a) 早于投票日第二天 21 点；

(b) 提前于第 55 条中提到的异议处理规程或是该项第（5）款提到的选举法庭上诉处理规程。

（3）委员会可以忽略以下情况中提到的结果进行确定和宣布选举结果：

(a) 当某投票站过度无故推迟该站对其选举结果的确定及宣布时，委员会不必等待其结果；

(b) 未确定的结果不至于对总体选举结果产生重要影响。

（4）如果委员会无法在第 2 款第（c）项规定的七天内确定和宣布结果，须向选举法庭申请延期；

（5）如有正当理由，选举法庭将批准延期供委员会确定及宣布选举结果。

第五章　政党代表

57. 任命政党代表

（1）每个参加选举的政党可以：

(a) 在每个投票站任命两名政党代表；

(b) 在每个提供第四章第三、五部分提到的议项投票点任命四名政党代表。

（2）政党代表：

(a) 必须是南非公民；

(b) 不得是选举候选人。

（3）对于政党代表的任命或罢免须以规定当时生效。

58. 政党代表的权利和义务

（1）政党代表须检查以下议项：

（a）第四章第一部分有关投票的议项；

（b）第四章第二、三部分有关计票的议项；

（c）第四章第五部分有关确定及宣布选举结果的议项。

（2）代理缺席的情况下进行的任何选举程序都是有效的；

（3）目前在任何投票站或者会场提出针对第四章的第三或第五部分提供诉讼，该机构必须：

（a）保持指定的鉴定方法——

（i）那个人必须是代理商；

（ii）已登记的政党和候选人要被这个机构所代表。

（b）遵守发出的任何一项秩序——

（i）官员提出的规则；

（ii）由负责保护指挥官员安全的任一工作人员提出。

第六章　行　政

第一部分　投票区

59. 建立投票区

（1）委员会必须：

（a）在共和国所有领域建立投票区；

（b）根据第61条提到的因素决定每个投票区的边界。

把每个投票区做成地图形式。

60. 决定选举区边界的因素——委员会必须决定投票区的边界并且要把所有因素考虑进去，以建立一个公平的、有秩序的选举。这些因素包括：

（a）为投票站找一个合适的场所；

（b）有资格的投票者的数量和分布；

（c）让投票者接近投票站，考虑的因素包括：

（i）投票区的半径；

（ii）交通的便利性；

（iii）电信设备；

（iv）一些阻止到达投票站的地理特征。

（d）市和省的边界；

（e）部落的、传统的、历史的、习俗的界限。

61. 政党和委员会的联系

在决定投票区的边界之前，委员会要和政党商榷。

62. 投票区地图的审查

（1）一旦第60条实施之后，主要的选举官员必须注意到每个投票区的地图的复制版本要一一检查到；

（2）这个通告必须：

（a）在政府公告上发表；

（b）被主要的选举官员适当的发表在媒体上以至于保证那些地图的广泛宣传。

（3）通告必须是政府性的，并且主要的选举官员必须保证这些复制品：

（a）这些地图要在委员会的办公室审查；

（b）在自治区内的投票区的地图可以在自治区的办公室审查；

（4）任何人都可以在提到过的第一部分检查地图的复制版；

（5）主要的选举官员必须向交了费用的任何人提供选举区地图的复制版本。

第二部分　投票站

63. 建立投票站

（1）委员会必须为选举建立一个投票站，或者在每一个选举区建立一个移动的投票站。

（2）当决定投票站的位置的时候，委员会必须把影响选举公平、公正的因素考虑其中。包括：

（a）在投票区有资格投票的人的数量和分布；

（b）投票站合适的场所；

（c）到达投票场所的距离；

（d）到达投票场所的路线；

（e）到达投票场所的交通便捷性；

（f）投票场所附近的交通密集性；

（g）投票场所附近的停车场设备；

（h）投票场所的通信条件；

（i）在那些场所的一般设施；

（j）投票者的安全和便捷；

（k）那些阻碍到达投票场所的任何地理或者物理特点；

（l）这些地区的安全性。

（3）在决定投票站位置之前，委员会可能要与投票站建议的位置相互商榷：

（a）在投票站内的自治区政府要联系委员会；

（b）如果市政府没有联系委员会，投票区就将会衰落。

（4）不要晚于选举时间表的相应的日期，主要的选举官员必须注意等待检查的包含每一个投票站的地址的复制版本。

（5）第62条第（2）款至第（5）款，适用于审查部分和复制名单当中。

64. 对投票站的再次定位陷入紧急当中

（1）尽管根据第63条，如果有必要的话，为了选举的公平、公正，会再次定位选举站；

（2）主要的选举官员必须采取合理的步伐在投票区的投票者当中公开投票站的重新定位的地理位置。

65. 投票站的组织

（1）在投票时间表的相应的日期之前，主要的选举官员必须决定每个投票站的边界；

（2）投票站的官员可以在投票日改变投票站的边界，如果他们认为这样做有必要保证和控制投票站的安全，并且要以合适的方式划清界限。

66. 移动的投票站

（1）为了保证公平的选举，委员会决定使用移动投票站；

（2）如果委员会决定在选举中使用移动投票站，选举官员必须在选举时间表的日期之前给出每个移动投票站的地址、停止的预计时间。

第三部分　投票材料

67. 投票选举的文献——委员会必须决定

（a）投票文献的设计要使用在选举中；

（b）投票选举的语言要适用于选举文献中；

（c）投票选举的文献的方式要考虑其中。

68. 投票箱

（1）委员会必须决定投票箱的设计和材料，并且要用于选举当中；

（2）每个投票箱的封闭性要好；

（3）委员会必须决定每个投票箱

（a）数量和标签；

（b）封闭，安全。

69. 选举期间

（1）委员会必须决定投票间的设计和材料，要用在选举中；

（2）在投票间里，一个投票者要被其他的人观察到。

70. 投票材料

（1）在开始投票之前，主要的选举官员必须把所有有用的选举材料交给重要的选举官：

（a）投票文献；

（b）投票箱；

（c）投票间；

（d）在投票区被确认过的投票者名单。

（2）一个主要的官员有责任保护好所有的投票素材。

第四部分

官员，另加的人，和机构的指定，及他们的权利与义务。

71. 官员的指定

在选举开始之后，选举官员要和委员会商议，在每个投票站要任命一名主持官员和一名代理主持官员。

72. 主持官员的权力和责任

（1）官员要在投票站相互合作并且监督投票来保证选举的公平公正。

（2）首席官员

（a）在法案的条件下，行使权力但是必须履行职责；

（b）必须采用合理的措施来保证在投票站有秩序的行为；

（c）派一名安全服务的成员来帮助维持秩序，这名成员必须遵守制度。

（3）主席官员不得远离投票站的边界

（a）委员会的成员，雇主，或者官员，或者主要的选举官员；

（b）在第59条提到的代理人。

（4）（a）第（3）款尽管是小部分，但主席官员可能会命令任何一个提到的人离开投票站的边界，如果这个人的品行阻碍了选举的公平公正。

（b）主席官员如果要命令一个人就必须要给出理由。

（5）如果拒绝遵守第（4）款规定，站长有权命令安保人员将其强制带走，安保人员必须执行。

（6）在下列情况下，代理站长必须承担选票站站长职责：

（a）当站长缺席，或者因故暂时不能行使权利或承担职责时；

（b）当站长办公室无人时。

73. 投票官员的任命

只要宣布可以开始选举后，首席选举官员经和委员会协商后，必须为每个投票站任命必要官员。

74. 投票站官员的权利

投票站官员

（a）必须协助站长行使权利，履行代理站长职责；

（b）可以行使本法案规定的权利，必须履行本法案的职责。

75. 统计选票官员的任命

（1）只要宣布可以开始选举后，首席选举官员经和委员会协商后，必须为每个投票站或者有投票点的街道任命统计选票官员及代理官员；

（2）首席选举官员有权任命选票站站长、代理站长、统计票数官员及代理官员。

76. 统计选票官员的权利和职责

（1）统计选票官员必须协同并且监督统计选票的过程，以保证投票过程自由公正；

（2）在统计选票官员的权利和职责范围内，可以根据实际情况对第73条第（2）至（5）款规定，作出适当调整；

（3）在下列情况下，代理统计选票官员要全权代理统计选票官员：

（a）当统计选票官员缺席，或者因故暂时不能行使权利或承担职责时；

（b）当统计选票官员办公室无人时。

77. 统计人员的任命

（1）只要宣布可以开始选举后，首席选举官员经和委员会协商后，必须为每个投票站或者有投票点的街道任命统计人员；

（2）首席选举官员有权任命选票站站长、代理站长及必要的统计人员。

78. 统计人员的权利及职责

（1）统计人员必须协助统计选票官员；

（2）有权行使本法案规定的权利，必须履行本法案规定的职责。

79. 相关人员的任命

（1）首席选举官员经和委员会协商后，可以任命必要的相关人员以有效行使权利及履行职责；为每个投票站或者有投票点的街道任命统计人员；

（2）根据本条第（1）款规定，得到首席选举官员任命的人可以作为

（a）自然人，或者

（b）含有法人的机构或国家机构。

80. 相关人员的权利和职责

根据第79条规定，得到首席选举官员任命的人可以行使本法案规定的权利，必须履行本法案规定的职责。

81. 关于任命官员的总则

（1）具有下列情况的，不得在选举中担任任何官员，不得待在任何一个办公室：

（a）参加选举的候选人；

（b）选举的代理人；

（c）在注册政党中有行政办公室。

（2）（a）官员要履行首席选举官员及上级官员规定的权利并履行相关职责，遵守规定，服从管理：

（b）针对以下内容，首席选举官员必须呈现书面决定：

（i）给予官员的权利和规定的职责；

（ii）给予官员的任何报酬。

（3）首席选举官员既有给予官员们权利及职责的权利，又有权取消这些权利及职责；

（4）只有签署了规定的同意书才有权被任命为官员，承诺书中应包括：

（a）准则；

（b）承诺保密。

（5）所有官员必须公正独立地行使权利，履行职责；

（6）所有官员不得直接或间接地，以任何方式支持或反对注册党派或参选的候选人；

(7) 所有官员不得以任何名义发表有损或危害官员委员会独立、公平、正直的言论或作出任何相关行为；

(8) 所有官员不为因个人行为而造成的损失承担责任；

(9) 如果官员出现以下情况，首席选举官员可以将官员开除：

(a) 处理不当，没有能力；

(b) 没有首席选举官员允许，擅离职守；

(c) 存在偏见；

(d) 违反此环节要求；

(e) 违反保密原则；

(f) 有碍于选举的自由与公正。

(10) 首席选举官员任免官员的决定不支持申诉；

(11) 官员如果要辞职，必须提前一个月向首席选举官员提出书面申请；

(12) 如果有官员死亡或因其他原因离职，首席选举官员需根据规定任命其他人填补空缺。

82. 关于任命单位的总则

(1) 在这里，单位指的是首席选举官员任命的单位；

(2) (a) 一个单位及职员要服从首席选举官员的管理及指导，行使权力，履行职责；

(b) 首席选举官员需以书面形式呈现任命单位的具体内容，其中包括委员会所需的服务、设施及人员：

(i) 该单位所有的权利及职责；

(ii) 该单位所需酬劳。

(3) 给予单位权利和职责不能违背首席选举官员的权利和职责；

(4) 单位必须确保施行权利和履行职责的人要符合该法案，职员不能：

(a) 是竞选候选人；

(b) 选举代理人；

（c）在注册当中有行政职位。

（5）只有在所有即将按照法案施行权利、履行职责的职员都签署了必要承诺书并承诺保密后，该单位才可以被任命；

（6）每个单位都要确保职员在没有恐吓没有偏见的情况下公正独立地施行权利，履行职责；

（7）每个单位都要确保施行权利、履行责任的职员都将按照法案不会直接或间接地，以任何形式支持或反对任何参选的党派或候选人，或参加任何党派或候选人之间的竞争；

（8）所有单位及其职员不得以任何名义发表有损或危害官员委员会独立、公平、正直的言论或作出任何相关行为；

（9）所有单位和职员不因个人行为而造成的损失承担责任；

（10）如果单位有以下问题，首席选举官员可以取消对其任命：

（a）没有能力；

（b）不公正；

（c）不能确保职员按照法案要求有效施行权利，履行职责。

（11）如果职员有以下问题，单位必须立即终止其施行权利和履行职责：

（a）行为不端正，没能力；

（b）在没有首席选举官员同意的情况下，擅离职守；

（c）不公正；

（d）违反此环节要求；

（e）违反保密原则；

（f）有碍于选举的自由与公正。

（12）首席选举官员对单位的任免决定支持申诉；

（13）单位如打算终止工作，需提前两个月向首席选举官员提出书面申请；

（14）首席选举官员可以根据规定，任命其他单位来代替已经被罢免或主动终止工作的单位。

第五部分　监督人员及提供选举培训的认证

83. 监督人员的认证

（1）任何法人都可以按照规定程序向委员会申请选举监督员的认证；

（2）委员会需要更多信息才可能批准申请；

（3）委员会在认证选举监督人的申请人之前需要查看申请人信息，要考虑一下情况：

（a）申请人是否将会促进选举的自由与公正；

（b）申请人任命的人是否：

（i）可以公正独立地监督任何参选的注册党或者候选人；

（ii）有能力并且足够专业地监督选举过程；

（iii）能遵守委员会在第99条中提出的对监督人的规定。

（4）委员会决定：

（a）如果认证一个申请人，委员会必须：

（i）将申请人的姓名输入到认证监督员的系统中；

（ii）颁发认证证书，将被认定者的姓名、有效期限及其他相关认证条件写到认证证书上；

（iii）将资格证书送到申请人手中。

（b）如果不同意给申请人认证，委员会必须以书面形式告知申请人没有成功的原因，并提出建议。

（5）如果已经被认证的监督员没能遵守相关要求，委员会在给出合理的解释后，可以取消对其认证；

（6）任何人都有权审查认证监督员的资格证的注册及副本。资格证的注册和副本必须存放在委员会总部办公室；

（7）首席选举官员必须给任何交了法定费用的人提供注册或者资格证副本，以接受监督。

84. 经认证的监督员的权利和职责

（1）经有资格证的监督员任命的人可以在选举中监督以下程序：

（a）第四章第一部分的投票环节；

(b) 第四章第二部分和第三部分关于统计票数的环节；

(c) 第四章第五部分关于决定并宣布选举结果的环节。

(2) 经有资格证的监督员任命的人在监督选举时，必须着规定服装，以此表明监督员的身份；

(3) 经有资格证的监督员任命的人必须服从以下人员的管理：

(a) 官员；

(b) 执行官员命令的安保人员。

85. 选举培训员的认证

(1) 任何法人都可以按照规定程序向委员会申请选举培训员的认证；

(2) 委员会需要更多信息才可能批准申请；

(3) 委员会在认证选举培训员的申请人之前需要查看申请人信息，要考虑以下情况：

(a) 申请人提供的服务符合委员会要求；

(b) 申请人有能力有效地完成任务；

(c) 经申请人任命的选举培训员需要：

(i) 平等对待任何参选的注册党派或候选人；

(ii) 有能力执行任务；

(iii) 符合委员会第98条关于选举培训人的规定。

(d) 对申请人的认证可以提高选举培训水平。

(4) 在认证选举培训员时，可以根据实际情况对第84条第（4）至（7）款作适当调整。

第七章 总 则

第一部分 明令禁止的行为

86. 不正当压力

(1) 没有人可以：

(a) 强迫或非法说服任何人；

(ⅰ) 是否注册成为选民；

(ⅱ) 是否投票；

(ⅲ) 是否为某个党派或候选人投票；

(ⅳ) 是否支持某个党派或候选人；

(ⅴ) 是否参加或加入政治集会、游行或其他政治事件。

(b) 有碍于委员会、委员会职员官员或首席选举官员的独立与公平；

(c) 因为过去、目前或可预测的未来的表现歧视任何人；

(d) 根据某人的表现获利或承诺获利；

(e) 无论是公共场所还是私下里，阻止下列任何人获得投票的权利：

(ⅰ) 注册政党或候选人的代表；

(ⅱ) 选举的候选人；

(ⅲ) 委员会成员、职员或者官员；

(ⅳ) 首席选举官员；

(ⅴ) 被有资格证的监督员任命的人；

(ⅵ) 有培训员资格证的人。

(f) 非法阻止任何党派的政治会议、游行等政治事件。

(2) 根据此法案，没有人可以阻止任何人合理地分析选举。

(3) 在知道某个人没有资格注册成为选民时，不可以：

(a) 劝说其说他有注册成为选民的资格；

(b) 展示给其他人看，说这个人有注册成为选民的资格；

(4) 在知道某个人没有资格投票时，不可以：

(a) 协助、迫使或者劝说这个人投票；

(b) 展示给其他人看，说这个人有投票资格。

87. 冒名

没有人可以：

(a) 以其他人名字申请注册成为选民，不管这个人是活着，还是死了，或是虚构的；

(b) 在投票站以其他人名字申请选票，不管这个人是活着，还是死

了,或是虚构的;

(c) 没有资格参加选举或者投票站投票的人在选举中或投票站投票;

(d) 所投票数超过允许的数量;

(e) 冒充:

(i) 注册党派或候选人的代理人;

(ii) 参选的候选人;

(iii) 委员会成员、职员或官员;

(iv) 首席选举官员;

(v) 有资格证的监督员任命的人;

(vi) 有资格证的培训员。

88. 故意发表虚假声明

(1) 根据这个法案,任何人不得发表以下几种声明:

(a) 明知声明是虚假的;

(b) 没有合理证据证明声明是真实的。

(2) 任何人不得因以下目的发布虚假信息:

(a) 扰乱或阻止选举;

(b) 为了影响选举过程及结果,制造敌意或恐慌;

(c) 影响选举行为或结果。

89. 侵犯隐私

(1) 任何人在投票中不得侵犯投票人保护隐私的权利。

(2) 除非经本法案许可,任何人不得:

(a) 公开投票或同级票数的信息;

(b) 打开根据法案要求密封的投票箱,或破坏其封口。

90. 有关投票及选举材料方面的限制

(1) 除了选举法案允许的内容外,任何人不得:

(a) 印刷、生产或提供任何投票或选举的材料;

(b) 删除或隐藏任何投票或选举的材料;

(c) 损坏或摧毁投票或选举的材料;

（d）将选民的选票或投票或选举的材料用于非选举目的。

（2）首席选举官员可以授权：

（a）印刷、生产或提供任何投票或选举的材料；

（b）将选民的选票或投票或选举的材料用于非选举目的；

（d）删除或销毁投票或选举的材料。

91. 在选举期间有关布告和广告牌的限制

法案第57条对选举开始的日期和结束的日期做了规定，任何人不得非法损坏或移动注册党及候选人发布的布告、广告牌等。

92. 阻碍或不遵守委员会、首席选举官员及其他官员的管理

（1）任何人不得拒绝或阻碍委员会单位、成员、职员或首席选举官员的依法管理；

（2）任何人不得阻碍委员会或上述人员及监督员行使权力和履行职责。

93. 违背规定

任何受法案约束的人或注册党派都不得违背规定。

第二部分　强制执行

94. 首席选举官员有权提出刑事诉讼

（1）根据此法案和其他任何法律首席选举官员有权在法庭上提起民事诉讼，包括选举法庭，以保证此法案的实施；

（2）如果委员会在操作过程中有非法行为或非法利益，首席选举官员可以介入并提起民事诉讼。

95. 选举法庭的司法权利

（1）针对所有选举中出现的各种有关违背法案的问题，选举法庭有最终裁判权，并且一切决定不接受申诉；

（2）如果一个法庭具有选举法庭第20条第（4）、（6）款规定的权利，当发现某个人或注册党派违反本章第一部分时，可以对个人或党派给以适当惩罚，以保证选举的自由和公平：

（a）郑重警告；

（b）最高 200000 兰特罚款；

（c）根据第 27 条第（2）款第（e）项，没收个人或该党全部财产；

（d）命令禁止个人或该党派从事以下活动：

（i）使用任何公共媒体；

（ii）举行任何公共会议、游行、集会或其他政治活动；

（iii）进入任何选票区为选举拉票；

（iv）在任何地方设立广告牌、布告栏、海报宣传等；

（v）出版或散发任何有关竞选的刊物；

（vi）为选举进行广告宣传；

（vii）从国家或者其他国外的组织接收资金。

（e）任何人或党派违反上述第（d）款的规定，应立即强制制止；

（f）阻止其本人、其代理人以及其党派的候选人或代理人进入投票站；

（g）下令减少其本人或者该党派的支持者投票数量；

（h）下令取消其本人或该党派任何候选人的参选资格；

（i）下令取消该党的注册。

（3）本条的所有处罚措施都是本章第三部分惩罚措施的附加款。

第三部分　违法和处罚

96. 违法

任何违背本章第一部分的规定或者第 107、108、109 条的规定的行为，都属于违法。

97. 惩罚

任何人被指控违反：

（a）第 87 条第（1）款第（b）、（c）项或第 89 条第（2）款，第 90、91、93 或 94 条，都将被处以罚款或最高十年的监禁；

（b）第 87 条第（1）款第（a）、（e）项或（f）项，第（2）、（3）或（4）款，第 88、89 条第（1）款，第 92、107 条第（4）款，第 108、109 条，都将被处以罚款或最高五年的监禁。

第四部分　委员会的附加权利和职责

99. 附加权利和职责

（1）以下组织或个人必须签署选举行为规范：

（a）在任何注册党派得到参加竞选资格前；

（b）在任何候选人被列入第 31 条规定的候选人名单之前。

（2）法案的任何需要变更或替换的内容都需要在政府公报上发表声明。

100. 条例

（1）委员会针对任何情况提出的任何条例都要在本翻案中作出规定；

（2）在下述情况下，委员会在和国家联络委员会协商后可以制定条例：

（a）属于本法案规定的范围；

（b）必要并且有利于实现本法案目的的条例。

（3）若没有遵守或者违背了条例规定的章则，本条例可以对违反者处以罚款或最长一年的监禁惩罚；

（4）委员会必须将本条规定的任何条例发表在政府公报上。

101. 委员会享有的权利和应履行的职责

（1）委员会可以：

（a）根据本法案规定将委员会的权利委托给委员会的职员或官员，但第 32 条、第 99 条第（2）款和第 100 条及其他法律除外；

（b）根据本法案及其他法律的规定命令委员会成员、职员或官员履行委员会职责。

（2）本条第（1）款提到的任何委托和命令：

（a）在委员会权利、条件许可范围内都可以强制执行；

（b）和委员会享受权利及履行职责不冲突。

102. 首席选举官员的权利和职责

（1）首席选举官员可以：

（a）根据本法案及其他法律的规定，授权给委员会的职员或官员；

（b）根据本法案及其他法律的规定，命令委员会职员或官员履行首席选举官员职责。

（2）根据第101条第（2）款规定，必要时可以根据情况对第（1）款授权及命令的相关规定作出适当调整。

103. 反对和申诉的权利

（1）当委员会官员或者首席选举官员根据本法案规定被要求提出反对或申诉时，委员会官员或首席选举官员可以通过调解解决；

（2）委员会必须将官员或者首席选举官员提出反对或申诉的权利写到本法案中。

104. 进入私人场所的权利

在行驶本法案规定的权利或履行本法案规定的职责时，委员会职员、官员有权利进入私人场所。

105. 投票及选举材料的所有权及处理

（1）委员会拥有选举使用的或者提供的所有投票及选举材料的所有权；

（2）如果选举法庭没有特别要求，委员会可以在宣布选举结果六个月后根据规定处理选举过程中投票及选举的相关材料。

106. 返还或没收押金

（1）根据第96条第（2）款第（c）项规定，如果参加选举的党派在立法机构中至少占有一个席位，委员会必须将其按照第27条第（2）款第（e）项规定所交的押金返还到该党；

（2）根据第（1）款规定，不可返还的押金将归国家所有。

第五章　其他规定

107. 临时规定

（1）（a）本条规定只在选举开始之日到宣布选举结果之日期间有效：

（b）本条规定中，印刷品指任何布告栏、广告版、海报、小册子等。

（2）任何试图影响选举结果的印刷品绝对不能展示出印刷者或者出版者的全名和地址；

（3）如果印刷内容属于下列情况，任何出版商都必须在印刷品中印有"宣传"字样：

（a）来自：

（i）注册党，或者在该党中拥有行政职位的人，或者该党的任何成员或支持者；

（ii）参加竞选的候选人或其支持者。

（b）通过付费，植入到其他出版物中。

（4）任何人不得印刷、出版或散发任何不符合本条款规定的印刷品和出版物。

108. 相关政治活动的禁止

在选举当天，任何人不得：

（a）举行或参加任何政治会议、集会、游行或其他任何政治活动；

（b）除投票外，在投票站内举行任何政治活动。

109. 禁止在投票后出版投票民意调查

在规定的选举时间内，任何人不得印刷、出版或散发参加投票的人的民意调查。

110. 不符合要求的后果

（1）如果在第24条规定的投票环节出现错误，投票将无效，如果在第31条规定的输入候选人名单环节出现问题，那么候选人名单将无效；

（2）如果选举中某些操作出现问题或者没能遵守该法案规定，但在不影响选举结果的情况下，选举不会停止。

111. 文件的检查和复印

根据本法案规定，委员会必须竭尽全力通过电子技术将所有需要审查或复印的材料留存。

112. 关于禁止罢工和停工

（1）委员会提供的服务是1995年劳动关系法案（1995，No.66）修订时的必要服务；

（2）选举当天，公共交通和通信领域的罢工和停工是明令禁止的，并且不受1995年劳动关系法案第四章有关内容的保护。

113. 责任范围

根据本法案规定，委员会及其成员、职员、官员、首席选举官员及根据第80条任命的单位，不会因个人在履行委员会职责时失误造成的损失承担责任。

114. 国民大会及地方立法机构的组成

宪法第46条第（2）款和第105条第（2）款提到的规定，见附录3。

115. 废除法律

（1）根据第（2）款，附录4中的法律因此被废除；

（2）任何根据本法案和已经根据第（1）款被废除的条例可以实施的行为，必须符合条例的最新版本的规定。

116. 法案约束政府

本法案可以约束政府，除非涉及刑事责任。

117. 与其他法律产生冲突时，法案的申请

如果该法案的规定与除宪法及国会关于修改此法案的规定以外的其他的法律相冲突，以此法案规定为准。

118. 简称及起源

（1）本法案称为1988年选举法案；

（2）根据第（3）款规定，本法案自总统在政府公报发表声明之日起生效；

（3）第3条第（c）项必须在本法案其他部分生效一天后才生效。

附录一

选举时间表（第 20 条）

根据 1988 年选举法案第 17 条，选举委员会特别提出已经决定将_____（特别是相关选举）的日期定在_____。下面提到的第 24、27、28、30、39 条指的是 1998 年选举法案。

1. 法案实施的截止日期

本法案要求实施的规定必须按要求在宣布当天下午五点前生效。

2. 出版选票的截止日期

在_____（年、月、日）之前，首席选举官员必须将第 24 条第（2）款规定的用于选举的选票出版。

3. 必须告知选举点的具体地址以供人们查看——总选举事务主任须告知具体的年月日，从通知日起到选举当天，告示中须包括所有投票点的地址。

4. 提交候选人名单的截止日期——参加竞选的注册党须按规定向总选举事务主任提交候选人或提名人的名单。

5. 违反规则通知：

（1）总选举事务主任须根据第 27 条告知已提交候选人名单的注册党违反了该条的规则，并标记年月日。

（2）如果被告知的党派已经更正并遵守第 27 条规定，那么该党派须按照该年月日时间执行。

6. 候选人名单及相关资料的查看——总选举事务主任须保证从某年某月某日到某年某月某日下列文件能够供查看。候选人名单及相关资料由注册党派根据第 27 条进行提交，根据第 28 条进行补充和修改。

7. 反对请求的截止日期——任何人，包括总选举事务主任，可根据规定向选举委员会提交对候选人的反对意见。

8. 反对意见的审定决议——选举委员会须根据第 39 条规定作出反对要求的审定决议,并须通知反对者以及提交候选人名单的注册党派,标记年月日。

9. 对决议进行申诉的截止日期——反对者和提名候选人的注册党可根据第 30 条第 3 款规定对选举委员会的决议向选举法庭上诉标记年月日。

10. 上诉决议——选举法庭须考虑和审定第 30 条第 4 款的上诉请求并通知上诉的党派和总选举事务主任关于最后的决定标记年月日。

11. 竞选党派和候选人最后名单标记年月日,总选举事务主任:

(a) 必须确保根据第 30 条第 3 款的选举委员会的决定和根据第 30 条第 5 款选举法庭的决定生效;

(b) 必须编制最终竞选党派和候选人名单名册。

12. 对候选人颁布选举证明——通过标记年月日,总选举事务主任须按规定向所有候选人提供证明其是候选人的证明书。

13. 选举点的范围划分——标记年月日,总选举事务主任须决定每个投票点的区域范围。

14. 选举时间的规定——标记年月日,总选举事务主任须确定每个投票点的选举持续时间。

15. 移动选举点路线通知——如果选举委员会决定在选举中启用临时投票点,那么总选举事务主任须以公布的年月日告知路线,包括具体地址和在每一投票点所停留的时间。

附录二

选举行为规范(第 99 条)

1. 行为规范目的——行为规范目的是为了推进选举的自由和公平原则,包括:

(a) 允许民主政治活动的进行;

（b）自由的政治竞选和公开透明的公众辩论。

2. 行为规范的推广

受此约束的每个注册党和每一位候选人必须：

（a）选举中要弘扬此行为规范的目的；

（b）在任何选举中广泛宣扬此行为规范；

（c）根据此规范大力教育选民。

3. 遵守规范和选举法

每个注册党和候选人必须：

（a）遵守此规范；

（b）（i）指导——在党内指导候选人、党派政治处及其代表、成员和支持者遵守此行为规范和一切适用的选举法案；

（ii）候选人及其代表人和支持者必须遵守本法案规定和相关选举法。

（c）采取合理措施，以保证：

（i）参选党的候选人，在该党中有政治职务的人，以及该党代表人、成员和支持者都必须遵守本法案和相关规定；

（ii）候选人及其代表人和支持者必须遵守本法案规定和相关选举法。

4. 公开投入

（1）所有注册党及所有候选人都必须：

（a）公开声明所有人都有权：

（i）自由表达政治信仰和观点；

（ii）挑战或和有不同政治观点的人进行辩论；

（iii）出版和散发选举、竞选材料，其中包括注意事项和广告宣传；

（iv）依法树立旗帜、广告牌、布告栏和海报等；

（v）为某党或个人拉票；

（vi）为自己的党派招募成员；

（vii）组织公共集会；

（viii）到处参加公共集会。

（b）公开谴责有损自由公平选举的行为。

（2）所有注册党和候选人都必须接受竞选结果或者在法庭中提出对结果的异议。

5. 合作的职责

所有注册党和候选人必须和其他参加竞选的党派保持联络并且竭尽全力保证不和竞争对手在相同时间相同地点举行公共集会、游行等政治活动。

6. 女性的角色

所有注册党和候选人都必须：

（a）尊重女性和政党及候选人自由沟通的权利；

（b）促进女性在政治活动中有平等全面的参与机会；

（c）确保女性有权利参加各种公开政治会议、集会、游行等政治活动；

（d）为确保女性自由参加政治活动采取合理措施。

7. 委员会的角色

所有注册党和候选人都必须：

（a）认识到委员会在组织选举过程中的权威性；

（b）确保委员会的选民公平性；

（c）给委员会或其成员、职员、官员和首席选举官员下达合法指令和要求；

（d）和以下组织建立并保持有效沟通途径：

（i）委员会；

（ii）其他参与竞选的注册政党。

（e）为委员会成员、职员、官员和首席选举官员参加公共集会、游行等其他政治活动提供便利条件；

（f）配合委员会的任何审查；

（g）采取一切合理措施以保证：

（i）委员会成员、职员、官员和首席选举官员在根据本法案施行权利和履行职责时的安全；

（ii）上条中涉及的人员不会遭到任何代表或某党及个人的支持者的侮辱、威胁和伤害；

（iii）政党及候选人的代表参加任何党派的联络委员会或者委员会的其他论坛等。

8. 媒体角色

所有注册党和候选人：

（a）必须根据本法案在选举前、选举中和选举后尊重媒体；

（b）不可以组织媒体参与公共政治会议、集会游行等政治活动；

（c）必须采取一切合理措施确保记者不会遭到政党及其代表或候选人支持者的骚扰、恐吓、威胁或人身攻击。

9. 被禁止的行为

（1）所有注册党和候选人不得：

（a）使用可以引起下列情况的语言及实施可能诱发以下情况的行为：

（i）选举过程中的暴力事件；

（ii）恐吓候选人、政党成员、某党或候选人的代表、支持者或者投票。

（b）出版涉及下列个人或组织的虚假或毁谤性宣言：

（i）政党及其候选人、代表或成员；

（ii）候选人或其代表人。

（c）抄袭注册党的标识、颜色或缩略名；

（d）在选举中或相关政治活动中，出现种族歧视、民族歧视、性别歧视、见解歧视或宗教歧视。

（2）任何人不得：

（a）用奖赏或其他方式引诱别人：

（i）是否加入某党；

（ⅱ）是否参加公共集会、游行等其他公开性政治活动；

（ⅲ）是否投票，或以何种方式投票；

（ⅳ）拒绝成为提名候选人或退出候选人。

（b）在下列场合携带或展示武器装备：

（ⅰ）在政治集会中；

（ⅱ）在任何集会游行及其他公开性政治活动中。

（c）不合理地阻止其他选民享受接受投票培训、收集签名、募集资金以及为某党或候选人拉票的权利；

（d）损毁或非法移动或毁坏某党或某候选人布告栏、广告牌、海报等选举材料；

（e）滥用职权或优势影响选举过程或结果，包括父母权利、族长权利、老板权利。

10. 附加条款

委员会可以根据第100条规定给本法案制定附加条款。

附录三

国民大会和地方立法机构的组成（第114条）

1. 决定国民大会人数的规定

（1）考虑到数字的科学性及相关政党的代表人数，国民大会的人数和总人口数有关，每100000人设立一个席位，最少350人，最多400人；

（2）如果地方立法机构的总席位超过400人，那么国民大会的总席位则不少于400。

2. 决定地方立法机构人数的规定

考虑到数字的科学性及相关政党的代表人数，地方立法机构的人数和所在地区的总人口数有关，每100000人设立一个席位，最少30人，最多80人。

3. 委员会负责确定席位数量

（1）委员会必须在1999年3月31日之前根据上述两条规定确定相关人数；

（2）委员会必须在政府公报上发表声明，公布决定的具体日期和具体地点，并且在作出决定前要考虑到各党的利益。

4. 政府公报上发表的决定

根据附录要求作出的决定必须在14天内发表到政府公报上，并自发表之日起生效。

（译自：*Electoral Act*, 1998）

地方政府选举法

第一章 法案的解释、应用及管理

定义

1. 在该法案中，除非下文中另有所指：

代理人：指作为代理第 39 条所获委托的人员

分配：是指就某项义务，包括一项指示，执行该职责分配工作具有相对应的含义

候选人：指一个政党或是一名监督候选人；

首席竞选主任：是指依据选举任命首席选举干事，其必须在该法令第 12 条第（3）款规定的范围内行事；

条例：

（a）选举中的引导条例；

（b）其他第 88 条委命状指的条例。

委命状：指南非共和国宪法；

宪法：指南非共和国 1996 年宪法，1996 年第 108 号法案；

计票人：是指受第 33 条委命的计票人；

计票工作人员：是指受第 31 条委命的计票工作人员；

办公区域：是指市政结构法中所定义的办公区域；

竞选或市政竞选：

（a）市政议会竞选；

(b) 市政议会或行政区竞选。

竞选法案：指 1998 年第 73 号竞选法案；

竞选引导条例：日历中包含的条例；

竞选委员会法案：是指 1996 年第 51 号竞选委员会法案；

竞选法庭：是指竞选委员会第 18 条所规定的法庭；

身份文件：1986 年 7 月 1 日之后，发出的身份证明文件已废除的鉴定法令，1986（1986 年第 72 号法）；

地方代表：是指就委员会所指，当地的代表第 12 节任命的委员会；

MEC：是指对于当地政府负责的行政局成员；

公使：是指当地政府或省级公使；

市政议会：是指在市政结构法中第 18 条提及的市政议会；

自治区：

(a) 作为实体，是指由市政结构法第二章所设立的自治区；

(b) 作为地理区域，是指 1998 年地方政府市政划界法案所圈定的区域。

市政结构法案：是指当地政府 1998 年的市政结构法案；

工作人员：

(a) 当地委员会代表；

(b) 主持人员；

(c) 选举工作人员；

(d) 计票工作人员；

(e) 计票人；

(f) 第 35 条中提及的任何其他人员。

政党或登记党派：是指选举委员会法案中第四章提及的登记过的政党；

党派候选人：是指在党派名单中出现的人；

党派名单：是指候选人名单中提及的一方，目的是参加选举，按比例代表各方成员的选举市政当局之间关系区或者理事会管理区域；

第一部分 宪法、全国性涉党法律

政治办公室：就一个政党而言，是指在该缔约方的任何办事处该缔约方代表是当选或提名，是否涉及薪酬，或任何其他有偿的办公室在任命某人；

规定：是指在第 89 条涉及的规定；

主持人员：是指在第 27 条中提及的被指定为主持人员的人；

安保服务：是指共和国宪法第 199 条第（1）款中提到的安保服务；

服务：

(a) 经由邮政、电报、直通电报或电子邮件发送；

(b) 由工作人员亲自递送。

这项法案：包括第 89 条中提及的条例和常规；

时间安排：就竞选而言，是指委员会第 11 条所规定的选举公布时间；

投票人：是指选举法案中提及的国家公民选民；

选举日：是指竞选投票的日期；

投票区：是指竞选法案中第 60 条所设定的投票区域；

投票工作人员：是指在第 29 条中提及的投票工作人员；

投票站点：是指第 19 条规定的投票站点；

选举区：是指第 2 条中提及的选举区；

选举区候选人：是指在第 16 条中提及的，在选举区里被提名的候选人。代表一个政党或是独立候选人。

法案解释

2. 任何人解释或应用这份法案必须

(a) 遵守并担负宪法和宪法公告中所保证的责任与义务；

(b) 顾及所有应用条例。

规范市政选举的法案

3. （1）这项法案适用于所有国家公民选民在第 93 条第（3）款规定市政结构法案颁布之后的所有市政选举；

（2）选举法案和条例只在该项法案中有效。

法案管理

4.（1）这项法案由委员会管理；

（2）委员会对法案的管理必须有助于竞选顺利公平地进行。

第二章 选民注册选票及选举时间

国家公民、选民注册市政竞选选票

5.（1）国家公民、选民编制和注册必须用于市政选举；

（2）市政选民名单包含选民名单以及选举区域。

选民名单中用于竞选的段落

6.（1）自治区中的选民名单在市政结构法中规定的竞选日期内有效，这一段落必须用于竞选；

（2）在竞选日期结束之前，首席竞选主任应当：

（a）确认用于选举的投票人名单；

（b）确认以上名单由以下人物检查：

（i）委员会主席；

（ii）竞选所在地的政府委员会代表；

（iii）竞选所在自治区的政府委员会代表。

投票人

7.（1）选民必须在自治区或选举区的选民名单上登记方可投票；

（2）选民姓名未出现在选民名单上，或在公开注册之前或之日登记的选民可以将如下材料递交至委员会，或至当地委员会代表，或至该选举区主持人员：

（a）一份包含如下信息的正式表格：

（i）姓名、身份证号、出生日期；

（ii）指纹；

（iii）居住地地址；

（iv）证明居住地在选举区内的声明；

（v）证明此人在公开注册之前或之日曾登记注册过的声明；

（vi）申请将此人姓名加入选民名单的申请信。

（b）证明此人在公开注册之前或之日曾登记注册过的证明信。

（3）就现实情况而言，如果委员会或主持人员没有任何异议：

（a）委员会或是主持人员可对这份申请进行认可；

（b）此人将认定为在此选举区进行过注册并可以参加投票。

延期竞选

8.（1）委员会可以要求公使，或在一定情况下要求 MEC，在不能进行自由和公平的竞选之时推迟竞选；

（2）在推迟请求被受理后，根据市政结构法第 24 条第（2）款、第 25 条第（3）款提出，在此日起 90 天之内，公使要向政府公报，而 MEC 要向当地公报提出公告。

投票站点延期投票

9.（1）若委员会确认无法在投票之日进行自由公平的投票，委员会可将投票日记延期至委员会选定的日期，而该日期必须在推迟之日起 90 日之内确定；

（2）如果委员会延迟投票时间：

（a）确保以适当的方式通知大众；

（b）如果条件允许，应当在延期期间于投票站点张贴告示。

重新投票

10.（1）若选票用纸在计票前丢失、损坏或非法遗失，委员会可以准许某一日期重新投票。但根据第 24 条第（2）款、第 25 条第（3）款市政结构法提及，这一日必须是在推迟之日起 90 日之内；

（2）如果委员会允许重新投票，必须确保以适当的方式通知大众，包括关于日期修改的明细；

（3）重新投票必须与投票当天一样有正确的步骤引导。

第三章 竞选准备

第一部分 竞选时间安排以及地方代表职务

选举时间安排

11. （1）当开始一场竞选时，委员会必须：

（a）编制竞选的时间安排，并且

（b）将时间安排公布在政府公报，或就竞选情况而定，可在地方公报上公布；

（2）委员会将务必在以下情况下在时间安排中提及：

（a）确保一场自由公平的选举，或任命地方代表；

（b）选举日是否推迟。

当地代表的任命

12. （1）当选举开始时，委员会必须为每个选区任命负责人或者其他能代表选举目的的人；

（2）委员会的地方代表：

（a）可以行使本法案规定的权利，必须履行本法案的职责；

（b）履行自己在指导控制首席执行官的权力；

（c）在第 37 条中掌管办公室的权力。

第二部分 政党竞选和提交候选人名单

党派参加选举的要求，要满足以下几点：

13. （1）只有登记的政党才可以竞选，竞选的条件或者是要求：

（a）提交政党名单，候选人的姓名；

（b）提名一个监督候选人作为监督时的代表；

（c）第（a）和（b）项所规定的人都参与。

（2）参加竞争选举的政党要：

（a）第（1）款中的第（a）项必须符合政党候选人的要求；

（b）第（1）款中的第（b）项必须符合候选人的要求；

（c）第（1）款中的第（c）项必须符合政党和候选人的要求。

政党竞选在政党列表方面的要求

14.（1）根据第13条第（1）款第（a）项或者第（c）项，只有在不迟于相关日期选举时间表规定的时间内向委员会地方代表事务所提交名单，才可以参加选举：

（a）名单有规定的格式：

（i）一份旨在竞选的公告；

（ii）一份政党排名表。

（b）将规定数目的存款，以银行安全支票的形式用来支持委员会。

（2）如果是有一个或者多个管辖区域的地区性自制市（区），那么每个区要参加选举的政党都必须分别提交该区选举的政党排名表；

（3）提交委员会的排名表必须附带以下文件：

（a）接受提名，由每个候选人签署；

（b）候选人身份信息文件的证明性复印件（附带候选人照片，名字和身份证）。

（4）当某一个政党没有把政党排名表附在第（3）款的所有文件时，委员会就必须：

（a）书面通知当事人；

（b）允许该政党在不迟于选举时间表规定的日期内向委员会地方代表提交文件。

（5）没有在第（4）款中提到的规定的日期内提交的文件，委员会必须将这些文件里设计的候选人的名字从政党排名表里去掉。

竞选的政党排名表的列出和确认

15.（1）在不迟于选举时间表规定的日期内，委员会必须：

（a）根据第13条第（a）或（c）项编译出竞争选举的政党列表；

(b) 确认列表；

(c) 确保这些列表在委员会地方代表办公室的有效性。

(2) 选举人按要求支付了规定的费用后，委员会应向其提供本条第（1）款规定的名单副本；

(3) 在不迟于选举时间表规定的日期内，委员会必须向政党排名表上的每个竞选的人发放制定证书。

第三部分 社区候选人

社区候选人的提名

16. (1) 被提名为社区候选人须满足下列条件：

(a) 是注册党的党员；

(b) 该被提名人须满足以下条件：

(i) 是该社区的常住居民；

(ii) 是市选区的登记选民。

(2) 依据本法规定，被提名的候选人须满足下列条件：

(a) 依据本条第（1）款第（a）项规定，代表提名党参选；

(b) 依据本条第（1）款第（b）项规定，作为社区的独立候选人。

社区候选人的参选要求

17. (1) 参加选举的社区候选人须预先填写提名表格，并在规定日期前提交给选举委员会地方代表办公室；

(2) 在候选人的提名被提交到选举委员会后，须进行下列程序：

(a) 独立候选人，其提名表格须由该社区选区内 50 名以上选民签字；

(b) 候选人本人须在提名表格上签字；

(c) 候选人的身份证复印件，包括候选人照片及身份证号码；

(d) 候选人的账户余额至少为须缴纳费用的数额，或者委托银行直接给选举委员会开具支票。

（3）如果该社区候选人遵守本法第 16 条第（1）款以及第（i）和（ii）项的规定，则委员会必须批准该名单。

参加社区选举的候选人名单

18.（1）为确保选举如期举行，委员会应：

(a) 汇总每个社区的候选人名单；

(b) 证明上述竞选名单有效；

(c) 将名单的复印件提交到选举委员会地区代表办公室；

(d) 给每个候选人发放参选证书。

（2）选举人按要求支付了规定的费用后，应其要求，向其提供本条第（1）款第（a）项规定的名单副本。

第四部分　投票区

建立投票区

19.（1）遵循本条第（3）款，委员会必须在每个投票区建立投票站或者流动投票站，或者只建立流动投票站。

（2）委员会也可以建立流动投票站，要满足以下条件：

(a) 选举地区太大而人口稀疏；

(b) 委员会认为有必要援助离投票区过远的选民。

（3）投票站地点的选择要考虑以下几个方面：

(a) 任何可能影响到选举自由、公平、有序的情况；

(b) 人口密度；

(c) 在投票站避免拥挤的需要。

（4）在决定投票站地点之前，委员会可能要咨询政党和竞选候选人的意见。

（5）在不迟于选举时间表规定的时间内，委员会要注意：投票站列表的复印件和地址在选举举行的市政区的委员会地方代表办公处审查时必须有效。

（6）在考虑委员会地区代表办事处每个人的申请和规定数量的费用的基础上，委员会必须给每个人一份排名表的认证复印件。

投票站的重置

20.（1）为了保证自由、公平的选举，委员会决定使用移动投票站。

（2）委员会要保证投票地区投票站变更有足够的公开性。

投票站的范围

21.（1）投票日在投票站开放之前，首席执行官在和该投票站的政党代理处与安全局商榷后，决定投票站的范围；

（2）首席执行官通过标示整条边界上显而易见的信号、标志或者录音来划分投票站的范围，并要确保投票站的每个人都能清楚地看到。

流动投票站

22.（1）某个选区如果委员会决定用流动投票站（和/或投票站），必须在不迟于选举时间表规定的日期内，通知流动投票的路线（位置以及结束的估算时间）；

（2）在选区选民中，本条第（1）款中提到的信息在一定程度上必须保证足够的公开性。

第五部分　选举材料

投票文献

23. 委员会必须确定投票文献的设计以及使用都要用到选举中去。

投票箱

24.（1）委员会必须确定投票箱的设计和材料，并要用于选举当中。

（2）每个投票箱的封闭性要好。

（3）委员会必须决定每个投票箱的：

(a) 数量和标签；

(b) 封闭，安全。

投票隔室

25.（1）委员会必须决定投票隔室的设计和材料，并运用于选举当中去；

（2）投票隔间的设计要求有足够的屏幕，让一个选民选举的时候能够被其他观察者看到。

投票所需材料

26.（1）在投票站开放之前，委员会要将选区所有的必要的选举材料都交给首席执行官。包括：

（a）投票文献；

（b）投票箱；

（c）投票隔间；

（d）在投票区被确认过的投票者名单；

（e）首席执行官签署的投票材料明细的收据。

（2）首席执行官有责任保护好所有的投票材料。

第六部分　官员、额外人员、体系和代理人

任命首席执行官

27. 在选举开始后，委员会必须在每个选区都选出一位首席执行官和一位代理首席执行官。

首席执行官的权利和义务

28.（1）首席执行官：

（a）管理监督选区的选举活动；

（b）采用合理的措施来有序地指导选举过程；

（c）可以派一名安全服务的成员来帮助维持秩序；

（d）任何人不得进入选区的边界，除了：

（i）委员会的成员、雇主和官员，或者主要的选举官员；

（ii）有选区代表权的代理人；

（ⅲ）候选人；

（ⅳ）首席执行官允许在本条第（2）款中提到的政党候选人；

（ⅴ）认可观察者承认的人；

（ⅵ）统计票务的选民代表；

（ⅶ）委员会授权的其他有选区代表权的人。

（e）行使本法案授予首席执行官的其他权利以及履行其他职责。

（2）选举站可容纳的党员人数应由首席执行官决定。首席执行官在确保选举自由、公平的前提下，根据该选举站可以提供食宿的容量来确定人数；

依据选举站

（3）本款第（a）项根据本条第（1）款第（d）项，首席执行官可以命令本条第（1）款第（d）项从（ⅱ）到（ⅴ）中提到的任意一个人离开选区，如果这个人的品行阻碍了选举的公平公正；

（b）首席执行官如果命令一个人就必须要给出理由。

（4）如果一个人拒绝遵守本条第（3）款第（a）项里的规定，首席执行官可以命令安全服务人员将其赶出；

（5）在下列情况下，代理站长必须承担站长的职责：

（a）当站长缺席，或者因故暂时不能行使权力或承担职责时；

（b）当首席执行官办公室没人的时候。

任命投票官员

29. 只要宣布可以开始选举后，委员会就必须为每个选区选出必要的投票官员。

投票官员的权利和义务

30. 投票官员

（a）必须协助站长行使权利，履行代理站长职责；

（b）可以行使本法案规定的权利，必须履行本法案的职责。

统计选票官员的任命

31.（1）只要宣布可以开始选举后,首席选举官员经和委员会协商后,必须为每个投票站或者有投票点的街道任命统计选票官员及代理官员；

（2）委员会可以任命每个选区的首席执行官、代理首席执行官或者投票官员作为统计选票官员。

统计选票官员的权利和职责

32.（1）统计选票官员必须协同并且监督统计选票的过程,以保证投票过程自由公正；

（2）第 28 条第（1）款第（b）到（e）项,第（2）（3）（4）款,统计选票官员可以作出适当调整；

（3）在下列情况下,代理统计选票官员要全权代理统计选票官员：

（a）当统计选票官员缺席,或者因故暂时不能行使权利或承担职责时；

（b）当统计选票官员办公室无人时。

任命统计人员

33.（1）只要宣布可以开始选举后,首席选举官员经和委员会协商后,必须为每个投票站或者有投票点的街道任命统计人员；

（2）委员会有权任命选票站站长、代理站长及必要的统计人员。

统计人员的权利和职责

34.（1）统计人员必须协助统计选票官员；

（2）有权行使本法案规定的权利,必须履行本法案规定的职责。

相关人员的任命

35.（1）首席选举官员经和委员会协商后,可以任命必要的相关人员以有效行使权利及履行职责。为每个投票站或者有投票点的街道任命统计人员；

（2）根据本条第（1）款规定,得到首席选举官任命的人可以作为：

（a）自然人，或者

（b）含有法人的机构或国家机构。

相关人员的权利和职责

36. 根据第 30 条规定，得到首席选举官员任命的人可以行使本法案规定的权利，必须履行本法案规定的职责。

关于任命官员的总则

37.（1）具有下列情况的，不得在选举中担任任何官员，不得待在任何一个办公室：

（a）参加选举的候选人；

（b）选举的代理人；

（c）在注册政党中有行政办公室。

（2）（a）官员要履行首席选举官员及上级官员规定的权利并履行相关职责，遵守规定，服从管理；

（b）针对以下内容，首席选举官员必须呈现书面决定：

（i）给予官员的权利和规定的职责；

（ii）给官员的任何报酬。

（3）首席选举官员既有给予官员们权利及职责的权力，又有权取消这些权利及职责；

（4）只有签署了规定的同意书才有权被任命为官员，承诺书中应包括（a）准则和（b）承诺保密；

（5）所有官员必须公正独立地行使权利，履行职责；

（6）所有官员不得直接或间接地，以任何方式支持或反对注册党派或参选的候选人；

（7）所有官员不得以任何名义发表有损或危害官员委员会独立、公平、正直的言论或作出任何相关行为；

（8）如果官员出现以下情况，首席选举官员可以将官员开除：

（a）处理不当，没有能力；

(b) 没有首席选举官员允许,擅离职守;

(c) 存在偏见;

(d) 违反此环节要求;

(e) 违反保密原则;

(f) 有碍于选举的自由与公正。

(9) 官员如果要辞职,必须提前一个月向首席选举官员提出书面申请;

(10) 如果有官员死亡或因其他原因离职,首席选举官员需根据规定任命其他人填补空缺。

关于任命单位的总则

38. (1) 在这里,单位指的是首席选举官员任命的单位。

(2) (a) 一个单位及职员要服从首席选举官员的管理及指导,行使权力,履行职责;

(b) 首席选举官员需以书面形式呈现任命单位的具体内容:

(i) 包括委员会所需的服务、设施及人员;

(ii) 该单位所有的权利及职责;

(iii) 该单位所需酬劳。

(3) 给予单位权利和职责不能违背首席选举官员的权利和职责;

(4) 单位必须确保施行权利和履行职责的人要符合该法案,职员不能:

(a) 是竞选候选人;

(b) 选举代理人;

(c) 在注册当中有行政职位。

(5) 只有在所有即将按照法案施行权利、履行职责的职员都签署了必要承诺书并承诺保密后,该单位才可以被任命;

(6) 每个单位都要确保职员在没有恐吓没有偏见的情况下公正独立地施行权力,履行职责;

(7) 每个单位都要确保施行权力,履行责任的职员都将按照法案不会直接或间接地，以任何形式支持或反对任何参选的党派或候选人，或参加任何党派或候选人之间的竞争；

（8）所有单位及其职员不得以任何名义发表有损或危害官员委员会独立、公平、正直的言论或作出任何相关行为。所有单位和职员不因个人行为而造成的损失承担责任；

（9）如果有以下问题，首席选举官员可以取消对其任命：

（a）没有能力；

（b）不公正；

（c）不能确保职员按照法案要求有效施行权力、履行职责。

（10）如果职员有以下问题，单位必须立即终止其施行权力和履行职责的：

（a）行为不端正，没能力；

（b）在没有首席选举官员同意的情况下，擅离职守；

（c）不公正；

（d）违反此环节要求；

（e）违反保密原则；

（f）有碍于选举的自由与公正。

（13）如打算终止工作，需提前两个月向首席选举官员提出书面申请。

任命代理人

39.（1）每个参加选举的政党可以：

（a）在每个投票站任命两名政党代表；

（b）在每个提供第四章第三、五部分提到的议项投票点任命四名政党代表。

（2）对于政党代表的任命或罢免须以规定当时生效；

（3）政党代表：

（a）必须是南非公民；

（b）不得是参选党派或选举候选人。

（4）政党代表及独立候选人

(a) 任命政党代表：

(i) 须按规定向该代表提供任命书；

(ii) 按照规定的方式向总选举及计票事务官提交选举代理人委任通知。

(b) 罢免任命的代表：

(i) 向该代表提交撤销委任代理人说明；

(ii) 按照规定的方式向总选举及计票事务官提交撤销代理人委任通知。

政党代表及候选人的权利和义务

40. (1) 政党代表、代理人以及候选人需在选举站或统计站按规定携带身份标牌；

(2) 非政党代表、代理人以及候选人可在选举站周围：

(a) 摆放告示牌，张贴海报，或发放卡片及宣传册；

(b) 通过穿、戴或摆放衣物、鞋帽的方式，以及在其上写、画任何标志的方式支持候选党派或候选人；

(c) 引导、影响或说服其他人投选或不投选某一党派或候选人；

(d) 引导、影响或说服其他人放弃投票。

(3) 代理人及候选人可以：

(a) 监督投票环节、计票环节、决定并宣布选举结果的环节；

(b) 不得干预选举、统计进程；

(c) 不得无故向总选举及计票事务官提出异议，或携带非法可疑的实物影响总选举及计票事务官的正常工作。

(4) 代理与候选人的缺席不影响任何选举程序的进行及有效性；

(5) 目前在任何选举站或者会场都需根据本条第(3)款，任何代理人和候选人必须遵从执行官员和安保人员的命令。

第四章 任命观察员以及选民教育培育人

监督人员的认证

41.（1）任何法人都可以按照规定程序向委员会申请选举监督员的认证；

（2）委员会需要更多信息才可能批准申请；

（3）委员会在认证选举监督人的申请人之前要进一步查看申请人信息，是否：

（a）将会促进选举的自由与公正；

（b）申请人委任的人是否：

（i）可以公正独立地监督任何参选的注册党或者候选人；

（ii）有能力并且足够专业地监督选举过程；

（iii）能遵守委员会提出的《监督人的行为准则》中的各项规定。

（4）委员会决定：

（a）如果认证一个申请人，委员会必须：

（i）将申请人的姓名输入到认证监督员的系统中；

（ii）颁发认证证书，将被认定者的姓名、有效期限及其他相关认证条件写到认证证书上；

（iii）将资格证书送到申请人手中。

（b）如果不同意给申请人认证，委员会必须以书面形式告知申请人没有成功的原因，并提出建议；

（5）如果已经被认证的监督员未能遵守相关要求，委员会在给出合理的解释后，可以取消对其认证。

（6）任何人都有权审查认证监督员的资格证的注册及副本。资格证的注册和副本必须存放在委员会总部办公室；

（7）首席选举官员必须给任何交了法定费用的人提供注册或者资格证副本，以接受监督；

经认证的监督员的权利和职责

42.（1）经认证的监督员可以在选举中监督投票环节、统计票数的环节、决定并宣布选举结果的环节；

（2）经有资格证的监督员任命的人在监督选举时，必须着规定服装，以此表明监督员的身份；

（3）经认证的监督员必须服从官员、执行官员命令的安保人员的命令。

选举培员的认证

43（1）任何法人都可以按照规定程序向委员会申请选举培训员的认证；

（2）委员会需要更多信息才可能批准申请；

（3）委员会在认证选举培训员的申请人之前需要查看申请人信息，要考虑以下情况：

（a）申请人提供的服务符合委员会要求；

（b）申请人有能力有效地完成任务；

（c）经申请人任命的选举培训员需要：

（i）平等对待任何参选的注册党派或候选人；

（ii）有能力执行任务；

（iii）符合委员会第98条关于选举培训人的规定。

（d）对申请人的认证可以提高选举培训水平。

（4）在认证选举培训员时，可以根据实际情况对第84条第（4）、（6）、（7）款作适当调整。

第五章　投　票

选举站官员

44. 投票日各个选举站工作人员配备须：

（a）由主管官员指派，负责行使权利并履行该法案规定的相应义务；

（b）被指派到该站的官员须行使权利并履行该法案规定的相应义务。

投票时间

45.（1）除非委员会决定调整选举时间或地点，选举站必须：

（a）07：00 开放；

（b）21：00 关闭。

（2）若委员会调整投票时间或地点，选举站须公布投票时间以保证选举的顺利进行；

（3）选举站关闭后任何人不可再投票；

（4）选举站投票须持续直至：

（a）每位享有投票权利的选民已参与投票；

（b）每位选民已被告知该选举站关闭的规定时间。

（5）为确保公平公正选举，委员会可在选举日：

（a）如果在该时段无法保证该站选举的公平公正，可暂时关闭选举站；

（b）延长投票时间直至当日午夜。

初始步骤

46.（1）开放选举站之前，主要官员须向所有在场政党代表展示当日所有投票箱内无任何物品；

（2）在所有政党代表确认投票箱内无任何物品后，以规定方式关闭并锁好投票箱；

（3）将投票箱上除投票口以外的口以规定的方式关闭并锁好，以防遗漏选票。

投票步骤

47.（1）每位选民：

（a）只得在其注册选区的选举站投票；

（b）只得参加一次选举。

（2）每位选举站的选民须：

（a）向选举站的首席官员或投票官员提供其身份证明；

（b）其姓名应在其所在选区的选民名单上。

（3）当选民向首席官员或投票官员提供身份证明时，首席官员或投票官员须核实身份证明并确定：

（a）该选民为身份证明中涉及的人；

（b）该选民姓名在其所在选区的选民名单上；

（c）该选民还未投票。

（4）为遵守第（3）款第（a）项，首席官员或投票官员可要求选民录入指纹；

（5）若首席官员或投票官员对第（3）款中涉及的所有有关该该选民的信息无疑义，该官员须：

（a）记录该选民已投票；

（b）在第50条以规定方式在选民的手上做标记；

（c）在选票背面盖选举公章；

（d）将该选票交给选民。

（6）一旦选民收到第（5）款第（c）项提到的标记过的选票，选民需：

（a）进入一间空闲投票室；

（b）标出其希望选举的注册方或候选人；

（c）将选票折叠以隐藏投票信息；

（d）将选票交到投票箱处，将其向首席官员或投票官员展示第（5）款第（c）项中提到的信息；

（e）将选票投入投票箱；

（f）立即离开选举点，不得停留。

对特定选民的帮助

48.（1）首席官员或投票官员之外的工作人员可帮助以下选民完成投票：

（a）选民有生理缺陷，需要工作人员帮助；

（b）该个人自愿提出协助选民；

（c）首席官员需确定帮助者：

（i）已满十八周岁；

（ii）非选举代理人或候选人。

（2）首席官员或投票官员在无法识字的选民要求下，可对其提供协助，但须有以下人员在场：

（a）由公认监选人指派的人员，如果可行；

（b）每个政党各派出的两名代表，如果可行。

（3）在实施过程中，要考虑到第47条中第（6）款第（a）项的问题，使候选人座位应尽可能分离。

关于新选票问题

49.（1）若选民在选票上的标记不能正确体现其投票结果，并且该选票未被投入投票箱，该选民可将该选票送回首席官员或投票官员处；

（2）首席官员或投票官员收到此类选票后，须在选票背面标明"作废"，并分开归档；

（3）该官员须发给该选民一张新选票。

在手上做标记

50.（1）须用选民的手在左手拇指上画上一条短线的方式标记，并在左手拇指指甲上标记不褪色的墨迹。

（2）若选民无左手拇指或左手拇指指甲，或由于受伤、疾病以及其他原因无法实施此方法，则按照同样的方法在左手其他手指及指甲上做标记。若投票者因此类原因无左手手指或指甲，则按同样方法在右手手指上及指甲上做标记。

（3）在此项中，无论何原因，若投票者无手指或手指甲，首席官员或投票官员须依次记下其姓名、地址、身份证号码以及投票者无法被标记的原因，并保存好。

对投票提出异议

51.（1）在选民递交选票之前的任何时间，政党代表或候选人皆可对其是否有资格投票或其是否有资格在该选举站投票提出异议；

（2）若选民被拒绝收票，政党代表或选民可提出异议；

（3）政党代表或选民可对除第（1）、（2）款中已提到的任何包括政党代表、官员在内的一切在场人员的行为提出异议；

（4）第（1）、（2）、（3）款中提到的异议须以规定的书面形式呈现并交到首席官员处；

（5）首席官员须调查异议中提到的情况，并询问相关能够提供线索的人；

（6）在调查提出的异议后，首席官员须：

（a）对异议进行裁决；

（b）记录对此异议的裁决结果；

（c）告知异议提出者及一切与该异议相关人员裁决结果。

（7）首席官员须以规定方式对该部分的各异议及决定经行书面记录。

密封投票箱

52.（1）首席官员须在到场各代表见证下：

（a）每当一个投票箱已满，用委员会指定的封条将投票口密封好；

（b）最后一张选票投递完成后，应立即以同样方式密封最后一个投票箱及未使用的投票箱；

（c）准许各代表进行检查。

（2）密封好的投票箱须：

（a）直至计票开始才可拆封；

（b）在众人监督下，投票箱直至计票开始才可拆封。如果不在该站计票，须直至其被送至计票点才可拆封。

完成选票总结及密封选举材料

53. 当选举站结束投票后，首席官员应尽快在到场代表见证下

（a）按照规定的格式完成选票总结，该总结须反映以下数字：

（i）委托给该首席官员的所有投票箱数；

（ⅱ）已用投票箱数；

（ⅲ）未用投票箱数；

（ⅳ）委托给该首席官员的所有选票数；

（ⅴ）已填选票数；

（ⅵ）空白选票数；

（ⅶ）作废选票数。

（b）将各未使用投票箱密封；

（c）将以下项目分开密封于不同信封中：

（ⅰ）该选区认证的选民名单；

（ⅱ）委托给该首席官员的未使用投票箱；

（ⅲ）作废选票；

（ⅳ）第51条第（7）款要求的关于投票异议的书面记录。

（d）准许各代表检查第（b）、（c）项中所提各项目是否密封好。

移动投票站

54.（1）若委员会决定在选举中使用移动投票站，投票步骤须根据本章上下文规定制定必要章程，并加以实施；

（2）特定地区的移动投票站的投票，须持续至以下选民都参与投票：

（a）选民拥有在该移动投票站投票的权利；

（b）在该投票地区的投票截止日期之前到移动投票站报到者。

（3）若在选举地区设立选举站和移动投票站，投票和计票进程将按照此章和第六章要求实施，并作出以下调整：

（a）须视移动投票站为选举站的完整一部分管理；

（b）移动投票站的必要选举材料包括地区内的选民名单，此名单需为首席官员提供，此官员须依次向移动投票站提供选举材料，并从办公人员获得收据；

（c）移动投票站的首席官员须向计票员投送第53条提到的材料；

（d）计票官员须将选举站及移动投票站使用过的投票箱全部打开，将全部的选票打乱，并进行计票，公布选票结果。

综述

55. 委员会不能由于选民的原因擅自改变选举议程,选民只能在注册的地区进行投票。

第六章 计 票

计票初始阶段

56.（1）计票官员必须确认本章的计票过程在投票站关闭后尽快进行。

（2）未经委员会准许,本章所述的计票进程不能延缓。若此程序延缓,计票官员须完好保管所有选举材料直至计票结束。

计票时间及地点

57.（1）选票须在其被投放站计票,以下状况除外:

（a）投票站为移动投票站;

（b）为保证选举的公平公正,委员会批准选票在其他计票点计票。

（2）若选票在选举站进行计票,或此投票站的计票员不是此投票站的首席官员,首席官员须将第53条提到的材料交至计票部门;

（3）若选票不在选举站进行计票,首席官员须将第53条提到的材料交至委员会指定的计票部门:

（a）选票;

（b）密封好的已使用投票箱;

（c）密封好的未使用投票箱;

（d）密封好的信件。

核对程序

58.（1）收到第57条第（3）款中提到的各项后,计票部门须:

（a）检查各项密封是否牢固;

（b）计票部门须准许在场任何政党代表检查密封是否牢固。

（2）检查密封是否牢固后,计票部门须打开所有密封的投票箱和信件并核对第 53 条第（a）项提到的执行官员完成的表格，须核对以下项目：

(a) 收到的已使用投票箱数；

(b) 收到的未使用投票箱数；

(c) 收到的信件；

(d) 投票箱和信封内容。

(3) 计票部门须遵照本条第（2）款方式处理违规现象和矛盾：

(a) 计票官员须立即向送请材料的首席官员询问原因；

(b) 计票官员及首席官员须共同处理违规现象和矛盾；

(c) 出席计票站的政党代表及候选人须：

(i) 立即向相关人员告知违规现象和矛盾；

(ii) 尽可能参与计票官员及首席官员的一切讨论；

(iii) 被邀请参与讨论以及调查。

(d) 若任何选举材料出现非法篡改或丢失情况，计票官员须向安全部队报告寻求帮助调查并寻找丢失材料。

(4) 计票官员须：

(a) 记录：

(i) 违规及矛盾现象；

(ii) 处理这些违规现象和矛盾的方法；

(iii) 首席官员、政党代表及候选人对此现象的解释。

(b) 根据本款第（a）项尽快向最高选举部门上交关于此事件的完整书面记录。

对核对程序提出异议

59. (1) 计票开始前的任何时候，政党代表都可对计票部门核对程序中出现的违规现象和差错提出异议；

(2) 异议须以规定方式告知计票部门；

(3) 第 51 条第（5）至（7）款，根据情境对异议进行必要调整。

计票

60. (1) 计票部门须将所有已用密封投票箱拆封；

(2）计票过程须按指定程序进行。

拒绝收取选票

61.（1）计票部门须拒收以下选票：

（a）透露投票人身份的选票；

（b）投有多个参选方或是多个候选人的选票；

（c）空白选票；

（d）无法确定投票结果的选票；

（e）没有地区标识的选票；

（f）非官方选票。

（2）计票部门须：

（a）在拒收的选票背面注明"拒收"；

（b）将其分开归档。

（3）如果有政党代表对计票部门的某张选票的接收或是拒收有争议，计票部门须：

（a）在该选票背面注明"争议"；

（b）分开归档，接受的争议选票仍需计算；

（c）将拒收的争议选票分开归档。

对选票分类及计票结果提出异议

62.（1）政党代表及候选人可对选票分类过程中出现的违规现象或计票过程中发现的任何差错提出异议；

（2）异议必须在选举计票官员完成第63条第（1）款提到的表格之前在任何一个步骤以书面形式上交给选举计票官员；

（3）选举计票官员必须大致调查该异议的实际情况，并可因此直接向可以提供帮助的任何人进行口头询问；

（4）计票官员必须：

（a）就异议以及是否进行重新计算的问题作出决定；

（b）记录对书面异议的决议；

（c）口头通知提出异议者以及任何与决议相关的党派。

（5）如果机票官员要求重新计算，则计票官必须决定并记录重审结果；

（6）就此条规定而言，计票官员必须按照规定对每一份异议以及每一份决议进行书面记录。

选举结果和投票材料的程序

63.（1）计票官员必须完成一份反应投票站选票统计结果的规定格式的表格；

（2）一旦计票官员遵守了本条第（1）款，计票官员必须：

（a）运送投票站每一个选票的选举结果给委员会当地众议员办公室；

（b）依据第53条第（a）项和第53条第（c）项提到的各项条款以及第62条第（6）款的异议书面记录，将选票材料封入不同集装箱中；

（c）将封存好的集装箱运送给委员会当地众议员办公室。

选举结果的决定与宣布

64. 在收到市政局投票站的选举投票的所有结果后，委员会必须：

（a）在市政局决定选举结果；

（b）以规定格式记录结果；

（c）公开宣布结果。

对选举公布的结果的反对材料

65.（1）相关方可以就选举的任何方面提出异议，且该异议对于由委员会公开宣布的选举结果是重要的。该材料要不迟于选举日之后第二天的十七点，在其位于比勒陀利亚的办公室的书面通知包括以下内容：

（a）对相关选举的证明；

（b）提出异议者的全称和地址；

（c）可联系到提出异议者的邮政地址和电话号码；

（d）在此事中提出异议者的关注点；

（e）反对的细节和相关选举的方面；

（f）反对的具体理由；

（g）解决方案；

（h）伴随反对通知书的一张任何证实文件的列表；

（i）通知书的复印件的送达证书和涉及提出异议的党派的附录表；

（2）若给予正当理由，委员会可以赦免延迟提交的异议；

（3）在考虑并决议异议时，委员会可以：

（a）调查异议的事实根据；

（b）提供给竞选党派提交书面或口头意见书的机会；

（c）要求其他人士或党派提交书面或口头意见书；

（d）要求反对党派递交书面或口头的补充信息或争议；

（e）对异议进行听讯。

（4）委员会必须：

（a）在提交给委员会后的三天内考虑异议并作出决定，或者

（i）拒绝异议；

（ii）修正选举的公开结果；

（iii）废除选举的公开结果。

（b）立即通知提出异议者以及任何其他参与选举的党派此结果；

（5）提出异议者或其他与异议相关的党派若对委员会宣布的结果存在不满，可以在委员会公布结果的三天内，依据选举委员会法案的第20条以及选举法案条例的第10条向选举法庭上诉；

（6）选举法庭必须：

（a）考虑并呼吁，或者

（i）拒绝异议；

（ii）修正选举的公开结果；

（iii）废除选举的公开结果。

（b）通知该党派其决议的上诉。

（7）选举的公开结果不会因向选举法庭上诉而暂停。

第七章 总 则

第一部分 明令禁止的行为

违背准则

66. 没有人或政党可以违反或者不遵守第 25 条规定。

不正当影响

67.（1）没有人可以

(a) 强迫或非法说服任何人

(i) 是否注册成为选民；

(ii) 是否投票；

(iii) 是否为某个党派或候选人投票；

(iv) 是否支持某个党派或候选人；

(v) 是否参加或加入政治集会、游行或其他政治事件。

(b) 有碍于委员会或委员会职员官员，或首席选举官员的独立与公平；

(c) 因为过去、目前或预测的未来的表现歧视任何人；

(d) 根据某人的表现获利或承诺获利；

(e) 无论是公共场所还是私下里，阻止下列任何人获得投票的权利

(i) 注册政党或候选人的代表；

(ii) 选举的候选人；

(iii) 委员会成员、职员或者官员；

(iv) 首席选举官员；

(v) 任何被公认的监督员任命的人；

(vi) 任何持有培训员资格证的人。

(f) 非法阻止任何党派的政治会议、游行或其他政治事件。

(2) 根据此法案，没有人可以阻止任何人合理地分析选举；

(3) 在知道某个人没有资格注册成为选民时，任何人不可以

(a) 劝说其他人说他有注册成为选民的资格；

（b）展示给其他人看说这个人有注册成为选民的资格。

（4）在知道某个人没有资格投票时，任何人不可以

（a）协助、迫使或者劝说这个人投票；

（b）展示给其他人看说这个人有投票资格。

冒名

68. 没有人可以

（a）以其他人名字申请注册成为选民，不管这个人是活着，还是死了，或是虚构的；

（b）没有资格参加选举或者投票站投票的人在选举中或投票站投票；

（c）所投票数超过允许的数量；

（d）冒充

（i）任何注册党派或候选人的代理人；

（ii）任何参选的候选人；

（iii）任何委员会成员、职员或官员；

（iv）任何首席选举官员；

（v）任何有资格证的监督员任命的人；

（vi）任何有资格证的培训员。

故意发表虚假声明

69. （1）根据这个法案，任何人不得发表以下声明：

（a）明知声明是虚假的；

（b）没有合理证据证明声明是真实的。

（2）任何人不得因以下目的发布虚假信息：

（a）扰乱或阻止选举；

（b）为了影响选举过程及结果，制造敌意或恐慌；

（c）影响选举行为或结果。

侵犯隐私

70. （1）在投票过程中，任何人不得侵犯投票人保护其隐私的权利；

（2）除非经本法案许可，任何人不得

（a）公开投票或统计票数的信息；

（b）打开根据法案要求密封的投票箱，或破坏其封口。

有关投票及选举材料方面的限制

71.（1）除了选举法案允许的内容外，任何人不得

（a）印刷、生产或提供任何投票或选举的材料；

（b）删除或隐藏任何投票或选举的材料；

（c）损坏或摧毁任何投票或选举的材料；

（d）将选民的选票、投票或选举的材料用于非选举目的。

（2）首席选举官员可以授权

（a）印刷、生产或提供任何投票或选举的材料；

（b）删除或销毁投票或选举的材料。

在选举期间有关布告和广告牌的限制

72.（1）任何人不得非法损坏或移动任何注册党及候选人为选举目的而发布的布告、广告牌等；

（2）选举当天，任何政党或获选人或者政党或候选人的拥护者需在选举站的边界内张贴、展示或分散任何意图影响选举结果的布告板、海报、小册子或者任何其他物品。

阻碍或不遵守委员会、首席选举官员及其他官员的指示

73.（1）任何人不得拒绝或阻碍委员会及其成员、职员或首席选举官员的依法管理；

（2）任何人不得阻碍委员会或上述人员及监督员行使权力和履行职责。

临时规定

74.（1）（a）本条规定只在选举开始之日到宣布选举结果之日期间有效；

（b）本条规定中，印刷品指任何布告栏、广告版、海报、小册子等。

（2）任何试图影响选举结果的印刷品绝对不能展示出印刷者或者出版者的全名和地址；

（3）如果印刷内容属于下列情况，任何出版商都必须在印刷品中印有"宣传"字样：

（a）来自：

（ⅰ）注册党，或者在该党中拥有行政职位的人，或者该党的任何成员或支持者；

（ⅱ）参加竞选的候选人或其支持者。

（b）通过付费，植入到其他出版物中；

（4）任何人不得印刷、出版或散发任何不符合本条款规定的印刷品和出版物。

相关政治活动的禁止

75. 在选举当天，任何人不得

（a）组织或参加任何政治会议、示威游行或其他政治事件；

（b）除在投票站指定区域内投票外，参与任何其他政治活动。

禁止在投票后出版投票民意调查

76. 在选举规定时间内，任何人不得印刷、出版或散布任何该选举的选票后民意调查结果。

第二部分　强制执行

首席选举官员有权提出刑事诉讼

77. （1）根据此法案和其他任何法律，首席选举官员有权在法庭上提起诉讼，包括选举法庭，以保证此法案的实施。

（2）如果委员会在操作过程中有非法行为或获取非法利益，首席选举官员可以介入并提起诉讼。

选举法庭的司法权利

78. （1）根据选举法案第20条第（4）、（6）款规定，针对所有选举中出现的各种有关违背法案的问题，选举法庭有最终裁判权，并且一切决定不接受申诉；

（2）如果一个法庭具有选举法庭第20条第（4）、（6）款规定的权利，当发现某个人或注册党派违反本章第一部分时，可以对个人或党派适当给以以下惩罚，以保证选举的自由和公平：

（a）郑重警告；

（b）最高20万兰特的罚款；

（c）根据第14条第（1）款第（b）项或第27条第（2）款第（d）项，没收个人或该党全部财产；

（d）明令禁止个人或该党派从事以下活动；

（i）使用任何公共媒体；

（ii）举行任何公共会议、游行、集会或其他政治活动；

（iii）进入任何选票区为选举拉票；

（iv）在任何地方设立广告牌、布告栏、宣传海报等；

（v）出版或散发任何有关竞选的刊物；

（vi）为选举进行广告宣传；

（vii）从国家或者其他国外的组织接收资金。

（e）任何人或党派违反上述第（d）项的规定，立即强制制止；

（f）阻止其本人，其代理人以及其党派的候选人或代理人进入投票站；

（g）下令减少其本人或者该党派的支持者投票数量；

（h）下令取消其本人或该党派任何候选人的参选资格；

（i）下令取消该党的注册。

（3）本条的所有处罚措施均为本章第三部分惩罚措施的附加条款。

第三部分 违法和处罚

违法

79. 任何违背本章第一部分的规定的行为，都属于违法。

处罚

80. 任何人被指控违反

（a）第66条，第67条第（1）款第（b）、（c）或（d）项或第69条第（2）款，第70条，第71条，或第73条，都将被处以罚款或最高十年的监禁；

(b) 第 67 条第（1）款第（a）、（e）或（f）项第（2）、（3）或（4）款，第 68 条，第 69 条第（l）款，第 72 条，第 74 条第（4）款，第 75 条或第 76 条，都将被处以罚款或最高五年的监禁。

第四部分 其他规定

进入私人场所的权利

81.（1）在行驶本法案规定的权利或履行本法案规定的职责时，委员会职员、官员有权利进入私人场所；

（2）上述提到的人必须确保以合理的企图通知该私人处所的持有人。

投票和选举材料的所有权及其处理

82.（1）委员会拥有选举使用的或者提供的所有投票及选举材料的所有权；

（2）如果选举法庭没有特别要求，委员会可以在宣布选举结果六个月后根据规定处理选举过程中投票及选举的相关材料。

返还或没收押金

83.（1）根据第 78 条第（2）款第（c）项规定，如果参加选举的党派在立法机构中至少占有一个席位，委员会必须将其按照第 14 条第（1）款第（b）项或第 17 条第（2）款第（d）项规定所交的押金返还该党，如果

(a) 该党在市政委员会中至少占有一个席位；

(b) 候选人在选举中获得至少总投票数百分之十的票数。

（2）根据第（1）款规定，不可返还的押金将归为国家税收基金。

不符合要求的后果

84.（1）如果在第 6 条规定的投票环节出现错误，投票将无效，如果在第 14 条规定的输入候选人名单环节出现问题，那么候选人名单将无效。

（2）如果选举中某些操作出现问题或者没能遵守该法案规定，但在不影响选举结果的情况下，选举不会停止。

文件的检查和复印

85. 根据本法案规定，委员会必须竭尽全力通过电子技术将所有需要

审查或复印的材料留存。

关于禁止罢工和停工

86.（1）委员会提供的服务是 1995 年劳动关系法案（1995，No. 66）修订时的必要服务；

（2）选举当天，公共交通和通信领域的罢工和停工是明令禁止的，并且不受 1995 年劳动关系法案第四章有关内容的保护。

第五部分　选举行为章程及其他章程

选举行为章程

87. 选举行为章程制约每一个竞选的党派和每个候选人。

其他章程

88. 委员会可以将通告发布在政府公告上：

（a）编辑和发布任何其他章程以促进公平自由的选举；

（b）修改或替换任何第（a）项中提到的章程。

条例

89.（1）委员会针对任何情况提出的任何条例都要在本法案中作出规定；

（2）在下述情况下，委员会在和国家联络委员会协商后可以制定条例：

（a）属于本法案规定的范围；

（b）必要并且有利于实现本法案目的的条例。

（3）若没有遵守或者违背了条例规定的章则，本条例可以对违反者处以罚款或最长一年的监禁惩罚；

（4）委员会必须将本条规定的任何条例发表在政府公报上。

第六部分　委员会及首席选举官员的权利和职责

委员会享有的权利和应履行的职责

90.（1）委员会可以：

（a）根据本法案规定将委员会的权利委托给委员会的职员或官员，但第 88 条和第 89 条及其他法律除外；

（b）根据本法案及其他法律的规定命令委员会成员、职员或官员履行委员会职责。

（2）任何本条第（1）款提到的委托和命令：

（a）在委员会权利、条件许可范围内都可以强制执行；

（b）和委员会享受权利及履行职责不冲突。

（3）任何本条第（1）款提到的委托和命令规定首席选举官员有权委任或再指定职责给委员会其他雇员；

（4）委员会有权更改、确认或撤回任何可能造成权利减损的决定。

首席选举官员的权利和职责

91.（1）首席选举官员可以：

（a）根据本法案及其他法律的规定，授权给委员会的职员或官员；

（b）根据本法案及其他法律的规定，命令委员会职员或官员履行首席选举官员职责。

（2）根据第（1）款规定，授权及命令：

（a）受支配于首席选举官强制的局限和情况；

（b）不妨碍首席选举官行使或履行其委托权或分配权。

（3）首席选举官员可以改变、批准或撤回任何在此条例下由于授权或代表权转移作出的决议，其条件是决议的不变动或撤除可能减损任何导致决议结果的权利。

反对和申诉的权利

92. 当委员会官员或者首席选举官员根据本法案规定被要求提出反对或申诉时，委员会官员或首席选举官员可以通过调解解决。

第七部分　其他

修正法律

93. 附表二中指定的法律特此更正为该附录的第三栏内容。

地方政府过渡法令的申请，1993

94. 1993 年地方政府过渡法案（1993 年第 209 号法案）不会应用于由市议会逾期举办的市政会的选举中。该市议会由市议会结构法案第 93 条第（3）款提到。

法案约束政府

95. 本法案可以约束政府，除非涉及刑事责任。

简明目录

96. 此法案称作地方政府市议会法案（2000）。

附表 1（第 1 节和第 87 节）

选举行为守则

法典目的

1. 本守则的目的是为了促进选举的自由和条件公平原则，包括：

（a）允许民主的政治活动；

（c）自由的政治竞选和开放的公开辩论。

行为规范的推广

2. 受此约束的每个注册党和每一位候选人必须：

（a）在选举中要弘扬此行为守则的目的；

（b）在任何选举中广泛宣扬此行为守则；

（c）教育选民大力促进和支持该守则。

遵守守则和选举法

3. 每个注册党和候选人必须：

（a）遵守此守则；

（b）指导性：

（i）在党内指导候选人、党派政治处及其代表、成员和支持者遵守此行为守则和一切适用的选举法案；

(ii）候选人及其代表人和支持者必须遵守本法案规定和相关选举法。

（c）采取合理措施，以保证：

(i）参选党的候选人、在该党中有政治职务的人，以及该党代表人、成员和支持者都必须遵守本法案和相关规定；

(ii）候选人及其代表人和支持者必须遵守本法案规定和相关选举法。

公开承诺

4.（1）所有注册党及所有候选人都必须：

(a）公开声明所有人都有权

(i）自由表达政治信仰和观点；

(ii）与持有不同政治观点的人进行挑战和辩论；

(iii）出版和分发选举、竞选材料，包括注意事项和宣传广告；

(iv）依法树立旗帜、广告牌、布告栏和海报等；

(v）为某个党派或某个人拉票；

(vi）为自己的党派招募成员；

(vii）组织公共集会；

(viii）参加公共集会。

(b）公开谴责有损自由公平选举的行为。

（2）所有注册党和候选人都必须接受竞选结果，如对竞选结果有异议，要在法庭中提出。

合作的职责

5. 所有注册党和候选人必须和其他参加竞选的党派保持联络，并且竭尽全力保证不和竞争对手在相同时间相同地点举行公共集会、游行等政治活动。

女性的角色

6. 所有注册党和候选人都必须：

（a）尊重女性和政党及候选人自由沟通的权利；

（b）促进女性在政治活动中有全面参与的平等机会；

（c）确保女性有权利参加各种公开政治会议、集会、游行等政治活动；

（d）为确保女性自由参加政治活动采取合理措施。

委员会的角色

7. 所有注册党和候选人都必须：

（a）认识到委员会在组织选举过程中的权威性；

（b）确保委员会的选民的公平性；

（c）给委员会或其成员、职员、官员和首席选举官员下达合法指令和要求；

（d）和以下组织建立并保持有效沟通途径：

（i）委员会；

（ii）其他参与竞选的注册政党。

（e）为委员会成员、职员、官员和首席选举官员参加公共集会、游行等其他政治活动提供便利条件；

（f）配合委员会的任何审查；

（g）采取一切合理措施以保证：

（i）委员会成员、职员、官员和首席选举官员在根据本法案施行权利和履行职责时的安全；

（ii）上条第（a）款中涉及的人员不会遭到任何代表或某党及个人的支持者的侮辱、威胁和伤害；

（iii）政党及候选人的代表参加任何党派的联络委员会或者委员会的其他论坛等。

媒体角色

8. 所有注册党和候选人都

（a）必须根据本法案在选举前、选举中和选举后尊重媒体；

（b）不得阻止媒体对公开的政治会议、游行、示威和集会进行采访；

（c）必须采取一切合理措施以确保记者不会受到选举人或其支持的骚

扰、恐吓、威胁或人身攻击。

被禁止的行为

9.（1）任何政党或候选人不得：

（a）用任何形式的语言或行动，如：

（i）在选举中的暴力行为；

（ii）恐吓候选人、政党或候选人或选民的代表或支持者。

（b）发布虚假或诽谤性的指控，要尊重选举中的：

（i）另一党派、候选人、代表或委员；

（ii）候选人或该候选人的代表。

（c）剽窃其他党派的符号、颜色或其缩略语；

（d）在政治活动中，有种族、民族、性别、社会性别、阶级或宗教等任何形式的歧视。

（2）任何人不得

（a）用奖赏或其他方式引诱别人

（i）加入某党；

（ii）参加公共集会、游行等其他公开性政治活动；

（iii）以任何方式进行投票；

（iv）拒绝成为提名候选人或退出候选人名单。

（b）在下列场合携带或展示武器装备：

（i）在政治集会中；

（ii）在任何集会游行及其他公开性政治活动中

（c）不合理地阻止其他选民享受接受投票培训、收集签名、募集资金以及为某党或候选人拉票的权利；

（d）损毁或非法移动或毁坏某党或其他候选人布告栏、广告牌、海报等选举材料；

（e）滥用职权或优势影响选举过程或结果，包括父母权利、族长权利、老板权利。

附加条款

10. 委员会可以根据第 89 条规定给本法案制定附加条款。

附表 2（第 93 条）

修改法案

法律号和修改年	简要名称	修改范围
1996 年第 51 号法案	1996 年，选举委员会法	选举委员会法 1996 年修订 （a）在"选举安排"第 15 条以下后插入以下内容： 市政选举政党注册 （b）由第 15 条后插入以下部分：登记的当事人为市政选举。 （1）总选举事务主任，应当由一方提出申请后在规定的表格注册，该注册应按照其所在市的规定进行。 （2）任何一方在市议会中，没有代表城市区域或区域可以注册，除非有以下程序： （a）该政党的契约基础； （b）如果有的话，该预定量； （c）发表在规定的报纸上申请通知书，市政领域的循环的证明。 （3）任何注册了一个特别的直辖市、直辖市的党派，可根据这类注册只参加这些城市的议会选举。 （4）第 15 条下附属的第（1）、（2）、（3）和（4）款并不适用于登记在该部分。
1998 年第 73 号法案	1998 年，选举法	"选举法"修订。 1998 年，取消第 7 条以下款： （a）一个人经常居住的，或者他定期间断性返回该地的，则被认为是住房在此的常住居民。 （b）对选民登记的目的是，选民登记并不是登记有异常行为的人，比如被依法监禁或拘留。当不监禁或拘留时，一个人通常居住的地方。

(续表)

法律号和修改年	简要名称	修改范围
1998年第117号法案	当地政府：市政机构发1998年	1998年，市政结构法案： （a）第一部分如下修改： 选举委员会法1996规定"政党"是指登记的政党。（1996年第51号法案） （b）在第12条第e项以下，插入如下段落：根据第23条条款，在一个行政选区的情况下，应确定： （i）按比例选取政党的代表人数； （ii）被任命的在各直辖市的地方议会的代表直接代表各当地政府； （iii）按比例从每个管理区内选取代表各党派的代表： （c）删除2002年，法案中无论在何处出现的"或日期"字样； （d）删除1996年选举法案中第25条第（1）款第（a）项中"选举法"的"选举委员会法"（1996年的第51号法令）； （e）在"管理"中的第25条第（1）款第（b）项由以下内容替代： （f）删除第25条第（3）款第（a）项中"日期"字样； （g）删除第25条第（1）款第（a）项中的这些词"或最后投票日期"； （h）删除第25条任何地方出现的"日期"字样； （i）删除第27条第（f）项（i）、（ii）款中的以下内容： "（i）有某一党派任命的是该党派在选举中的候选人。 （ii）未被某政党任命的该党派候选人是党内成员。" （j）删除附表1第1项中定义的"独立监督委员"，使用下面的定义："独立的监督委员"是指没有由党提名作为一项监督选举中的委员的人； （k）删除附表1中第1条对"政党监督委员代表"的定义，使用下面的定义："政党监督委员代表是指在监督选举中由该政党选出的代表该政党的委员"； （l）删除附表1中第10条的以下条目："10名候选委员名单只能是由某政党委派的候选人名单"； （m）删除附表中的下列附属条例，附属条例3更正为附属条例2； （1）如果任何党派都没有拟出候选委员名单，那么选举将在推选日期的90天内举行。具体选举日期必须由当地政府与委员会进行磋商后决定。 （n）删除附表2中第4条的下列附属条例：候选委员名单。"委员名单只能由政党决定"； （o）删除附表2中项目9中的条例1和2中的附属条例，更正为下列条例："如果任何政党都没有决定一个选举名单，那么选举必须在90天内举行。选举的具体日期必须由当地政府和选举委员会进行磋商决定。"

（译自：*Local Government：Municipal Electoral Act*, 2000）

第二部分
主要政党内部规章制度

非洲人国民大会党党章

(2007年波罗克瓦尼举行的第52次全国代表大会修订并通过)

序 言

鉴于信奉白人至上主义的南非联邦已经成立并且非洲人民的独立已经受到残忍破坏，非洲人国民大会于1912年成立的目的是为了在上述情势下保护并推动非洲人民的权利；

鉴于在实现上述目的期间，经过发展壮大的非国大领导所有民主与爱国力量进行斗争，以期推翻种族隔离制度并建立一个统一的、无种族隔离的、无性别歧视的、民主的、全民共治、全民平等的南非国家；

鉴于非国大历代先辈同志作出的斗争与牺牲，非国大已经被公认为是一个拥有普遍群众基础的反对种族隔离运动的核心和旗帜，并且涉足了一系列社会、文化、宗教、贸易、各专业政治组织；

鉴于非国大长期以来都立足于在南非建立一个统一的、无种族隔离的、无性别歧视的、民主的和繁荣的社会；

以及鉴于1994年4月举行的具有划时代意义的大选已经赋予非国大领导改革并推动如下事业的责任：为了消除种族隔离制度下的贫困与不公的各种社会问题并建立一个公正公平的经济和社会秩序；

因此，现在，在明确了非国大的历史任务并明确了需要建立一个拥有广泛民主基础的组织机构来实现其历史任务的基础上，依程序组成并召开的非国大全国代表大会在此通过了如下经过修正了的党纲。

第一章 政党名称

本组织名称为"非洲人国民大会",以下简称"非国大"。

非国大的党徽和颜色说明详见附件说明。

第二章 总体纲领与目标

非国大的总纲和目标是:

2.1 团结全体南非人民(尤其是非洲人)把国家从各种形式的歧视与民族压迫中完全解放出来。

2.2 终结一切形式的种族隔离,通过民族民主革命的方式将南非尽快建设成为一个以《自由宪章》为基础的统一的、无种族歧视的、无性别歧视的、民主的国家。

2.3 捍卫人民业已取得的民主成果并推动社会进一步发展:通过普遍、平等和自由的原则选举政府机构。

2.4 为实现社会公正、消除种族隔离和民族压迫制度所带来的一切不平等而奋斗。

2.5 在普遍的爱国主义与对国家忠诚的精神下建立一个尊重人民文化、语言和宗教多元性的南非国家。

2.6 为了全体人民福祉而发展经济。

2.7 支持并推动妇女解放事业。

2.8 支持并推动国家解放、国家发展、世界和平、裁军、有利于环境保护的可持续发展等各项事业。

2.9 支持并推动维护儿童与残障人士权利的事业。

第三章 非国大的特征

3.1 非国大是无种族的、无性别歧视的民主解放运动。

3.2 全体党员决定非国大的政策,根据非国大党章的规定,非国大的领导向全体党员负责。

3.3 作为注册政党之一,非国大(与其他政党一道)通过获得南非社会各地区的支持来参加选举。

3.4 从其组织机能上看,非国大应是民主的、非种族歧视的、非性别歧视的政党,并反对任何形式的种族主义、部落至上主义、民族排外主义和民族沙文主义行为。

3.5 在组织机能上追求最大限度的团结的同时,非国大尊重其党员在语言、文化和宗教信仰上的多元性。

3.6 非国大将支持妇女解放运动,与性别歧视进行斗争,确保妇女能够在党组织内充分发声,同时确保在各级组织中能恰当地体现妇女的代表性。

3.7 非国大实行言论自由原则,各种观点与信息将自由地在党内传播。

3.8 非国大各级党组织的党员向所有人开放,而不受性别、种族、肤色和宗教信仰的限制。

3.9 非国大与国内各宗教团体保持密切合作关系,并在尊重不同信仰的基础上承认信教党员的精神需求。

第四章 党 员

4.1 任何超过18岁(包括任何种族、肤色和信仰)的南非人,只要接受非国大的党纲、政策和规划并愿意遵守非国大的党章和相关规定,都可以申请加入非国大。

4.2 南非人的配偶和子女,如被证实认同南非人民及其奋斗目标,可以申请成为非国大党员。

4.3 所有在南非定居的人,如被证实认同南非人民及其奋斗目标,可以申请成为非国大党员。

4.4 根据第四章第一、二、三条之规定不具备申请非国大党员条件但是已明确表示坚定拥护非国大及其政策的人(无论男女),全国执行委员会可根据自身权力或经由地方执行委员会推荐授予其名誉党员称号。

4.5 入党申请工作由各级支部执行委员会（支委会）负责，在没有支委会的情况下，由地区执行委员会负责。支委会、地区执行委员会或相关临时机构（如省级执行委员会和全国执行委员会）可不定时作出启动入党申请的决定，并在上一级党组织作出指示的情况下可接受或拒绝任何入党申请。

4.6 符合前款规定并坚持按时缴纳党费的非国大党员和获准入党的人将获发非国大的党员证。正在申请入党的人将获发临时党员证明并获得有关申请人所居住支部和选区（地区）的信息和其他关于基层支部组织结构的任何能够获得的信息。

4.7

4.7.1 临时党员身份适用于首次申请入党或是在长期脱党之后希望再次入党的人。

4.7.2 受理入党申请后获发临时党员证明并开始缴纳党费之日起，申请人就具有临时党员的权利。临时党员可参加支部会议，但无投票表决权。

4.8 在获得预备党员身份后八周时间内，任何党员都可以针对任何入党申请向非国大的支部、地区或省委书记提出异议。

4.9 在任何人获准成为正式党员之前的任何时候（或是在特殊情况下入党申请获批之后），如果入党申请不合乎规定，总书记有权否决该入党申请。

4.10 如果自成为临时党员之日起，在八周内没有任何人提出异议或（和）总书记没有对该申请行使否决权，该申请人将成为正式党员。该临时党员将随即（在程序允许下尽速）上报备案至全国党员名册之中。

4.11 总书记对入党申请的否决或是其他党员对入党申请提出的异议都需书面告知申请人原因。

4.12 根据相关规定以及缴纳党费的情况，非国大在册党员以及入党申请获批的人将获发党员证。

4.13 党员须每年根据全国执行委员会规定的数额缴纳党费。

4.14 无收入党员或收入降低的党员将根据全国执行委员会规定的数额缴纳党费。

4.15 一旦被非国大接受成为党员,新党员须根据自己熟习的语言向指定的监誓组织或监誓人郑重作出如下誓言:

我,(宣誓人姓名),誓以至诚:服从非洲人国民大会党章中规定的总纲与目标,遵守《自由宪章》和其他应遵守的政策立场;志愿加入党组织,并非出于物质利益或个人收益之动机;接受并尊重党章和党组织,并作为党组织的忠实一员而工作;为党组织贡献我的热情与能力并完成党组织交与的任务;努力工作让非国大在人民的领导下成为更加有效率的解放运动;捍卫组织的团结与纪律,与任何瓦解和分裂组织的企图做斗争。

4.16 除非补缴所欠缴的党费,否则三个月以上不缴纳党费并且已被告知脱党的党员将不再是非国大的合格党员。

第五章 党员权利与职责

5.1 权利

非国大党员拥有以下权利:

5.1.1 充分并积极参加非国大政策的讨论、制定和执行;

5.1.2 获知非国大政策和各类活动的相关信息;

5.1.3 在非国大组织内向任何党员、官员、政策规划、活动组织提出建设性意见;

5.1.4 参加非国大各级支部、组织、委员会或代表团的选举并有被选举权和任职权;

5.1.5 通过适当程序向支部、省委、地区委员会或全国执行委员会提交建议或声明。

5.2 职责

非国大党员拥有以下职责:

5.2.1 隶属于所在支部中并在支部组织生活中发挥积极作用；

5.2.2 采取所有必要措施理解并执行非国大的总纲、政策和规划；

5.2.3 向人民解释非国大的总纲、政策和规划；

5.2.4 加深对本国社会、文化、政治和经济问题的理解；

5.2.5 与破坏非国大利益的宣传作斗争，为非国大的总纲、政策和规划辩护；

5.2.6 与种族主义、部族沙文主义、性别歧视、宗教和政治排他行为和其他任何形式的歧视与沙文主义作斗争；

5.2.7 遵守党纪，诚实守信，忠实执行多数人的决议和上级组织的决定；

5.2.8 在抵达其他地区时向所在支部通报行踪并向支委书记报告；

5.2.9 未获批准，禁止向媒体散布有关非国大内部任何团组、派系或发展倾向的言论；

5.2.10 所有党员必须保证在所居住的选区参加选民登记；

5.2.11 任何在国家、省级或地方被选举成为主政官员的非国大党员须成为党团决策组成员并履行其职责，根据党章和非国大各级权力机构的总体要求遵守其决议。

第六章 反性别歧视与措施

6.1 为了让妇女在各级决策机构中拥有充分代表权，非国大应实行反歧视措施，包括在经选举产生的非国大各级机构中，妇女的代表比例不得低于百分之五十以确保妇女能充分参与各项活动。

6.2 上述措施将会立即并持续在非国大各级机构中予以落实。

第七章 组织机构

7.1 非国大包含以下组织机构：

7.1.1 全国代表大会（选举全国执行委员会）；

7.1.2 省级代表大会（选举省级执行委员会）；

7.1.3 地区代表大会（选举地区执行委员会）；

7.1.4 两年一次的支部大会（选举支部执行委员会）。

7.2 支部须以地区为单位，也可以分割成更小的单位，如街道委员会，地区亦可以分成更小的单位。

7.3 非国大妇女联盟向所有非国大女性党员开放，并且在全国、省级和支部层级都可开展工作。妇女联盟的目标是在非国大内外捍卫和推动妇女权利，反对一切形式的压迫，包括国家层面、社会层面和针对妇女的压迫，确保妇女在组织生活中、在人民抗争中以及在国民生活中充分发挥作用。妇女联盟将作为非国大各级组织机构中的完整自治单位发挥作用，并在不违反非国大党章与政策条件下拥有自己的章程、规则与条例。

7.4 非国大青年联盟向所有14至35岁的青年人开放。青年联盟在全国、省级和支部层级都可开展工作。青年联盟的目标是带领青年男女战胜青年人所面临的各种困难，保证青年人能够为非国大和国家活力作出全面而积极的贡献。青年联盟将作为非国大各级机构中的完整自治单位发挥作用，并在不违反非国大党章与政策条件下拥有自己的章程、规则与条例。

7.5 年龄超过18岁的青年联盟成员有机会全面参与非国大的政治生活。

7.6 除非已经成为非国大正式党员，青年联盟的成员不具备担当非国大任何职务的资格，也没有资格参加非国大代表大会、执委会或支委会会议（特别受邀参加除外）。

7.7 非国大资深党员联盟向所有60岁及以上、为非国大及其政治活动连续工作40年以上的非国大党员开放，在全国、省级和支部层级都可开展工作。资深党员联盟的目标是确保资深党员为非国大及其运动以及国家的活力作出全面而积极的贡献。资深党员联盟将作为非国大各级机构中的完整自治单位发挥作用，并在不违反非国大党章与政策条件下拥有自己的章程、规则与条例。

第八章　总　部

非国大全国机构的总部地址由非国大全国执行委员会决定。

第九章　省级组织

9.1　出于非国大组织的需要，全国将被划分为如下省级组织机构，这些组织机构严格按照南非宪法规定的各省边界而划分：

西开普省、北开普省、东开普省、夸祖鲁—纳塔尔省、自由邦省、林波波省、豪登省、姆普马兰加省、西北省。

9.2　省级组织的总部将由省级代表大会决定。

第十章　全国代表大会

10.1　全国代表大会是非国大的最高权力机构，包括：

10.1.1　具有投票权的党代表

10.1.1.1　全国代表大会中须有不少于百分之九十的党代表经由各支部全体会议选举产生。每个支部的代表人数应与其缴纳党费的党员人数（占全国党员人数的比例）相一致，以确保每个符合规定的支部至少保证能有一个代表。

10.1.1.2　参加全国代表大会的每个省级组织的党代表名额由全国执行委员会按照各省缴纳党费的党员人数的比例进行分配。

10.1.1.3　全国执行委员会的全体执委作为当然代表全程参与全国代表大会。

10.1.1.4　剩余百分之十的拥有投票权的代表名额将由全国执行委员会在省级执行委员会、资深党员联盟、青年联盟和妇女联盟中指派。

10.1.2　无投票权代表

全国执行委员会将邀请作出特殊贡献的或拥有特殊技能与经历的个人参加大会。

10.2　全国执行委员会将任命大会组委会，并由组委会提前分发会议信息。全国执行委员会将确定会议代表选派的具体程序并明示让党员知晓如何能够确保其主张能在大会议程中得以体现。

10.3　大会将根据民主程序确定议程。

10.4　如果有不少于三分之一的代表提出要求，涉及关键议题的投票将采取无记名投票方式进行。

10.5　全国代表大会每五年召开一次。

有关"全国理事会"的规定

10.6　全国理事会由全国执行委员会适时召开，但不得晚于全国代表大会召开后30个月。

10.7　经与各省级组织商议，全国执行委员会将决定全国理事会的组成。

10.8　全国理事会：

10.8.1　根据本条10.8.3、10.8.4款的规定，确定并评估非国大的政策与规划；

10.8.2　接受并讨论全国执行委员会的报告；

10.8.3　有权批准、修正或废止除了全国代表大会作出的决定之外的任何选区组织、单位或官员作出的任何决定，包括对全国执行委员会执委工作的评估；

10.8.4　有权讨论任何它认为有政策必要性的议题和全国代表大会的指示；

10.8.5　根据第十二章12.3.7规定，在全国执行委员会出现不超过百分之五十缺席的情况下，填补全国执行委员会的空缺席位。

第十一章　全国代表大会的职权

全国代表大会拥有以下职权：

11.1　制定和批准非国大的政策、规划和党章。

11.2 接受并讨论全国执行委员会报告，报告内容包含：主席发言、总书记报告（含资深党员联盟、妇女联盟和青年联盟的工作报告和总司库的报告）。

11.3 有权审查、批准、修正或废止非国大任何选区组织、单位或官员作出的任何决定。

11.4 选举非国大主席、副主席、全国主席、总书记、副总书记、总司库和剩余 80 名全国执行委员会增补执行委员。

11.5 有权选举或任命任何委员会并赋予该委员会特殊任务或职责。

第十二章　全国执行委员会

全国执行委员会的权力

12.1 全国执行委员会在非国大全国代表大会休会期间行使最高权力并有权根据党章领导本党。

12.2 本着公正的原则，全国执行委员会将：

12.2.1 执行全国代表大会和全国理事会的决定与指示。

12.2.2 向各省级组织发布指令并接受各省级组织的报告。

12.2.3 监督和指导非国大及其各级机构的工作，包括国家、省级和地方政府中的党团代表。

12.2.4 确保非国大省级组织、地区组织和支部按照民主程序良好运转。全国执行委员会可在必要时暂时终止或解散省执行委员会的工作。省执行委员会工作的暂停时间不得超过三个月。已经被解散的省执行委员会将在解散后九个月内举行选举。全国执行委员会将在省执行委员会工作终止或解散期间任命一个临时机构代行省执行委员会之职能。

12.2.5 监督资深党员联盟、妇女联盟和青年联盟。

12.2.6 根据需要设立职能部门或专门委员会。

12.2.7 处置非国大的国内外财产。

12.2.8 接受全国工作委员会的报告并在必要时监督或代行全国工作

委员会职能。

12.2.9 在适当时发布文件和其他政令。

12.2.10 每年任命一个不少于五人不多于九人的全国提名委员会以选派国会议员候选人。全国执行委员会将制定选派议员的规则。全国提名委员会将在落实这项工作之前向全国执行委员会报告并听取其建议。省级组织提名的候选人工作也须向全国提名委员会报告。

全国执行委员会的选举及构成

12.3 作为一个机构，全国执行委员会的执行委员须包含不少于百分之五十的女性成员。除非特殊规定，全国执行委员会的执行委员须由全国代表大会无记名投票选举产生，任期五年，包括以下人员：

12.3.1 非国大主席、副主席、全国主席、总书记、副总书记、总司库；（由全国代表大会逐一选举产生）

12.3.2 80名全国执行委员会增补委员；

12.3.3 各省级执行委员会的主席和书记是全国执行委员会的当然委员；

12.3.4 非国大妇女联盟的主席和总书记是全国执行委员会的当然委员；

12.3.5 非国大青年联盟的主席和总书记是全国执行委员会的当然委员；

12.3.6 非国大资深党员联盟的主席和总书记是全国执行委员会的当然委员；

12.3.7 全国执行委员会将在其任期内随时任命不多于5名的增补委员以确保全国执行委员会能均衡地代表广大南非人民的真实意愿；

12.3.8 如果全国执行委员会中出现空缺，全国执行委员有权通过任命的方式填补该空缺；

12.3.9 全国执行委员会召开会议的法定人数为百分之五十加一人；

12.3.10 获提名成为非国大全国执行委员会的人士必须足额缴纳党费满5年或以上。

12.4 全国执行委员会成员提名工作根据第十二章第四条第1款和第2款的规定采取如下程序进行：

12.4.1

12.4.1.1 在符合12.4.1.2项之规定情况下，提名涉及以下职位的：

主席；

副主席；

全国主席；

总书记；

副总书记；

总司库。

任何省级组织都可在全国代表大会之前对上述职位人选予以提名。

12.4.1.2 全国代表大会的代表有权提名本款第1项之外的人选。在上述情况下，主持会议的官员须对提名提请大会代表予以附议。如果该提名获得了不少于百分之二十五大会代表人数的附议，则该提名有效，或提名的候选人姓名将登记在选票之上。如果该提名未获得百分之二十五大会代表人数的附议，则该提名无效。

12.4.2 除了12.4.1中涉及的职位外，全国执行委员会其他成员候选人的提名将根据以下程序进行：

12.4.2.1 在符合12.4.2.2项之规定的情况下，只有获得省级组织提名的候选人姓名才能登记在选票之上。

12.4.2.2 在符合12.4.2.3项之规定的情况下，全国代表大会的代表有权提名12.4.2.1项之外的人选。在上述情况下，主持会议的官员须对提名提请大会代表予以附议。如果该提名获得了不少于百分之二十五大会代表人数举手同意，则该提名有效，或提名的候选人姓名将登记在选票之上。如果该提名未获得百分之二十五大会代表人数的附议，则该提名无效。

12.4.2.3 在12.4.2.2项规定中，每省提名的人选不得超过两人。

12.5 资深党员联盟、青年联盟和妇女联盟将分别作为一个整体进行提名，在涉及本章 12.4.1.1 项以及本章 12.4.2.1 项中的提名工作中，三者地位与省级组织的地位是等同的。

12.6　投票采用无记名投票方式，一张选票仅能使用一次。

12.6　根据第六章的规定，经直接选举产生的和经任命产生的全国执行委员会成员必须有不少于百分之五十为女性。

12.8　如果任何一位省级组织的主席或书记根据其个人权利当选为全国执行委员会成员或相应的组织领导，那么他（她）将不再担任省级领导，除非在极特殊情况下该省需要在全国执行委员会中有一位代表时可不受此条规定的限制。然而，一旦这种情况发生，即该省级领导获准保留其全国执行委员会职位，该省将不再有全国执行委员会增补成员的名额。

12.9　根据党章规定，总书记、副总书记和总司库是非国大的全职岗位。

12.10　全国执行委员会至少三个月举行一次全体会议并向全国工作委员会提供政策和组织计划。

12.11　全国执行委员会将邀请非国大正式党员参加其会议。全国执行委员会将对参加执委会会议的受邀党员人数予以限定。受邀党员将获得全国执行委员会特别颁发的证明，但是其言论不能代表全国执行委员会。受邀党员可出席执委会会议并发言，但没有投票权。

第十三章　全国工作委员会

13.1　全国执行委员会在全国代表大会闭幕后应尽快召开会议并选举产生全国工作委员会。

13.2　全国工作委员会将由以下成员构成：党的主席、党的副主席、全国主席、总书记、副总书记、总司库。

13.3　同时，全国执行委员会将在它的成员中选举增补成员进入全国工作委员会，这些增补成员必须从经直接选举产生的全国执行委员会成员之中产生，且增补成员的人数不能超过全国执行委员会中所有经直接选举产生的成员人数的四分之一。

13.4 全国工作委员会成员不必须担任非国大各级机构的全职岗位。但是，全国执行委员会将决定选举产生的成员中有多大比例必须是在非国大中被授予特殊职责的全职成员。

13.5 资深党员联盟、青年联盟和妇女联盟将各自指派一名代表进入全国工作委员会。

13.6 根据第六章规定，国家工作委员会必须拥有不少于百分之五十的女性成员。

13.7 全国工作委员会将邀请正式党员参加其会议。全国工作委员会将对参加工作委员会会议的受邀党员人数予以限定。受邀党员将获得全国工作委员会特别颁发的证明，但是其言论不能代表全国工作委员会。受邀党员可出席会议并发言，但没有投票权。

13.8 全国工作委员会将

13.8.1 执行全国执行委员会决议与指示。

13.8.2 开展非国大的日常工作并确保各省级组织、地区级组织、支部组织和非国大各级机构（如议会党团）执行非国大的决议。

13.8.3 向全国执行委员会会议提交报告。

第十四章 选举委员会

14.1 选举委员会由全国执行委员会任命产生，不少于三人，其职责是：

14.1.1 制作选票。

14.1.2 提供投票箱和其他无记名投票的设备。

14.1.3 筹备提供计票和监票设备。

14.1.4 唱票并宣读成功当选的各候选人的得票数。

14.1.5 制定投票程序并就选举和相关程序引发的纠纷作出裁决，决定如何处理得票相等的情况。

14.2 选举人小组在全国代表大会开幕前成立，选举人小组的组成人员须由全国代表大会批准并得到各省和各联盟代表的认可。

第十五章　全国财务委员会

15.1　全国财务委员会由全国执行委员会任命产生。

15.2　全国财务委员会的组成人员与权力均由全国执行委员会决定。

15.3　全国财务委员会每年将向全国执行委员会就非国大的财政与预算作不少于两次汇报。

第十六章　官员的职责与作用

16.1　党主席

党主席是非国大的政治领袖和核心决策者,也是全国代表大会或全国理事会会场上的领导,他(她)有如下权力:

16.1.1　就全国执行委员会制定和解释非国大政策和立场的任何问题向代表全国执行委员会作出声明。

16.1.2　向全国代表大会和全国理事会全面说明国家的现状与总体政治情势。

16.1.3　在全国执行委员会全面监督下指导非国大各项活动。

16.1.4　是国家工作委员会的当然成员。

16.2　副主席

副主席协助党主席工作,在必要时可代表主席并在全国代表大会、全国理事会、主席、全国工作委员会或全国执行委员会的委托下行使相关职权。副主席是国家工作委员会的当然成员。

16.3　在党主席和副主席死亡或永久丧失活动能力的情况下,全国执行委员会将尽快任命代理党主席,直至下一次全国代表大会会议召开。此项任命须依照第十六章16.6.7项之规定进行。

16.4　全国主席

16.4.1　监督全国代表大会和全国理事会的决议和政策的执行并确保非国大各级机构落实全国代表大会、全国理事会、全国执行委员会和全国工作委员会的决议，在其管辖范围内落实全国代表大会、全国理事会和全国执行委员会的政策。

16.4.2 主持全国代表大会、全国理事会、全国执行委员会和全国工作委员会会议。

16.4.3 根据全国代表大会、全国理事会、全国执行委员会和全国工作委员会授权执行或行使额外任务或职能。

16.4.4 是全国工作委员会当然成员。

16.5 全国主席缺席或丧失能力的情况下，党的总书记行使其职能。

16.6 总书记

总书记是非国大行政部门的最高负责人，拥有以下职能：

16.6.1 代表全国执行委员会协调非国大各全国层级机关之间的决策。

16.6.2 保管全国代表大会、全国理事会、全国执行委员会和全国工作委员会会议纪要和非国大档案。

16.6.3 负责根据全国执行委员会和全国工作委员会之间的联络并发布全国层级的机关会议的公告。

16.6.4 向省执行委员会传达全国代表大会、全国理事会、全国执行委员会和全国工作委员会会议的决议和指示，并监督非国大各级机关适时落实这些决议。

16.6.5 根据全国执行委员会和全国工作委员会要求，起草全国执行委员会和全国工作委员会工作报告和其他文件。

16.6.6 向全国代表大会和全国理事会全面说明非国大的现状与总体运行情况。

16.6.7 主席、副主席缺席情况下行使主席职权。

16.6.8 所有职能部门须向总书记汇报工作，对总书记负责。

16.7 副总书记

副总书记协助总书记工作，在必要时可代表总书记并在全国代表大会、全国理事会、主席、全国工作委员会或全国执行委员会的委托下行使相关职权。副总书记是国家工作委员会的当然成员。

16.8 总司库

总司库是非国大负责管理资金和财产的最高负责人,有如下职权:

16.8.1 代表全国执行委员会接受并存储现金,与两名执行委员一同管理银行账户。

16.8.2 保管银行账簿,清晰记录非国大的财务状况。

16.8.3 在向全国委员会报告上一次全国代表大会以来非国大的账户收支情况和资产负债状况,并按时向全国执行委员会与全国工作委员会提交报告。

16.8.4 负责与全国财务委员会一道制定和执行筹款计划。

16.8.5 向全国代表大会和全国理事会全面说明非国大的财务状况。

16.8.6 是全国工作委员会当然成员。

16.9 大主教

全国执行委员会将任命一位大主教提供宗教上的指导。

第十七章 省级代表大会

17.1 根据全国代表大会和全国理事会的决定,在全国执行委员会的指导下,省级代表大会是非国大在各省的最高权力机构。

17.2 省级代表大会的程序:

17.2.1 至少每四年召开一次会议,如果该省三分之一以上支部提出要求,则须加开会议。

17.2.2 省级代表大会由以下人员组成。

17.2.2.1 具有投票权的党代表:

大会中须有不少于百分之九十的党代表经由各支部全体会议选举产生。每个支部的代表人数应与其缴纳党费的党员人数(占全省党员人数的比例)相一致,以确保每个符合规定的支部至少保证能有一个代表。

省执行委员会的全体执委作为当然代表全程参与省代表大会。

剩余百分之十的拥有投票权的代表名额将由省执行委员会在资深党员联盟、青年联盟和妇女联盟中指派。

17.2.2.2 无投票权的代表：

省执行委员会将邀请作出特殊贡献的或拥有特殊技能与经历的个人参加大会。此外，省执行委员会也将允许不具备组建支部条件的组织的代表作无投票权代表出席大会。

省级代表大会将：

17.2.3 根据民主程序确定议程；

17.2.4 如果有不少于三分之一的代表提出要求，涉及关键议题的投票将采取无记名投票方式进行。

17.2.5 省执行委员会的选举采取无记名投票方式，每名代表限投一票。

17.3 省级代表大会的内容：

17.3.1 推行并落实全国代表大会、全国理事会、全国执行委员会和全国工作委员会会议的决议和政策；

17.3.2 接受并讨论省执行委员会报告，报告内容包含：主席发言、书记报告（含资深党员联盟、妇女联盟和青年联盟的工作报告和总司库的报告）。

17.3.3 选举省主席、副主席、书记、副书记、司库和 20 名省执行委员会增补执行委员。上述职务任期四年，省书记是全职岗位。

17.3.4 在省内落实执行非国大的政策和活动。

17.3.5 有权评估、批准、确认、修正或废止省内任何组织、单位或官员作出的任何决定。

17.3.6 有权选举或任命任何委员会并赋予该委员会特殊任务或职责。

第十八章　省级理事会

18.1 省级理事会在两次省代表大会之间召开。

18.2 省级理事会至少每年召开一次会议。如果有超过三分之一以上的本省支部提出要求，省执行委员会将召开省级理事会会议。

18.3 省级理事会由以下成员组成：省执行委员会全体成员和按照党

员比例的各支部代表（每个支部至少保证有一名代表）。资深党员联盟、青年联盟和妇女联盟的代表由其各自省执行委员会产生。地区执行委员会的代表由省执行委员会决定。

18.4 省级理事会将对任何它认为有必要讨论的议题进行讨论，包括，省执行委员会提出的议题。省级理事会将在其能力范围内决定任何事项，但是这些事项须依照全国代表大会、全国理事会、省代表大会和全国执行委员会的政策和指示。

18.5 省级理事会将在省执行委员会出现不超过百分之五十缺席的情况下，填补省执行委员会的空缺席位。

第十九章　省级执行委员会

19.1 省级执行委员会在非国大省代表大会休会期间行使最高权力并有权根据党章在该省内部领导本党。

19.2 省级执行委员会成员包括：选举产生的成员、委任成员、当然成员。

19.3 选举产生的成员包括：省主席、副主席、书记、副书记、司库和20名经由省代表大会选举产生的成员。上述成员在接受提名成为省执行委员会成员之时，须成为非国大正式党员满三年以上。

19.4 本省内部的各个地区在省执行委员会、省主席和（或）书记和当然代表中有均等代表权，但各地区的代表不能超过经选举产生的代表人数。

19.5 资深党员联盟、青年联盟和妇女联盟的代表由其各自省执行委员主席和书记担任，是当然成员。

19.6 省执行委员会将任命不多于三个成员，以确保省级执行委员会能均衡地代表广大南非人民的真实意愿。

19.7 根据宪章第六章规定，经由选举产生的和指派代表中的妇女代表比例不得低于百分之五十。

19.8 省级执行委员会将邀请正式党员参加其会议。省级执行委员会将对受邀党员人数予以限定。受邀党员将获得省级执行委员会特别颁发的证明，但是其言论不能代表省级执行委员会。受邀党员可出席会议并发言，但没有投票权。

19.9 省级执行委员会：

19.9.1 当选后至少每月召开一次会议并尽快举行会议选举省工作委员会。

19.9.2 在本省执行非国大的政策与计划并尽全力实现本党利益、目标与纲领。

19.9.3 执行省代表大会、省理事会、全国执行委员会和全国工作委员会的决定与指示。

19.9.4 省级执行委员会在政治和组织上对省工作委员会提供指导，并接受省工作委员会报告，省工作委员会监督其工作并在必要时代行其职责。

19.9.5 管理和处置本省非国大的资金与财产。

19.9.6 向全国执行委员会、省代表大会和省理事会就党组织状况、本省财务状况和其他特殊事项积极汇报。

19.9.7 向省内的各地区委员会、支部和其他组织机构发布政令并接受其报告。

19.9.8 监督和指导省内非国大及其各级机构的工作，包括省级和地方政府中的党团代表。

19.9.9 监督资深党员联盟、妇女联盟和青年联盟。

19.9.10 获提名成为非国大全国执行委员会的人士必须足额缴纳党费满五年或以上。

19.9.11 确保非国大省级组织、地区组织和支部按照民主程序良好运转；组织、建立和协助省内支部工作并监督省内各地区的工作；根据省代表大会的指示，在必要时暂时终止、解散或重启支部执行委员会的工作。如果支部执行委员会、地区执行委员会被暂时停职或被解散，被解散的支部、地区执委会有权上诉至全国执行委员会。地区执行委员会的停职时间不得超过两个月。已经被解散的地区执行委员会将在被解散后六个月内举行选举。支部执行委员会的停职时间不得超过一个月。已经被解散的支部执行委员会将在解散后三个月内举行选举。省级执行委员会将在地区或支部执行委员会暂时停职或解散期间任命一个临时机构代行地区或支部执行委员会之职能。

19.9.12 根据全国执行委员会机关的情况，在必要时设立职能部门或专门委员会。

19.9.13 根据情况，发布省级文件和其他省级政令。

19.9.14 根据总书记办公室指令，任命省级和地区行政团队。

19.9.15 省执行委员会召开会议的法定人数为全部成员百分之五十加一人。

19.9.16 每年任命一个不少于五人不多于九人的省级提名和候选人委员会制定参加全国大选、省级选举和地方政府选举的候选人选拔程序。省级执行委员会提名的候选人须向全国执行委员会报告，并须接受全国提名委员会的建议。

19.10 根据工作领域和层级的不同情况，省级组织的官员将在各地履行与其相对应的全国组织官员相同的职责，但是在省一级没有与"全国主席"相对应的职位。

第二十章 省级工作委员会

20.1 省级工作委员会由以下人员构成：各省的主席、副主席、书记、副书记、司库；各省资深党员联盟、妇女联盟和青年联盟的主席和书记；不少于四分之一的经由选举产生的成员。省级执行委员会中经选举产生的成员中将有一部分被选为省工作委员会的增补成员。

20.2 根据第六章的规定，省工作委员会成员女性比例不得低于百分之五十。

20.3 省工作委员会工作：

20.3.1 执行省代表大会、全国执行委员会和省级执行委员会的决议和指示。

20.3.2　在本省开展非国大相关工作并确保各地区组织、支部组织和其他非国大机构（如议会党团）执行非国大的决议。

20.3.3　向省级执行委员会汇报工作。

20.4　省工作委员会应积极召开会议，每两周至少召开一次会议。

20.5　省级工作委员会将邀请正式党员参加其会议。省级工作委员会将对参加其会议的受邀党员人数予以限定。受邀党员将获得省级工作委员会特别颁发的证明，但是其言论不能代表省级工作委员会。受邀党员可出席会议并发言，但没有投票权。

第二十一章　地区组织

21.1　为了确保非国大内部运作更加有效率、更加民主，省执行委员会在全国执行委员会的监督下将本省划分为地区。

21.2　各省将严格按照省内各行政区和城市管辖的边界而划分。

21.3　每个地区将每三年召开一次地区代表大会，并选举产生地区执行委员会，成员包括地区主席、副主席、书记、副书记、司库、不超过15名经由地区代表大会选举产生的成员。本地区资深党员联盟、妇女联盟和青年联盟的主席和书记是执行委员会的当然成员。地区执行委员会的成员须成为非国大正式党员满三年以上。地区书记是全职岗位。

21.4　地区内所有符合规定的支部有权根据本支部党员人数在该地区党员总数的比例派遣代表参加地区代表大会。

21.5　地区理事会至少每年召开一次，每个支部至少有一名代表参加理事会会议。根据地区执行委员会、省级执行委员会的指示，或有至少三分之一的支部提出请求，可召开理事会特别会议。

21.6　地区执行委员会向省级执行委员会负责。省级执行委员会向地区执行委员会授权。此外，根据省级执行委员会指示，地区执行委员会可行使如下权力：

21.6.1　当选后至少每月召开一次会议并尽快举行会议选举地区工作

委员会。

21.6.2 在本地区执行非国大的政策与计划并尽全力实现本党利益、目标与纲领。

21.6.3 执行省代表大会、省理事会、省执行委员会、地区代表大会和地区理事会的决定与指示。

21.6.4 地区执委会在政治和组织上对地区工作委员会提供指导，并接受地区工作委员会报告，监督其工作并在必要时代行其职责。

21.6.5 管理和处置本地区非国大的资金与财产。

21.6.6 向省级执行委员会、省代表大会和省理事会就党组织状况、本省财务状况和其他特殊事项积极汇报。

21.6.7 向地区内的各支部和其他组织机构发布政令并接受其报告。

21.6.8 监督和指导地区内非国大及其各级机构的工作，包括地方政府中党团代表。

21.6.9 就暂停或解散支部执委会、区域委员会和社区委员会职务或工作向省级执行委员会提供建议。

21.7 地区执行委员会至少应指派两名增补委员以确保能均衡地代表南非人民的真实意愿。

21.8 根据宪章第六章规定，经由选举产生的和指派代表中的妇女代表比例不得低于百分之五十。

21.9 地区执行委员会将邀请正式党员参加其会议。地区执行委员会将对参加其会议的受邀党员人数予以限定。受邀党员将获得地区执行委员会特别颁发的证明，但是其言论不能代表地区执行委员会。受邀党员可出席会议并发言，但没有投票权。

21.10 地区工作委员会

21.10.1 地区工作委员会由以下人员构成：主席、副主席、书记、副书记、司库；不少于四分之一的经由选举产生的成员；各省资深党员联盟、妇女联盟和青年联盟的主席和书记。地区执行委员会中经选举产生的成员中将有一部分被选为地区工作委员会的增补成员。

21.10.2　地区工作委员会

21.10.2.1　执行全国执行委员会、省执行委员会、地区执行委员会、地区代表大会和地区理事会的决定与指示。

21.10.2.2　处理地区内非国大工作并确保各级机构（包括党团代表）执行非国大决议。

21.10.2.3　向地区执行委员会做报告。

21.10.3　地区委员会应至少每两周召开一次会议。

21.10.4　根据党章第六章规定，经由地区工作委员会中的妇女代表比例不得低于百分之五十。

21.10.5　地区工作委员会将邀请正式党员参加其会议。地区工作委员会将对参加其会议的受邀党员人数予以限定。受邀党员将获得地区工作委员会特别颁发的证明，但是其言论不能代表地区工作委员会。受邀党员可出席会议并发言，但没有投票权。

第二十二章　各省主教

按照任命大主教的方法，各省执行委员会任命各省的主教。

第二十三章　支　部

23.1　非国大的每一位党员都隶属一个支部，支部是本党最基层组织。

23.2　支部有如下工作：

23.2.1　每个支部都要在省执行委员会注册并至少拥有 100 名党员。在特殊情况下，省执行委员会可批准成立少于 100 名党员的支部。

23.2.2　支部根据规定召开会议。

23.2.3　支部是党员行使基本民主权利、讨论并制定政策的组织。

23.2.4　支部是党员活动的最基本单位。

23.2.5　支部应包含广泛的地域，在一些特殊情况下，支部可以再分成更小的单位以便于管理。这些单位将作为支部的协调和管理部门而不拥有任何决策权。这些单位将根据适当的民主原则运行。

23.2.6 支部每两年召开会议并选举支部执行委员会，支部执行委员会成员包括地区主席、副主席、书记、副书记、司库和其他成员，其他成员的数量不少于三人，不多于十人。支部执行委员会的成员须成为非国大正式党员满一年以上，除非该支部是新近成立且省执行委员会取消这一规定。资深党员联盟、妇女联盟和青年联盟的主席和书记是支部执行委员会的当然成员。

23.2.7 根据党章第六章规定，经由地区工作委员会中的妇女代表比例不得低于百分之五十。

23.2.8 支部应至少每月召开一次全体会议。

23.3 支部执行委员会

23.3.1 当选后尽快召开会议并向各成员分配任务与工作，每日开展支部活动。

23.3.2 在本地区开展宣传与组织工作并落实本党政策规划和决议。

23.3.3 至少每两周召开一次会议。

23.3.4 向支部大会汇报工作，至少每月向地区执行委员会汇报工作。

23.3.5 如需增强支部执行委员会的代表性，在必要时可指派至多三名成员。

23.3.6 支部执行委员会会议法定人数为全体成员的百分之五十加一人。

23.4 在推选候选人参加非国大党内选举或参加政策制定的情况下，支部大会召开会议的法定人数为全体正式党员的百分之五十加一人。

第二十四章 地区和次地区组织

24.1 在全国执行委员会的指导下，省级执行委员会将在地区内建立次地区级组织。次地区级组织（根据具体位置）将严格按照B类城市或是次地区城市的边界划分，其规划与权力与地区组织适用同样规定。

24.2 为了加强组织活动的协调与效率，经向地区执行委员会提议并与不少于两个相关支部进行协商（或向省级执行委员会申请），任何三个或三个以上的支部都可以组成一个社区组织。

24.3 次地区或社区组织一经成立，支部执行委员会将在该次区域或社区召开的会议上选出一个次区域或社区委员会，该委员会成员包括主席、副主席、秘书、副秘书长、司库和五个经由支部选举产生的成员（选举该委员会的会议每两年召开一次）。

24.4 根据党章第六章规定，经由地区工作委员会中的妇女代表比例不得低于百分之五十。

24.5 次地区或社区组织中，资深党员联盟、妇女联盟和青年联盟均有一名代表，代表人选依据非国大党员资格规定确定。

24.6 次地区或社区组织包含：

至少一月召开一次会议；

协调该选举支部的各项工作与活动并向地区执行委员会汇报工作；

在次地区或社区内执行全国执行委员会、省级执行委员会、省级工作委员会和地区执行委员会的指示；

参与地区理事会的工作；

与各支部保持联络。

第二十五章 党　纪

25.1　一般规定

25.1.1 所有党员都必须毫无例外地遵守当前有效的非国大党章以及其他规章制度以及根据党章作出的各项决议。

25.1.2 每位候选人在任何层政府于选举期间代表非国大时，在选举之前以书面方式确定遵守非国大的组织和选举代表的有关规定，并接受组织对她或他作为党组织公众代表的任何纪律上的审查。

25.1.3 每位非国大的党员或公职人员必须遵守当前有效的非国大党章以及其他规章制度以及根据党章中对党员的相关规定（尤其是要遵守第

二十五章之规定)。

25.2 如果党员和公职人员违反了有效的非国大党章以及其他规章制度以及根据党章作出的各项决议,则应对其根据第二十五章25.5和25.13.2进行调查,该调查将不能作为如下用途:

25.2.1 不得作为压制党内辩论或剥夺党员民主权利的工具;

25.2.2 不得在党章未规定时用于解决私人恩怨或干涉党员私生活,除非违纪行为属于对党的直接攻击和挑衅。

25.3 如果全国执行委员会、省级执行委员会、地区执行委员会、支部执行委员会或其他执行纪律检查的部门认定,根据本党章第二十五章25.2.5或其他条款之规定针对党员或公职人员的党纪调查属实,那么相关执执行委员会将对该党员启动违纪处罚并提请相关层级的纪律委员会或其他本党章授权的部门予以处理,并进行调查听证。

25.4 纪律委员会负责根据本党章规定进行听证会,调查党员或公职人员是否违反第二十五章25.5.5之规定或其他违纪行为,但前提是有充足和令人信服的证据证明党员或公职人员极有可能违纪。

25.5 有下述行为的党员或公职人员将适用于纪律检查程序:

25.5.1 出于任何非政治原因被法庭判有罪并处以不得以罚金代替的徒刑;

25.5.2 出于任何非政治原因被法庭判有罪;

25.5.3 作有损于党形象的行为,公然违反党员和公职人员应遵守的道德规范或行为守则;

25.5.4 有种族主义、性别歧视、部族沙文主义、宗教与政治迫害、地区主义或其他任何形式的歧视行为;

25.5.5 对女性或儿童进行性骚扰或暴力行为,或利用职务之便对其他任何党员实行性骚扰或其他不当行为;

25.5.6 利用选举或职务之便直接或间接抹去不当权力或利益;

25.5.7 所要或收受任何形式的贿赂等腐败行为;

25.5.8 不当处置本党资金或破坏本党财产;

25.5.9 煽动分裂党组织的团结；

25.5.10 暗中破坏或妨害党组织的正常运转；

25.5.11 在规定的党内自由辩论场合以外参与有组织的分裂党的行为，违反党的团结；

25.5.12 拥护那些反对本党及本党盟友的目标、愿景和政策的政党组织；

25.5.13 在各级政府机构选举中与本党支持的候选人竞选或加入反对本党的候选人阵营；

25.5.14 加入非国大及其盟友之外的政党；

25.5.15 损害党组织、干部和党组织工作团结与名誉，具体行为包含：

妨害党组织活动开展；

在本级党组织或党员之中实行分裂活动；

暗中损害党组织工作效率的其他行为；

代表或与下述势力合作：反革命势力、与本党及其盟友的政策主张和愿景相违背的政党或组织、国外情报或安全机构、任何妨害本党实现政策主张的人或团体；

25.5.16 不与无组织无纪律进行斗争或类似的表现；

25.5.17 故意缺席会议或有组织地影响本党工作；

25.5.18 向不愿或不能支付党费的人或团体支付或协助这些人支付党费；

25.5.19 授予不能履行党员义务的人或团体以预备党员资格；

25.5.20 接受不在所提交申请的地区入党的党员申请（此行为目的是增加特定地区选票）；

25.5.21 在本党活动期间为了影响会议结果而给予、收集相关费用。

25.6 全国执行委员会

25.6.1 全国执行委员会将从执行委员会和本党其他机构中任命全国纪律委员会。该委员会包含最少五名最多九名成员。该委员会开会法定人数为三人。党的全国领导人、全国工作委员会和执行委员会可将任何违纪行为的申诉提交全国纪律委员会。

25.6.1.1 除此之外,全国执行委员会将从执行委员会和本党其他机构中任命纪律委员会的上诉小组。该小组包含最少三名最多五名成员,但全国纪律委员会委员不得入选。上诉小组开会的法定人数为三人。上诉小组将就提交纪律委员会的案件率先进行听证。

25.6.1.2 除非全国执行委员会经过考虑对决议进行修改外,上诉小组的决定为最终决定。所做的修改需要根据全国执行委员会制定的规则进行。

25.6.2 支部执行委员会任命支部纪律委员会,地区执行委员会任命地区纪律委员会。各省级执行委员会任命省级纪律委员会。执行委员会选举产生后需要尽快任命上述委员会成员。纪律委员会包含最少三名成员最多五名成员,法定开会人数是三人。

25.6.3 纪检程序将在违纪所在地的支部、地区、省或全国等相应级别党组织中展开,并需要在相关层级的组织中进行听证。

25.6.4 如果相关省工作委员会书面授权支部进行纪检程序,则只能在该支部进行。

25.6.5 全国工作委员会有权将违纪案件提交更高层级的机构进行纪检程序。

在相关层级的执行委员会完成选举后,应尽快进行如下事项:

25.6.5.1 全国执行委员会将任命一个全国首席纪检员和不超过三名有能力的党员作为助手在所有纪律委员会和上诉小组的听证中作为有关非国大中违纪案件的代表。

25.6.5.2 省执行委员会将任命一个省首席纪检员和不超过三名有能力的党员作为助手在所有省纪律委员会的听证中作为有关非国大中违纪案件的代表。

25.6.5.3 地区执行委员会将任命一个地区首席纪检员和不超过三名有能力的党员作为助手在所有地区和支部纪律委员会的听证中作为有关非

国大中违纪案件的代表。

25.6.6 除非根据第二十五章第25.6.1之规定，在研究是否对党员展开纪检程序时，任何纪律委员会成员都不得参与这一过程也不能进行讨论。然而，不禁止纪律委员会成员参与其他任何形式、任何问题的政治讨论，即便这一讨论之后转变成针对党员违纪行为的调查。

25.7 内部上诉程序

25.7.1 任何面临纪检程序的人都将获得针对他个人的有关听证、指控的书面通知，并被告知有自我辩护的机会。

25.7.2 任何面临纪检程序调查的人都有权指定一名完全党员作为其代表。这名党员代表需在获得本案书面通知后连续缴纳不少于三个月党费。

25.7.3 如果面临纪检程序的党员未能在规定时间和地点出席纪检裁决的相关会议，且相关人员被及时告知关于会议时间地点的通知的情况下，则纪律委员会将在相关人缺席的情况下继续进行纪检程序。纪律委员会将在适用25.4之规定后形成对证据的处理意见，进而作出相关人是否违纪的决定。相关人士不出席不影响这一过程的进行。

25.8 纠正措施

25.8.1 一旦证明人员违反了本党章或非国大其他相关规定或规范，纪律委员会将作出处罚决定，包括：警告、罚款和（或）进行有关活动、纠正错误、暂时剥夺党籍、开除出党。在有关公职人员的案件中，将剥夺公职人员在各级政府中代表非国大的权利。

25.8.2 纪律委员会将在相关条件内暂时停止对上述处罚的实施。

25.8.3 根据25.5.13和25.5.14款的规定而被认定为违纪的党员将不再是本党党员并被除名。

25.9 上诉

25.9.1 一旦第二十五章中规定的内部上诉程序和纠正措施都已穷尽，纪律委员会的决议即可生效。任何被控违纪或申诉违纪行为的人都有权在处罚生效后的十四天内就处罚决定向上一级纪律委员会上诉。任何党员的上诉只能向上一级机构进行,而根据 25.9.2 之规定,该机构的决议是最终决定,除非全国纪律委员会的上诉小组认为有必要由其进行进一步的听证。全国工作委员会任命一个比受理上诉再高一级的机构负责听证事宜。针对支部纪律委员会决定的上诉须直接向省纪律委员会提交。

25.9.2 当纪律委员会决定暂停或将剥夺地方政务委员、省级立法机构或国会议员的职权时,该决议应立即暂缓执行并自动提交全国纪律委员会的上诉小组审议相关后果。上诉小组必须在 14 天内给出相关案件的处理意见。

25.10 所有纪检程序必须尽速处理,针对党员的任何处理决定必须在六个月内通知本人,除非全国上诉小组根据相关纪律委员会的书面请求在结案日期前根据需要延长结案日期。

25.11 相关纪律委员会须书面向相关执委会书记汇报每一件案件的结果,该结果也需要由相关纪律委员会予以公布。

25.12 暂时停止党员的党籍

25.12.1 省纪律委员会或工作委员会、全国纪律委员会及工作委员会将根据本章第十二条之规定暂停任何党员的党籍。

25.12.2 在上述机构作出有关暂停党籍的决定前,需要对党员违纪行为的性质和严重程度予以考虑。这一考虑过程之前,该党员或公职人员已经收到相关人士或具有相关职权机构的指控,同时他(她)也有机会对此指控作出回应,条件是已经给予该党员充足和恰当时间的回应,同时他(她)未能利用这些机会或(和)没有出席相关听证,而听证会则在当事人缺席情况下进行的。

25.12.3 根据全国工作委员会、纪律委员会和省工作委员会的决定,在特殊情况下可以根据 25.9.2 的规定立即暂停党员党籍而不理会当事人的回应。

25.12.4 须第一时间将暂停党籍的处罚告知党员或公职人员。

25.12.5 针对那些选举产生的公职人员来说,一旦根据规定被暂停党籍，公职人员在此期间人履行公职时需要由相关机构制定规则予以规范。

25.12.6　应及时将上一款所说的规则告知党员或公职人员。

25.12.7　当省工作委员会、纪律委员会作出暂停党员或公职人员党籍的处罚后，应立即将该情况及理由向全国纪律委员会的上诉小组报告。上诉小组将在情况允许时驳回该处罚。

25.12.8　如果暂停党籍的决议未能在30天内送交当事人，则该决议自动失效。

25.12.9　上述纪律检查程序须尽快进行。

25.12.10　根据25.12.7，直至纪律检查程序全部完成（包含上诉过程）暂停党籍的决定有效，除非全国纪律委员会上诉小组驳回该决定。

25.12.11　暂停党籍决定可以由作出该决议的机构予以取消。

25.13　纪检程序的执行

25.13.1　在处理本党内纪检程序时，全国执行委员会制定指导意见以确保本章的纪检程序的效率与有效性。

25.13.2　在不违背本章第5条的规定下，全国执行委员会可根据规定就针对党员或公职人员的违纪行为进行进一步调查。

25.13.3　全国执委会将批准本章规定的相关解释以及针对纪检程序的有关规则，包括听证会前、期间和之后的时间限定。

25.13.4　有关本条款的任何规则与指导意见应由全国执行委员会在2007年全国代表大会闭幕有的六个月内尽快制定。

25.13.5　全国执行委员会将：

25.13.5.1　授权本党其他机构执行纪检程序；

25.13.5.2　组建相关机构落实本章规定或给本条的条款落实制定相应规划。

第二十六章　规章制度

26.1　为了更好地开展本党活动，全国执行委员会应制定相应规章制度。

26.2 为了更好地在各省开展本党活动，省执行委员会应制定相应规章制度。

26.3 上述各项规章制度必须符合本党党章，省执行委员会制定的规章制度须经由全国执行委员会批准，或在全国执行委员会的授权下经由全国工作委员会批准。

26.4 全国执行委员会应制定行为规范，该规范将对所有机构、官员、公职人员、党工和党员有效。

第二十七章 总 责

除了党员之外，非国大就下述事务拥有永久性权力：财产持有与转让、签订协议和其他任何有助于实现其目标与政策，并保护党员、党产和名誉的事务。

第二十八章 修正案

针对本党章的任何修正都需要获得出席全国代表大会或特别会议的代表三分之二以上的同意。任何针对党章的修正提议必须至少在代表大会或特别会议召开三个月前送交总书记办公室，并在至少一个月前通知全国执行委员会。

第二十九章 特别代表大会

29.1 在多数省的要求下或经由全国执行委员会召集，可就某一目的或某些目的召开非国大全国特别代表大会。

29.2 召开特别代表大会须至少提前一个月发布通知。

29.3 全国执行委员会决定参会代表、条件时，按照党员比例分配给各支部参会名额。

第三十章　法律义务

只有党的全国领导班子有权代表非国大签订法律契约。任何声称代表非国大订立法律契约的人须出具非国大全国领导班子其中一人的书面授权，同时也需要声明该授权的适用范围。

第三十一章　借款权力

全国执行委员会有权根据本条款和执行委员会认为合适的情况举借任意数目的资金；有权适时调整借款的相关条款规定；为了确保给借款提供担保，有权将非国大的财产进行抵押或典当。

第三十二章　过渡时期的安排

全国执行委员会有权根据修正案对规则进行重大修正并根据需要作出过渡时期的安排。

第三十三章　解散本党

全国代表大会或特别代表大会可解散非国大并通过决议将非国大的财产和法律义务予以转移。该决定需要得到百分之七十五以上的正式注册的与会代表的同意。全国执行委员会需要在代表大会投票前12个月收到非国大组织内有关该项动议的通知。

本党章的其他说明

非国大标志与颜色说明

非国大的标志是一面黑色尖椭圆形非洲盾，饰有狭窄白色边框和白底区域，后者水平饰有六条黑色细条。盾中有一只右手握紧一根黑白装饰的竖直长矛，手的右侧为一只车轮，辐条为白色，辐条之间为黑色，长矛上部为一面水平飘扬的三色旗，自上至下分别为等宽度的黑色、绿色和金色。

非国大旗帜

非国大党旗为长方形水平三色旗，长宽比为 1.5∶1，自上至下分别为等宽度的黑色、绿色和金色。

附　录

纪检程序（1998 年 2 月 17 日修订通过）

导言/引言

党章第二十五章已述及党的纪律。此处规定纪检程序如何实施以及纪检程序如何推行。

纪检程序的目的

纪检程序的目的是确保在所有纪检程序中：程序正规、公正、对党员采取无罪推定，直至确证其有罪、党员须有机会为自己辩护以及党员须有权上诉。

启动纪检程序

纪检程序的启动须遵照以下条款：

1. 纪检程序仅适用于违反或触犯非国大党章、日常规范、行为准则、依据非国大党章作出的政策或决定的行为以及载于非国大党章 25.5 或 25.13 中的行为；（见非国大党章 25.5）

2. 纪检程序须由非国大在支部、地区、省和国家一级的机关和官员启动。但是，全国工作委员会可指定纪检程序在比发生触犯党纪行为更高一级的党的机关进行；（见 25.6.5）

3. 纪检程序须由全国纪律委员会启动，该委员会负责听证和判决由非国大全国官员、全国工作委员会或全国执行委员会提交的案件；

4. 纪检程序须由支部、地区、省或国家层级的纪律委员会启动，除非全国工作委员会指定纪检程序在比发生触犯党纪行为更高一级的党的机关

进行。（见 25.6.5）

全国纪律委员会依据非国大全国官员、全国工作委员会或全国执行委员会的提议启动纪检程序。（见 25.6.1）

全国纪律委员会对于严重的违反党纪的行为自行启动纪检程序。（见 25.6.1）

纪检程序的运行

1. 指控须在违纪行为的追诉期内提出；（见 25.7）

2. 指控文书须由纪检官员代表机关或非国大提起纪检程序的官员做准备：

· 指控文书必须是书面的；

· 指控文书须提供构成指控理由的信息，以及违纪行为的适度细节；

· 指控文书须列出违纪行为触犯了哪些非国大党章、日常规范、行为准则，触犯了哪些载于非国大党章 25.5 中的行为；

· 指控文书中须通告被指控的党员有权被一名非违纪党员代表，有权带翻译出席，有权传唤证人为自己辩护，有权质疑提告方证人；

· 指控文书须在纪检程序之前七日或更早（在某些紧急情况下）送达被指控者。

3. 以下人等必须在纪检程序中出席：纪律委员会主席及成员、指控方代表、被指控者（如其未能出席，可缺席审理）、被指控者的代表以及（或）翻译（须为非国大非违纪党员）、证人、书记员。

4. 纪律委员会主席须确保：

· 纪检程序公正进行。主席须掌控现场一切可能状况并确保秩序。

· 被指控者得到关于指控的通报，得到关于其权利的通报，被问及对其提出的指控是否认罪。

· 指控方代表细呈被指控者的违纪行为，并可传唤证人以及展示相关文件支持其指控。

· 被指控者或其代表对指控进行辩护，并可传唤证人，要求对指控方传唤的证人进行质疑，以及展示相关文件。

判决

在纪检程序结束时,纪律委员会主席须确保:

1. 纪律委员会成员私下讨论纪检程序中的问题,依据事实和证据进行裁决并作出判罚;

2. 判罚由纪律委员会主席和成员作出,判罚形式有:申斥,罚金和(或)当差,暂停党员资格,开除出党;

3. 被指控者获知纪律委员会对其作出的判罚以及判罚依据,并获知其有权上诉;

4. 裁决和判罚须公开宣读。(见25.11)

上诉

1. 上诉须由被指控者向对其作出裁决或判罚的纪律委员会提出。

或由提出指控的党的分支或官员针对纪律委员会作出的裁决或判罚提出。

2. 上诉听证须由上一级进行,除非以下情况发生:

· 省级委员会指定任何来自支部纪律委员会的听证都由省级纪律委员会进行;

· 全国工作委员会指定任何听证须由比上一级更高一级的组织进行。

3. 全国纪律委员会是听证的最终裁决机构。但全国执行委员会可依据其惯例酌情审查全国纪律委员会作出的决定。(见25.6.1)

上诉程序

上诉须遵循以下程序:

1. 上诉须向上一级机关或由全国工作委员会或省级委员会指定的机关提出;

2. 上诉须在被指控者获知裁决和判罚结果及其理由的14天内提出,须书面形式提出,须提供上诉原因的适度细节,须提供上诉理由的适度细节;

3. 除非在由接受上诉听证的纪律委员会主席认定的特殊情况下,

不得在上诉时提出和考虑新的证据，不得在上诉时对上诉人提出新指控；

4. 纪律委员会成员在听证会上讨论纪检程序中的问题，依据事实和证据作出是否确定或更改判罚的决定；

5. 提出上诉之人须被告知裁决结果及对原裁决和判罚的确认或修正；

6. 任何进一步的上诉都须经更高一层级的许可；

7. 任何进一步上诉都须遵循以上上诉程序；

8. 在全国纪律委员会作为一个临时机构情况下，在对全国纪律委员会的决定进行上诉时，可根据此程序向上诉小组进行上诉。

（译自：*African National Congress Constitution*，2007）

民主联盟党党章

第一章 创党背景和政纲

1.1 本党名称

1.1.1 政党的名称是民主同盟。

1.1.2 民主同盟成立的目的是在南非共和国中央政府、省、地方,在国民中参与选举和政治上的活动。

1.2 本党愿景

民主同盟愿景是为南非人建立一个繁荣、开放、机会均等的社会。在这个社会中,所有人都是自由和安全的,在法律面前人人平等,任何人都有能力提高自己的生活质量并追寻自己的理想。

我们相信:

南非人能够并且必须战胜历史上任何的种族歧视并将以南非人的集体认同为核心团结起来。

南非人都是平等的,并且都享有充分参与南非社会生活的权利。

南非章程规定,要建立一个开放的、在机会面前人人均等的社会。这个社会确保个人尊严的平等与自由。章程规定的个人权利将得到保护,确保南非人民不再受到强权与威权的迫害。

一个忠于章程的独立且有效的反对派以及影子政府对于捍卫并推动本国的民主和自由是十分必要的。

一个独立且充满活力的公民社会对于保卫开放社会非常重要,因为公民社会将捍卫我们的社会不受国家或执政党在思想和观念上的霸权统治。

如果不能保证每个人都有追寻自己幸福并提高自己生活质量的权利，那么章程规定的个人尊严与自由就无从得到保证。因此，各级政府的工作中心应围绕在创造机会上。

任何社会繁荣发展的动因源于一个对社会和环境都承担责任的自由市场经济。这一经济体制的驱动力是机遇、风险以及勤劳工作。如果这是一个缺乏机会的市场经济，那么自由将失去意义，机遇也将萎缩。

在一个充满机遇的社会中，所有人都不能被落下。因此，政府必须提供公民接受教育培训的渠道，并为那些没有过错但又无生活能力的人提供有效的社会保障、住房和医疗服务。

1.3 政纲

民主同盟的愿景将通过以下政纲得以体现、推动和拓展：

1.3.1 每个人的基本权利与自由，包括：思想、言论、结社和游行的自由；

1.3.2 反对基于任何背景形成的不公正的种族歧视；

1.3.3 南非章程与法律高于一切；

1.3.4 通过自由结合而形成的团体或个人的语言、文化与宗教信仰的权利；

1.3.5 法律面前人人平等；

1.3.6 立法、行政、司法三权分立；

1.3.7 司法独立；

1.3.8 定期举行自由且公平的选举；

1.3.9 经由普遍的成熟的选举而产生的政府须具备代表性和责任意识；

1.3.10 地方政府享有相应权力并尽可能贴近普通人；

1.3.11 党政之间权责明晰；

1.3.12 尊重富有活力的公民社会和自由媒体独立运作的权利；

1.3.13 禁止通过政治手段进行暴力或恐吓的行为；

1.3.14 尊重每个人的私有财产及自由参与市场经济的权利；

1.3.15 生活不能自理的人们应享有住房、医疗和其他社会保障的基本服务；

1.3.16 保护自然环境；

1.3.17 公民不受犯罪行为和暴力行为伤害的权利受国家保护。

1.3.18 能接受教育与培训。

1.4 入党誓言

作为一个遵守章程的南非人，我致力于通过建立一个南非人民共同家园的政党来维护国家和民族的统一；为人民生活的有效改善作出贡献；建立一个开放、机会均等的社会，在这个社会下，每个人都是自由的、安全的，在法律面前都是平等的，都拥有提高自己生活质量的能力。

1.5 具体行动

1.5.1 无论是否执政，本党都将致力于推动所有社区的发展，实现本党的愿景与目标。

1.5.2 具体行动将包含（但不限于）以下目标：

1.5.2.1 通过本党的组织和资源为南非人民的需要服务；

1.5.2.2 努力在各层级的政府部门获得执政地位；

1.5.2.3 执政期间将组建高效政府；

1.5.2.4 在野期间担当积极的反对派；

1.5.2.5 本党形象经受社会监督。

1.5.3 本党将致力于与南非以及非洲大陆其他认同本党"开放、机会均等社会"和自由、尊严、平等、民主理念的政党合作。

1.6 法律地位与权利

1.6.1 本党是一个拥有永久地位的社团法人。

1.6.2 本党对本党名称以及本党所有固定资产或不动产的买卖、租赁、按揭、抵押等任何形式的获取、转让或处置拥有受诉与追诉的权利，并根据本党章与省级党组织章程的授权进行合法活动或与普通社团法人合作进行活动。

1.6.3 只有通过党主席、全国理事会或本党其他人或党组织事先书面授权的人或团体，本党才根据党章授权并在自身权限内与之建立法律联系。

1.6.4 全国执行委员会（全国理事会主席的代表）可就本党任何法律联系代表本党予以处置。

1.6.5 党内任何人或组织都不得代表本党处理任何法律关系。任何声称可以这样做的人或团体都被视为违反本党章之规定，并将被追究法律责任。

1.6.6 全国执行委员会主席或经其书面授权的个人可代表本党参与法律诉讼进程。

1.6.7 任何以本党名义募集的资金归本党所有。

1.6.8 除非出于为服务支付的合理补偿，任何个人或党工不得分配党的收入和财产。

第二章 本党的组织总则

2.1 本党的组织概览

2.1.1 本党由按照民主程序与组织形式的各级党员构成。

2.1.2 根据本党章规定，本党组织形式由全国、省级、地区级、选区级和基层党组织构成。

2.1.3 基层党组织由支部构成。支部委员会由民主选举产生。本党致力于在南非各地组建支部。

2.1.4 支部是本党的最基本组织形式。本党每一位党员都必须隶属一个支部，并通过支部和支部选举出的代表行使自己的党员权利。

2.1.5 本党在支部之上必须设立选区级组织。该选区必须根据当地的情况而划定范围，必须覆盖每一个地理位置。

2.1.6 通过与支部协商后，地区或省级组织将划定选区范围后，本选区将经由进驻程序选举出选区委员会。该委员会将根据省级章程承担相应职责。

2.1.7 根据各省及各省章程的情况，可以设立地区级或次地区级组织。

2.1.8 在南非共和国的各省内，省级党组织必须设立省代表大会。

2.1.9 省级代表大会将根据省章程建立省理事会，并能公正反映该省的人员构成情况。

2.1.10 省级代表大会必须根据各省章程成立省级执行委员会和其他委员会。

2.1.11 在国家层面，本党必须依据党章建立全国代表大会以及其他相关机构。

2.1.12 民主同盟的妇女组织、青年组织和其他根据本党章及其他经由全国理事会规定建立的组织都将支持和协助本党工作。

2.1.13 全国代表大会是最高权力机构。该大会经由民主原则产生，代表党员意愿。根据本党章规定，该大会是本党在一切事务上的最高权力机构。

2.1.14 根据本党章和各省章程的规定，本党的各级组织拥有各自的职责与权力。

2.1.15 一旦一个党组织获得了上级党组织的授权，该授权只有在该组织按照本党章和其他使用章程正式成立（并符合本党章3.11.3之规定）的情况下才有效。

2.2 候选人提名

2.2.1 为了选派候选人，全国理事会必须遵守提名规则。

2.2.2 上述规定根据各省情况制定。具体细则需要符合各省和（或）省级党组织的情况。

2.2.3 提名与选派候选人参选全国代表大会的规则只能对本省的名单有效。

2.3 投票

2.3.1 根据本党章的规定，本党任何级别的会议上进行的投票均采用举手投票方式，除非会议主席或十分之一以上的代表要求进行秘密投票。

2.3.2 各级会议的决议须经由与会者投票决定，少数服从多数，除非遇到下述状况：

2.3.2.1 视讯会议参会人数达到法定人数且事先告知与会者，同时，如果需要无记名投票，则需在该视讯会议后召开特别会议进行投票；

2.3.2.2 全国理事会在特殊情况下可以允许个别无法出席全国级别会议的代表进行远程投票，但该名代表须听取审议意见；

2.3.2.3 主持会议的官员拥有最终投票权和审议的投票权。

2.3.3 每年5月31日审查党员资格情况（全国理事会可根据情况调整该日期）。在两次审查日期间具备资格的党员可在本党任何会议上投票。新入党或更新党员资格的党员可在（重新）获得党员资格30日内具有投票权，除非省和地区执委会对新党员宣誓大会的投票日期作出规定。

2.3.4 党内所有职位的选举必须根据全国理事会的批准采取比例投票制。

2.4 政策

2.4.1 制定党内政策的最高权力部门是全国代表大会。提议涉及党章内规定的关于本党愿景和基本方针的讨论，那么该提议必须在召开全国代表大会四周前书面通知参会代表。如果未能做到在四周前通知代表，则需要获得出席会议代表五分之四的同意，才可提交全国代表大会进行讨论和决定。

2.4.2 全国代表大会休会期间，全国理事会负责制定针对党的愿景和基本方针中那些尚未形成的或需要进一步具体细化、解释、修正或拓展的政策。

2.4.3 全国代表大会和全国理事会休会期间，本党领导班子根据党章行使政策执行的权力。

2.5 党员行为的标准

2.5.1 所有党员必须遵守党纪并服从本党章程中第九章规定的各项规章制度。

2.5.2 所有党员有维护党的权利的义务，根据2.5.5之规定，如果本党中任何行政或立法机构的干部的工作能力不足，本党党员有权将其免职。

2.5.3 如遇以下情况，包括公务员在内的任何党员将被视为失职：

2.5.3.1 公开反对党的方针或屡次公开反对党的政策（党内组织活动中除外）；

2.5.3.2 故意作出有损于党的形象的行为；

2.5.3.3 法院初审判决犯下严重罪行；

2.5.3.4 没能履行全国理事会或地区理事会根据行为准则而确定的职责，或没有完成公务员岗位的相关工作；

2.5.3.5 抹黑本党或损害党的利益；

2.5.3.6 作出有损于党内团结合作的非理性行为；

2.5.3.7 无故不履行或拒绝执行党内各机构的各项决议；

2.5.3.8 提交或试图提交虚假的党员申请表或试图以任何形式伪造党员身份；

2.5.3.9 违反党内关于财务问题的决议和规定；

2.5.3.10 以党组织的名义筹集资金，却没有将这些资金存入全国财务委员会指定的账户，或（和）未经全国财务委员会或相关组织机构批准而擅自动用党的资金；

2.5.3.11 在任一选举公职人员中，或反对任何党内政策，或试图策动他人反对党的政策，或因为种族、性别、生育状况、婚姻状况、民族与籍贯、肤色、性取向、年龄、残障状况、宗教、良心、信仰、文化、语言或出身而反对任何人；

2.5.3.12 因为种族、性别、生育状况、婚姻状况、民族与籍贯、肤色、性取向、年龄、残障状况、宗教、良心、信仰、文化、语言或出身而公开宣称或暗示任何人或任何组织受到不公正的歧视或不平等对待。根据本党章而组成的调停会议将对上述关切予以处理。

2.5.4 如果一名公职人员处于失职或无能而被免去职务，则根据第九章的规定对其予以处理。

2.5.5 根据 3.5，对于任何公职人员或党员的纪律审查将根据第九章之规定终止其党员资格及其各项特权。

第三章 党员资格与支部

3.1 党员资格

3.1.1 任何希望成为民主同盟党党员的人必须具备以下条件：

3.1.1.1 年满 16 岁（16 岁以下的人可根据党章规定作为青年党员）；

3.1.1.2 南非公民或永久居民；

3.1.1.3 认同本党愿景、方针、行动计划和入党誓词；

3.1.1.4 遵守党章；

3.1.1.5 书面提出申请加入本党，签署申请表；

3.1.1.6 每年缴纳党费并遵守全国执行委员会提出的其他任何规定。全国执行委员会将随时对个人缴费标准进行规定。

3.1.2 一旦申请人符合 3.1 的规定、根据全国理事会的规定按时缴纳党费，其党员资格生效。

3.1.3 一旦成为党员，其党员资格将在如下时间段内有效：

3.1.3.1 9 月 30 日之前或当日成为党员，其党员资格至下一年 5 月 31 日有效；

3.1.3.2 10 月 1 日之后或当日成为党员，其党员资格之下下个年度 5 月 31 日有效。

3.1.4 如果党员未能在规定日期重新登记党籍，其党员资格只能延续到其缴纳年度党费的日期，或重新登记党籍日期后的 30 天（根据 2.3.3 规定）。

3.1.5 任何人丧失党籍六个月之内重新提出登记党籍，无需重新提交申请表。

3.1.6 如果对本党的捐资人的捐款额超过了年度党费的标准，或公职人员在年内对本党的贡献超过了党费标准，则无需缴纳年度党费。

3.1.7 全国理事会可授予终身党员荣誉称号。

3.2 拒绝党员申请

3.2.1 选区、地区或省执行委员会有权拒绝任何人的党员申请，下述情况例外，党的公职人员根据3.1.1规定在15天内缴纳党费入党，则不能拒绝其入党，选区内为30天，省内为60天。

3.2.2 根据3.2.1规定而被拒绝入党的人可向省执行委员会提出上诉。如果该拒绝决定是由省执行委员会作出的，则可以向全国执行委员会上诉。省或全国执行委员会的决定为最终决定。

3.2.3 党内的公职人员只有获得全国执行委员会或全国执行委员会指定人员的同意，并经与省或地区执行委员会会商以后，才能获准成为党员，如果必要，也需要支部执行委员会或地方政府代表的意见。

3.3 党费

3.3.1 全国理事会适时规定最低党费标准和缴费时间。党费标准适用于全体党员。

3.3.2 省理事会和执行委员会可以要求本省内党员自愿缴纳额外党费。

3.3.3 根据全国理事会、省理事会或省执行委员会的规定，支部可以在党费标准之上要求党员自愿缴纳额外党费。

3.3.4 党员可以为与其共同居住的配偶、伴侣、子女、父母或被监护人缴纳党费。除本条规定和3.1.1.6规定以外的任何资助本党的党员不适用此款规定。

3.4 双重党籍

根据全国理事会作出的规定和时效，本党党员可以在时效内同时成为其他党的党员。

3.5 党籍的终止

3.5.1 如遇以下情况，党员资格自动终止：

3.5.1.1 书面提交退党申请；

3.5.1.2 未经批准违反党章规定加入其他政党；

3.5.1.3 公开宣称退党并加入其他政党的意愿；

3.5.1.4 未能按照3.1.3规定按时登记党籍；

3.5.1.5 游说本党党员退党；

3.5.1.6 游说本党党员加入其他政党；

3.5.1.7 接受提名成为本党参加公职选举候选人的竞争对手；

3.5.1.8 触犯刑事诉讼法第六和第七款之规定；

3.5.1.9 在被书面告知两个月中，连续不履行公职人员所必须缴纳的费用的规定或不履行相关义务。书面通知内容包括应缴纳的费用总额和最后期限。

3.5.2 一旦党员资格被终止，党员将失去所有党内待遇，如果该党员以本党名义而获得的公职地位也将随之无效。

3.5.3 经由至少一名相关组织执行委员会成员的说明（表示根据3.5.1之规定，应终止某党员的党员资格）并经过支部、地区或省级委员会主席的同意，省级执行委员会可以根据3.7.2之规定，在经过相关程序和全国执行委员会的确认后，终止党员的党员资格。

3.6 党籍的暂时中止

3.6.1 除了3.5之规定外，任何党员的党籍（包括公职人员在内）的终止均应由省市委员会根据第十一章的规定作出决定。

3.6.2 根据2.5.4规定，离职的公职人员的党籍不受影响。

3.6.3 根据第十一章规定的纪律审查程序的规定（领导班子有权终止任何领导班子成员在党的活动中的资格），省级执行委员会或全国执行委员会有权暂时中止任何党员的党籍。

3.7 党员专属职位

3.7.1 只有本党党员才有资格担当本党的公职工作或代表本党成为公职人员。

3.7.2 如果公职人员的党籍根据 3.6.1 或 3.5.1 被终止，相关省执行委员会或地区执行委员会必须公布该党员空缺出来的职位。

3.8 支部

3.8.1 本党的最基层组织单位是支部。本党致力于在南非每个基层政府建立并维系自己的支部。

3.8.2 支部建立的目的是管理党务、向公众宣传本党政策主张、鼓励公众支持本党的活动、提名本党人员参与民主选举、在各自地区向党员和民众宣传本党的利益诉求。

3.9 支部成员

3.9.1 支部成员属于各自支部并在支部内行使投票权，或授权代表行使投票权。

3.9.2 支部建立以选区为单位。在没有建立支部的地区，省执行委员会、地区执行委员会应安排党员与相近支部协商就近处理相关工作。

3.9.3 一名党员属于 个支部。公职人员可以在司法管辖区内的支部发言并参加会议，但是他们只能在所隶属的支部进行投票。

3.9.4 即使不住在这一选区，公职人员可以在所在选区参加支部活动，但前提是他必须就此事向所隶属的省或地区书记征求意见。

3.9.5 党员可以向省执行委员会申请加入所居住地区的支部。如果理由正当，省执行委员会应予以批准。

3.9.6 公职人员自动成为支部执行委员会的成员。

3.10 司法管辖区的支部

3.10.1 支部所在司法管辖区不能比一个选区小。在一个地区建立多个支部的目的是，发展基层党组织，或为党员在本地区的活动提供便利，但是这一举措不能让该地区在上级党组织中增加代表席位。

3.10.2 支部所在的司法管辖区指：

3.10.2.1 整个行政区（如果该地区只有一个支部）；

3.10.2.2 省级或地区执行委员会制定的尽可能多的投票选区（如果该地区有多个支部）；

3.10.2.3 不止一个行政区（如果省执行委员会认为每个行政区没有必要建立一个支部）。

3.11 支部的代表席次

3.11.1 如果在一个行政区内有多个支部，则该地区的代表席次将由全国理事会出台的计算方法分配各支部在该地区的代表席次。

3.11.2 如果行政区内的支部联合在一起没有获得与支部数量一致的代表席次，或支部必须共享代表席次，那么代表席次将按照比例选举产生。全国理事会决定选举的方法。支部代表在规定时间、地点召开联席会议决定并由选区委员会批准。每个支部在这一会议上只能有一名代表，选举方法由全国理事会确定。

3.11.3 根据2.3.3的规定，支部在其他党组织中的代表席次根据其在上一个党员登记日期截止时的组织状况而确定。

3.12 跨省支部

3.12.1 如果出现城市跨越两省交界且该市的一个行政区跨越两省的情况，该选区的支部将于该地区在两个省的部分内分别建立。

3.12.2 如果在跨省地区内只有一个支部，那么省执行委员会必须介入并促成支部间就省内党务管理和支部在上级组织的代表权问题达成一致。

3.12.3 如果在不同省内出现多个支部，根据其地理位置和共同利益，经由省执行委员会统一，可建立联合支部。

3.13 支部的建立

3.13.1 支部建立前须符合相关省内章程的规定并获得选区委员会同意，司法管辖区内的支部也将同时确定。没有正当理由，不能拒绝建立支部的申请。

3.13.2 省执行委员会必须确认在该司法管辖区内拥有至少 25 名党员才能批准成立支部。

3.13.3 支部在下属情况下将被取消：根据党员登记状况，某支部的党员减少到 25 人以下；或该支部全体大会确定解散支部；或该支部无法召开年度全体大会。省执行委员会将随即把该支部的党员组织关系转移到其他临近支部。

3.14 支部会议

3.14.1 如果支部无法行使党章授予的职权，那么省级执行委员会或地区、选区委员会将召开会议选举支部执行委员会。如果支部无法在 30 天内召开这一会议，那么省或地区执行委员会将代替它召集。

3.14.2 当新支部即将成立或是支部即将举行年度大会，有关全体大会的时间、地点、会所、会议内容需要向本支部的所有党员、所有本党公职人员和所有省、地区执行委员会进行通报。通报须在会议召开前至少 14 天。

3.14.3 召开成立大会或年度全体大会的人数为 13 人。

3.14.4 主持大会的人员由省、地区执行委员会任命。

3.14.5 如果超过五分之一的支部党员书面要求召开会议，支部执委会主席必须在 21 天内召开全体会议。

3.15 支部执行委员会

支部执行委员会：

3.15.1 定期召开会议，每个季度至少一次例会。会议时间地点由主席确定；

3.15.2 在所属司法管辖区内管理、指导党的活动并尽可能落实党的政策；

3.15.3 落实上级党组织的决议；

3.15.4 向选区委员会汇报工作，并根据要求向上级组织汇报本地区的活动和思想动态；

3.15.5　协助本党公职人员落实政策；

3.15.6　联络其他地区的党员支持党的工作。

第四章　选　区

4.1　选区的划分和选区委员会构成

4.1.1　一个省级行政区必须与一个政党的首脑协商一致后，再行协商讨论政党组织和现任国会议员和省级立法机关的成员（这两类人以下简称"议员"）构成，并划定选区界限：前提是省章程规定了，省级执行委员会授权另一个党组织划分选区界限。

4.1.2　一个选区必须能够管理作为一个单位的地区，同时必须包含一个或多个相邻直辖市，或者是能够形成一个地区的大都市或形成一个毗邻的地理区域。

4.1.3　每个选区必须有一个选举委员会，其构成将在省级章程中作出规定。

4.1.4　即将通过选举组成的选区委员会将从选区执行委员会和选区主席中选出。

4.1.5　选区内的各级议员或者公职人员将自动成为选区委员会的成员，同时，议员将成为选区执行委员会的成员。

4.2　选区委员会的权力和职能

4.2.1　选区委员会参与每年选区以及其支部的政策起草工作。

4.2.2　选区委员会协助公职人员参与本党工作，执行相关政策和计划。

4.3　选区代表的分配和职责

4.3.1　章程规定的选区界限划分后，在与议员及地区执行委员会、选区执行委员会协商后，省级执行委员会应将议员名额或者省级立法机关的一个名额分配给一个选区总负责人。

4.3.2 选区总负责人是该选区的政治领袖,直接向地区、省级和全国负责,报告选区政治运行状况和在该选区的支部情况。

4.3.3 获得代表名额的选区必须为投票者服务并支持政党的活动。

4.3.4 如果没有地区执行委员会或省级执行委员会在与议员、选区执行委员会、领导执行委员会协商一致后,将议员名额分配给地方选区,并(或者)授予其具体职责。

4.3.5 地方选区议员主要负责自己的选区,并且在与相关的领导协商后,他们和议员也会承担诸如地区或者省级组织的协商工作。

4.3.6 从管理上来说,选区主席负责该选区工作。

4.3.7 选区运营官员(COM)主要负责执行该选区的运作并提供政治支持。

第五章 省和省章程

5.1 省章程

5.1.1 每个省应该拥有规定以下内容的省章程:

5.1.1.1 一个省代表大会;

5.1.1.2 一个省理事会;

5.1.1.3 一个省级执行委员会;

5.1.1.4 选区委员会;

5.1.1.5 选区执行委员会;

5.1.1.6 支部委员会。

与上述机构相关的规定:省级章程规定,地区和地区理事会作为选区和代表大会之间的机构。

5.1.2 代表支部的党员分别来自选区委员会和省级理事会的选区委员会:章程规定在地区理事会建立的地区,选区委员会的代表必须来自地区理事会和省级的地区理事会。

5.1.3 为了适应各省之间的区别,制定省级章程规定,在全国理事会批准的情况下，将允许那些在一定程度上与章程相偏离的行为。此条款允许这种偏离。

5.1.4 任何偏离此章程条款的行为在省级章程中已经有明确和清晰的规定。

5.1.5 在接受与全国章程有冲突的省级条款修正案后，省应该在六个月内修改省级章程并使之与本党章相符；如果在此期间内省代表大会没有成立，那么省将执行经由省级理事会和执行委员会批准的对章程的修订内容，这些章程即刻有效。在进一步规定下，如果本党章修正案通过，则省级章程修正立即生效而无论省级章程是否进行修改。除非遇到特殊情况，全国委员会将进行特殊处理。

5.1.6 所有的省级章程或者其修正案在此将提交给全国法律委员会认证。在全国法律委员会确认是否符合党章规定后才能通过，或者在全国理事会规定的时效内无法完成认证的，将交由全国理事会批准。

5.2 支部和选区

本章程中第三章和第四章规定的条款将适用于所有省，除非全国理事会根据 5.1.1 至 5.1.4 规定所批准的与省级章程不符的现象。

5.3 地区组织

5.3.1 如果省级章程为地区或者地区理事会或者其他的地区组织制定相关条款，那么章程将清楚界定这些组织的权力和职责，以及这些组织的构成，以确保符合 5.1.1 到 5.1.4 中的规定。

5.3.2 地区组织的成立应受上述 5.1.2 到 5.1.3 的约束，省级章程在此规定它具有法律效力。

5.3.3 任何省级章程修正案必须在全国理事会的批准后才能生效。

5.4 代表大会、省级理事会和省执行委员会

5.4.1 代表大会、省级理事会和省执行委员会的建立必须符合党章的规定，实行上级的代表来自下一级组织的方法。

5.4.2 省级章程中应该明确规定省在全国理事会的代表如何确定。

5.4.3 省级理事会和省级执行执行委员会应：

5.4.3.1 确保按时选举出该党在该省的所有机构的代表；

5.4.3.2 根据全国章程和省级章程的相关条款要求所有的机构正常地运转；

5.4.3.3 有助于政府的民主、透明和善治；

5.4.3.4 确保全国理事会和全国执行委员会在竞选中的领导能力并提高省际合作；

5.4.3.5 负责省级的财政事务。

5.5 投票和代表

5.5.1 党内官职选举，尤其是从一个下级职位升至领导职位的选举中，必须按照全国理事会决定的程序来进行。

5.5.2 下级机构升职途径应该服务于以下人士：

5.5.2.1 在各个阶层活跃的非公职人士；

5.5.2.2 出席或者代表各领域的公职人士。

5.6 省级组织的失职

5.6.1 如果一个省：

5.6.1.1 违反章程规定；

5.6.1.2 不能够兑现实现财政上的承诺；

5.6.1.3 由于内部斗争或者缺少领导力的原因不能够正常运行，那么全国执行委员会将会采取措施来纠正这种情况。章程规定全国执行处将向下一届的全国理事会提交采取有关措施的报告。

5.6.2 上面提及的措施将包括这样的指示：省级党组织领导权将由党组织派遣的官员或机构接管。

第六章 党的全国组织机构

6.1 党的全国代表大会

6.1.1 全国代表大会是本党制定政策的最高权力机构和管理机构。

6.1.2 全国代表大会至少每两年召开一次。如果超过三分之二以上的全国执行委员会提出要求、超过三分之二的全国理事会提出要求或超过五千名党员联署要求，则可以随时召开全国代表大会。

6.1.3 全国代表大会包括如下成员：

6.1.3.1 党的领袖；

6.1.3.2 全国主席；

6.1.3.3 三名全国副主席；

6.1.3.4 全国理事会主席和副主席；

6.1.3.5 全国财务主席；

6.1.3.6 首席政务官；

6.1.3.7 所有选举产生的全国执行委员会成员；

6.1.3.8 各省的省党组织领导、一名副领导、省主席；

6.1.3.9 本党在国会和省立法机构的议员；

6.1.3.10 按照1:4的比例分配给各省的地方政府政务委员，每名国会议员与省立法机构议员对应四名地方政府政务委员；

6.1.3.11 青年组织的领袖、全国主席和省领导；

6.1.3.12 妇女组织的领袖、全国主席和省领导；

6.1.3.13 民主同盟海外支部总会主席；

6.1.3.14 其他九名海外支部代表（根据全国理事会规定分配代表名额）；

6.1.3.15 党代表的推选，按照百分之二的注册党员比例（全国理事会可根据党员数量的变化调整这一比例并分配给省和各地区），根据本党最新一次全国范围的选举期间的投票数量，基于比例投票制选举产生；

6.1.3.16　党领袖、全国主席经由全国理事会批准，可邀请其他人士参会，但无投票权。

6.1.4　全国代表大会选举产生党的领袖、全国主席和副主席。

6.1.5　全国主席和经全国主席指定的一位副主席担任代表大会的主席。

6.1.6　全国执行委员会须确定代表大会的时间、地点和议程等事项。

6.1.7　全国代表大会决定一切有关政策、组织、财务和纪律的事务。上述决定将对全党有效，但不能更改本党章规定的本党愿景、方针和行动计划等原则，除非五分之四的大会代表提出修订上述原则。

6.2　全国理事会

6.2.1　本党设立全国理事会。

6.2.2　全国代表大会休会期间，全国理事会是本党决策和管理机构。

6.2.3　全国理事会成员包括：

6.2.3.1　党的领袖；

6.2.3.2　全国主席；

6.2.3.3　三名全国副主席；

6.2.3.4　本党在国会的领导和省议会的领导（在党的领袖不是国会议员的情况下）；

6.2.3.5　全国理事会主席（主持会议）；

6.2.3.6　全国理事会副主席（全国理事会主席缺席情况下主持会议）；

6.2.3.7　全国财务主席；

6.2.3.8　全国法律委员会主席；

6.2.3.9　议会首席党鞭；

6.2.3.10　省领导或提名人；

6.2.3.11　省主席；

6.2.3.12　省财务主席；

6.2.3.13　本党在地区政务委员会主席（在最近一次全国大选中为本

党在所居住的司法管辖区赢得不少于八万张选票）；

6.2.3.14 青年组织的领袖、全国主席和省领导；

6.2.3.15 妇女组织的领袖、全国主席和省领导；

6.2.3.16 被全国理事会承认的在省立法机构代表本党的党团组织主席或其提名人；

6.2.3.17 民主同盟政务委员或其提名人联合会的主席；

6.2.3.18 首席政务官；

6.2.3.19 所有选举产生的全国执行委员会成员；

6.2.3.20 24名本党国会议员的代表。名额根据本党最近一次全国范围的选举中的得票率而确定，以及按照比例代表制在全国理事会的同意下分配给各省选举产生。但是，必须确保每个省级立法机构的议员所在的省至少有一名代表出席；

6.2.3.21 24名本党在省国会议员的代表。名额根据本党最近一次全国范围的选举中的得票率而确定，以及由省立法机构按照比例代表制在全国理事会的同意下选举产生。但是，必须确保每省至少有一名代表出席；

6.2.3.22 24名本党在政务委员会的代表。名额根据本党最近一次全国范围的选举中的得票率而确定，以及由地方政务委员会的党团按照比例代表制在全国理事会的同意下选举产生。但是，必须确保每省至少有一名代表出席；

6.2.3.23 24名本党在非公职人员的代表。名额根据本党最近一次全国范围的选举中的得票率而确定，以及由各省按照比例代表制在全国理事会的同意下选举产生。但是，必须确保每省至少有一名代表出席；

6.2.3.24 如果三分之二以上的全国理事会成员批准，可以采用无记名投票方式推举最多六名增补成员；

6.2.3.25 每省主席指派一名工作人员代表（无投票权）；

6.2.3.26 除全国理事会成员以外的其他所有全国执行委员会成员。

6.2.4 全国理事会官员

6.2.4.1 在全国代表大会选举出主席、副主席、财务主席之后，全国理事会即刻召开会议，上述人员自动成为理事会成员；

6.2.4.2　5.2.4.1 中原理事会任期至下一届代表大会产生的理事会首次会议为止；

6.2.4.3　一旦理事会席位出现空缺或在新一届理事会召开会议前空缺，该空缺将由全国执行委员会选举产生，但参加竞选的人将空出自己的职位。

6.2.5　下属各委员会

全国理事会可成立下属委员会并根据本党章赋予其相应职责和权力。

6.2.6　制定相关规定

6.2.6.1　全国理事会必须制定并通过有关参与本国国会和各省议会选举候选人遴选的规定；

6.2.6.2　全国理事会必须至少每年召开两次会议（会议时间地点由主席确定），如全国执行委员会作出决定或超过百分之三十的成员书面要求，则需要及时召开会议；

6.2.6.3　全国理事会开会的法定人数为简单多数；

6.2.6.4　全国代表大会召开期间，理事会必须邀请各省、地区提交有关本党政策、组织、财务和纪律的报告供参考，以及相关不包括修正党章在内的其他决策；

6.2.6.5　政策决议必须在理事会会议召开 14 天前以书面形式发送给所有理事会成员以及国家政府部门发言人的议员。同样，相关通知也需要发给各省发言人和各省政务会议党团。

6.3　全国执行委员会

6.3.1　全国执行委员会成员包括：

6.3.1.1　党的领袖；

6.3.1.2　全国主席；

6.3.1.3　三名全国副主席；

6.3.1.4　全国理事会主席（主持会议）；

6.3.1.5　全国理事会副主席（全国理事会主席缺席情况下主持会

议）；

6.3.1.6　本党在国会的领导和省议会的领导（在党的领袖不是国会议员的情况下）；

6.3.1.7　全国财务主席；

6.3.1.8　议会首席党鞭；

6.3.1.9　省领导或提名人；

6.3.1.10　青年组织的领袖、全国主席和省领导；

6.3.1.11　妇女组织的领袖、全国主席和省领导；

6.3.1.12　被全国理事会承认的在省立法机构代表本党的党团组织主席或其提名人；

6.3.1.13　民主同盟政务委员或其提名人联合会的主席；

6.3.1.14　首席政务官；

6.3.1.15　如果三分之二以上的全国执行委员会成员批准，可以采用无记名投票方式推举最多六名增补成员。

6.3.2　全国执行委员会的会议和职权

6.3.2.1　执行委员会定期举行例会，或经党的领袖或理事会主席或一半以上理事会成员要求召开会议。

6.3.2.2　法定开会人数为简单多数。

6.3.2.3　执行委员会可邀请其他人士参加但无投票权。

6.3.3　全国理事会有权：

6.3.3.1　在理事会休会期间行使理事会职权，但是只有理事会全体会议才有权批准政党候选人遴选规则；

6.3.3.2　执行理事会决议；

6.3.3.3　任命首席政务官，首席政务官根据执行委员会指示负责任命其他党工；

6.3.3.4　指导党务活动；

6.3.3.5　根据本党章和省党务章程，制定决策与规章，团结全党各级组织，关注党籍管理、组织工作、财务、纪律检查和其他与本党福祉有关的事务；

6.3.3.6 与各省、地区协商，监督和监管各省和地区的工作计划。

6.3.4 如果一省或地区未能落实执行委员会决议，同时也未能在被告知 30 天内进行改正，执委会有权采取措施确保各省按照执行委员会要求行事。

6.3.5 执委会可任命任何人或委员会行使其职责，也可以成立下属委员会并根据党章赋予其相应职权。

6.3.6 执行委员会将确定全国代表大会召开的时间、地点、议程等相关会议组织工作。

6.4 全国管理委员会

本党日常管理工作交由全国管理委员会负责。成员包括：领袖、议会党团领导、全国主席、全国理事会主席和副主席、首席政务官和其他选举产生的成员。全国管理委员会将就各项决议和活动向执行委员会汇报。

第七章 党的领导层

7.1 党的领袖

7.1.1 除了全国代表大会、理事会、执行委员会会期以外的其他时间，在本党愿景、方针和规划的框架内，领袖解释并制定本党政策，但这些政策必须是关乎新问题新状况的急需解决的政策。

7.1.2 领袖是本党在国内外的发言人，能够代表本党的形象、名誉。

7.1.3 领袖发起旨在落实本党愿景、方针和规划的相关活动。

7.1.4 在确定本党候选人的问题上具有重要作用。

7.1.5 在领袖本人无法履行职责的情况下有权制定其他人代行其职，但前提是一旦代行职责的期限超过六周就需要执行委员会批准。

7.2 全国主席

7.2.1 主持全国代表大会；

7.2.2 与领袖就下列问题进行协商：

7.2.2.1 积极支持旨在落实本党愿景、方针和规划的相关活动；

7.2.2.2 协助宣传本党。

7.3 全国理事会主席

7.3.1 开展组织和管理工作，以提高本党运作效率；

7.3.2 落实理事会和执行委员会的决议；

7.3.3 与领袖、全国财务主席和首席政务官密切合作；

7.3.4 根据党章、领袖、理事会、执行委员会规定承担其他职权；

7.3.5 有权授权首席政务官或其他人士代行其职权。

7.4 国会领袖

7.4.1 如果党的领袖不是国会议员，除了全国代表大会、理事会、执行委员会会期以外的其他时间，在本党愿景、方针和规划的框架内，国会领袖解释并制定本党政策，但这些政策必须是关乎新问题新状况的急需解决的政策。

7.4.2 担任本党在国会中的发言人，能够代表本党的形象、名誉。

7.4.3 在国会内部发起旨在落实本党愿景、方针和规划的相关活动。

7.5 领导层的会议

根据本党章，党的领袖、全国主席、全国理事会主席是本党所有各级代表大会、理事会、委员会或下属委员会的成员，有权作为全权代表出席会议。领袖或其提名人是各级选举研究院和党团的成员。各省的领导、副领导在所在省享有同样的权利，省领导也是所有选举研究院的成员。

7.6 辞职、死亡或无法履行职责

如果任何一位党的领导辞职、死亡或永久失去履行职责的能力，领导的副手（如果有副手的话）将递补成为领导直到下一任领导被选出。选举即可在党内相应机构举行。如果无法及时进行选举，则由该机构指定一名接任者直至下次选举。

第八章 财务工作

8.1 全国财务委员会

8.1.1 财务委员会成员包括：

8.1.1.1 全国财务主席（主持会议）；

8.1.1.2 党的领袖；

8.1.1.3 全国主席；

8.1.1.4 全国理事会主席；

8.1.1.5 全国理事会副主席；

8.1.1.6 首席政务官；

8.1.1.7 首席财务官；

8.1.1.8 省财务主席；

8.1.1.9 四名其他成员（经过与执行委员会协商后产生）；

8.1.2 全国财务委员会的工作如下：

8.1.2.1 检查本党的财务情况，确保细致且负责地运行；

8.1.2.2 为本党各级组织制定财务运行规则；

8.1.2.3 确保所有党组织在财政年度结束前六个月内进行财务年度审计工作；

8.1.2.4 审查所有党组织的年度财务审计状况并向全国执行委员会汇报；

8.1.2.5 审查本党活动的年度和中期收支，收支必须事先获得执行委员会批准；

8.1.2.6 在每个季度审查本党全国级别党组织的收支状况并向执行委员会汇报；

8.1.2.7 就国家、省级和地区党组织之间的财政纠纷予以裁决；

8.1.2.8 处理执行委员会交办的其他有关财务的事项；

8.1.2.9 根据主席要求至少每个季度召开一次会议。

8.1.3 财务委员会主席必须在每次全国代表大会和理事会会议期间汇报工作。

第九章 议会党团

9.1 党团的建立

9.1.1 国会中所有民主同盟党籍的议员都是本党的国会党团成员。

9.1.2 省级议会中所有民主同盟党籍的议员都是本党的省议会党团成员。

9.1.3 地方政府政务委员会中的所有民主同盟党籍的议员都是本党的地方党团成员。

9.2 职责

9.2.1 任何层级的立法机构中的首席党鞭如果由民主同盟籍党员担任，则该党员自动成为该党团的首席党鞭。

9.2.2 每个党团选举产生主席与党鞭（党鞭可以为多人）。但是，首席党鞭则由全国执行委员会批准产生。

9.2.3 如果党的领袖是国会议员，则其自动成为本党国会党团的领袖。如果相关职位由民主同盟党员担任，省长则自动担任所在省议会党团领袖，市长则自动担任所在市党团领袖。其他情况下，党团按照各自的级别选出自己的领导。

9.2.4 每个党团各自行使职能，其决议严格保密。

9.2.5 党团成员必须随时遵守并支持党团决议，不能公开表示对党团所作决议的不同意见。除非党团规定党团成员可以按照自己意愿自由投票。

9.2.6 党团成员须准时参加党团会议，任何成员在没有向党鞭请假的情况下不得缺席。

9.2.7 党团成员必须在任何时候的论坛会议上行使其职责。这些职责指，向选民负责特别是向那些支持自己的选民负责，并遵守党的各项

9.3 党团的职责

9.3.1 党团负责在相关论坛会上代表本党发挥恰当作用,根据本党章的规定制定、监督由发言人作出的政策。

9.3.2 政府发言人须有党团领袖确定。

9.4 纪律规定

9.4.1 党的领袖、省领导和相关党团的领导、首席党鞭可将任何一名党团成团提请交由纪律委员会审查违纪行为。

9.4.2 任何党团,经由多数裁定后,可暂停一名党团成员参加任何会议的权利,直至完成根据9.5.1展开的调查为止。

9.5 党团规则

9.5.1 除全国执行委员会允许特例之外,所有党团必须起草并通过一系列党团规则。

9.5.2 所有党团规则必须交由全国法律委员会认证是否符合本党章之规定。这些规定必须提交全国理事会批准后才能生效。

第十章 调解委员会

10.1 调解委员会的任命

10.1.1 全国执行委员会在全国代表大会闭会后的第一次全体会议上应选举一名调解委员会主席,并客观公正地指派另外10名调解委员。各省应至少有一人人选。这些委员与调解委员会主席一道向理事会推荐其他九名合格的调解委员人选。上述人等组成调解委员会。

10.1.2 调解委员最好是本党党员。如果不是本党党员,则需要签署保密协议。调解委员会主席必须是本党党员。

10.1.3 如果没有指派替代人选,调解委员会无任期限制,除非是已经结束任期的委员需要继续完成尚未完成的调查。

10.2 职责与权力

10.2.1 调解委员会有权随时根据党章规定行使职权，同时必须根据党员要求调查以下事项：

10.2.1.1 调查对任何党员或团体作出的在种族、性别、生育状况、婚姻状况、民族与籍贯、肤色、性取向、年龄、残障状况、宗教、良心、信仰、文化、语言或出身上的歧视态度；

10.2.1.2 调查任何党员或团体作出的在种族、性别、生育状况、婚姻状况、民族与籍贯、肤色、性取向、年龄、残障状况、宗教、良心、信仰、文化、语言或出身上的歧视的政策或措施；

10.2.1.3 调查任何任何党员或团体作出的在种族、性别、生育状况、婚姻状况、民族与籍贯、肤色、性取向、年龄、残障状况、宗教、良心、信仰、文化、语言或出身上的歧视的言行；

10.2.1.4 根据国家执行委员会要求调查的其他事项。

10.2.2 调解委员会：

10.2.2.1 决定调查的日期和时限；

10.2.2.2 听取相关证词或报告，接收证据并要求提供有关调查的文件；

10.2.2.3 向全国执行委员会报告调查进展，并向执行委员会就调查中的问题提供建议；

10.2.2.4 在调查中适时调解不同派别的矛盾；

10.2.2.5 可将任何人或事提交全国法律委员会进一步调查。执行此步骤的依据是初步判断有违纪行为。

10.2.2.6 有权评定事件的缓急、复杂程度或是否有充分证据，从而决定是否有必要进行调查。

10.2.3 调查程序

10.2.3.1 调解委员会收到任何人的申诉，必须先直接送交全国理事会主席处供其提出指导意见；

10.2.3.2 调解委员会必须拟定调解程序，并按照程序进行调查。该程序必须获得全国执行委员会的批准；

10.2.3.3 调解委员会必须尽快处理每一件申诉，申诉提交调解委员会后必须在两个月内结案，提交全国执行委员会后必须在三个月内结案。全国执行委员会可根据特殊情况适当延长办案期限；

10.2.3.4 不得要求申诉人或证人委托代理人，除非有强制性理由要求他们必须委托代理人。上述强制性理由由调解委员会主席给出；

10.2.3.5 本章内规定的程序必须全程录像；

10.2.3.6 调解委员会经手的证据不得提供给纪律委员会或法律委员会作进一步调查使用；

10.2.3.7 调查结果出台后，全国执行委员会将立即以书面形式通知申诉人；

10.2.3.8 任何专家组成员不得向调解委员会提出申诉，除非相关人已经穷尽了其他本党内的申诉途径；

10.2.3.9 全国执行委员会须向理事会汇报调查进展和调解委员会的建议；

10.2.3.10 全国执行委员会须资助调解委员会以协助其完成本党章规定的职责。

第十一章 法律委员会、纪律委员会和纪律检查工作

11.1 全国法律委员会

11.1.1 全国理事会在全国代表大会闭会后的第一次全体会议上应选举一名法律委员会主席，并客观公正地指派另外 10 名委员。各省应至少有一人入选。这些委员与法律委员会主席一道向理事会推荐其他 20 名法律委员人选。其中至少 15 人必须是法律上的合格人选，同时另有 10 名候补委员，其中六人必须同样合格，且可递补上述人的空缺职位。

11.1.2 法律委员最好是本党党员。

11.1.3 法律委员会必须拟定遴选听证专家组的人选。专家组由五人

组成，其中三人必须是法律上的合格人选。

11.1.4 专家组的法定开会人数是三人，其中至少有两人是法律上的合格人选。

11.1.5 全国法律委员会根据本党章制定运行规则与程序，除非遇到9.2.1.5所涉及的调查以及适用9.5调查程序的案件。

11.1.6 全国理事会主席任命一人作为法律委员会的书记官。

11.1.7 如果没有指派替代人选，法律委员会无任期限制，除非是已经结束任期的委员需要继续完成尚未完成的调查。

11.2 全国法律委员会的职责

11.2.1 全国法律委员会有权根据需要和本党章的规定公正而有效地行使职权，同时必须在党的领袖、全国执行委员会和理事会的要求下完成以下工作：

11.2.1.1 解释党章和各省的党章；

11.2.1.2 根据本党章批准省的党章以及任何修正；

11.2.1.3 解决纠纷；

11.2.1.4 裁决党内任何会议、动议、选举和决议是否符合本党章；

11.2.1.5 在党章下受理各类上诉；

11.2.1.6 就是否因失职而免去公职人员职务进行调查；

11.2.1.7 根据11.6进行调查；

11.2.1.8 根据本党章批准党团规则以及任何修正。

11.2.2 对于全国执委会或理事会要求的任何事件，全国法律委员会：

11.2.2.1 决定受理案件的时间并给予相关方以建议；

11.2.2.2 听取相关证词或报告，接收证据并要求提供有关调查的文件；

11.2.2.3 从事实出发，听取各方代表的观点；

11.2.2.4 根据情况提出建议或进行决断。

11.2.3 全国法律委员会的决议不得上诉，且所采取的决议必须在党内相关机构予以执行，如果遇到罢免公职人员的情况则还需要交由全国执行委员会确认。

11.2.4　法律委员会主席向执行委员会或理事会详细汇报处理结果。

11.2.5　全国理事会资助法律委员会工作。

11.3　**向全国法律委员会进行上诉与委员会的审议工作**

11.3.1　任何可能成为国家、省级或地方政府官员的候选人有权向全国法律委员会就提名和候选人遴选的程序是否符合规定或有效的问题进行上诉。

11.3.2　如果公职人员希望就省纪律委员会的裁决进行上诉，则经过省执行委员会的确认并离开所服务的公共职务后可向全国法律委员会上诉。

11.4　**纪律委员会的成立**

11.4.1　省执行委员会在省代表大会闭会后的第一次会议上须选举产生纪律委员会。

11.4.2　除非全国理事会作出规定，每个纪律委员会组成人员包括不超过10名成员和10名候补成员。超过一半的成员必须在法律上合格。

11.4.3　纪律委员会开会的法定人数为三人，至少一人在法律上合格。该委员会会议须由法律上合格的成员主持。

11.5　**适用于在（省）纪律委员会解决的程序**

11.5.1　全国法律委员会的规程适用于所有现行纪律委员会，但公平正义的精神必须随时予以坚守。特别是委员会不能对任何人作出负面裁断，除非下属情况：

11.5.1.1　当事人被告知所有的指控并有机会驳回这些指控；

11.5.1.2　当事人有机会提交任何可供调解的证据。

11.5.2　进入纪律检查程序的个人有权委托代理人，费用自付。

11.6　**向纪律委员会呈交控诉**

11.6.1　省执行委员会或全国执行委员会可针对任何人的不当行为向相关纪律委员会进行控诉。

11.6.2 如果纪律委员会无法在合理时间内结案，相关组织的执行委员会将以该案件适用于11.6.4之规定向全国法律委员会呈交控诉。

11.6.3 如果省执行委员会拒绝或未能将涉及11.6.1的案件在合理时间内进行呈交，全国执行委员会将根据利益相关方的申请根据11.6.1进行处理。

11.6.4 全国理事会和执行委员会将本着公正原则要求在异地纪律委员会或全国法律委员会进行案件办理，办理程序按照纪律委员会的规定进行。

11.6.5 党章中没有对全国执行委员会或省执行委员会的下属权利作出限制：

11.6.5.1 暂停党员参加活动的权利，直至对其进行的纪律检查工作结束；

11.6.5.2 任命委员会调查任何旨在确定案件事实的工作。

11.7 纪律委员会的调查结果

11.7.1 委员会有权针对个人是否违纪问题进行调查。如果调查结果显示某人违纪，委员会将对被调查人提出如下处理建议：

11.7.1.1 开除党籍；

11.7.1.2 暂时停止党籍；

11.7.1.3 停职并在一段时间内不能担任任何职务，取消一切党内待遇；

11.7.1.4 警告处分；

11.7.1.5 罚款（罚款额度不超过全国理事会规定的可支付范围及委员会建议的额度）；

11.7.1.6 一段时间的义务劳动，包括但不限于为社区或党内的义务服务。

11.7.2 除了上述处罚决定，法律委员会的其中一个下属委员会也可建议采取如下处罚：

11.7.2.1 违纪人员将被停止一切政务委员会、省议会和国会中的职务。如果只是暂时停职，停职期限由该委员会根据情况确定。如果违纪人员未能履行处罚规定的内容（在接到处罚后五天内辞去公职），将开除其党籍而不另行通知；

11.7.2.2　违纪人员将被禁止在一段时间内担任政务委员会、省议会和国会的公职，禁止的期限由委员会根据情况确定；

11.7.2.3　违纪人员将被禁止在一段时间内担任代表本党担任公职。

11.7.3　纪律委员会的任何处罚建议必须包含具体的处罚期限以及相关条件。

11.7.4　党团人员将根据党团规则进行纪律检查程序。该程序须由党团通过，全国法律委员会认定，全国理事会批准。如果处罚规定中没有关于开除、暂时中止党籍或停职处罚的规定，则需要在党团规则中予以增补。

11.7.5　该委员会将向相关执行委员会汇报调查结果和处罚建议。

11.8　执委会决议

11.8.1　省级或全国执行委员会将根据情况对纪律委员会的调查结果和处罚意见进行研究并采取如下措施：

11.8.1.1　接受调查结果，同时

11.8.1.2　研究处罚意见，并确认、加重或减轻处罚意见（须给出加重或减轻的理由）。

11.8.2　根据11.3.2规定的上诉机制，执行委员会的决定是最终裁决。

11.9　报全国理事会备案

全国法律委员会将在全国理事会会议上报告调查结果、处罚建议以及任何尚未结案的各案件。同理，省纪律委员会向省执行委员会汇报。

第十二章　民主同盟青年组织、妇女组织和海外组织

12.1　民主同盟青年组织

12.1.1　为了在青年人中进一步宣传本党的愿景、核心价值、原则与方针，本党建立青年组织并关注年轻人的利益与事务。

12.1.2　青年组织的全国代表大会确定的青年组织章程，该章程规定了青年组织的机构组成。青年组织的章程及其修正案须经过全国法律委员会确认不违背本党章，并得到全国理事会批准才能生效。

12.1.3　青年组织的章程不能包含任何违背本党愿景、原则、计划和誓词，也不能违背本党章的规定。如果青年组织的章程出现上述违背的情况或对相关问题没有进行规定，则一律以本党章为准。

12.1.4　即使在青年组织章程中出现了上述违背本党党章的情况，本党全国理事会主席在自愿原则下可根据5.6和6.3.4对青年组织章程进行必要修正。

12.2　民主同盟妇女组织

12.2.1　为了在妇女中进一步宣传本党的愿景、核心价值、原则与方针，本党建立妇女组织并关注妇女的利益与事务。

12.2.2　妇女组织的全国代表大会确定的妇女组织章程，该章程规定了妇女组织的机构组成。妇女组织的章程及其修正案须经过全国法律委员会确认不违背本党章，并得到全国理事会批准才能生效。

12.2.3　妇女组织的章程不能包含任何违背本党愿景、原则、计划和誓词，也不能违背本党章的规定。如果妇女组织的章程出现上述违背的情况或对相关问题没有进行规定，则一律以本党章为准。

12.2.4　即使在妇女组织章程中出现了上述违背本党党章的情况，本党全国理事会主席在自愿原则下可根据5.6和6.3.4对妇女组织章程进行必要修正。

12.3　民主同盟海外组织

12.3.1　为了在居住于南非以外的人士当中进一步宣传本党的愿景、核心价值、原则与方针，本党建立海外组织。

12.3.2　海外组织已经建立，该组织应根据其构成和职能制定章程。该章程须经由全球理事会多数表决通过。该组织将成为协调所有海外支部或组织的机构。章程及其修正案须经过全国法律委员会确认不违背本党章，并得到全国理事会批准后才能生效。

12.3.3 海外组织的章程不能包含任何违背本党愿景、原则、计划和誓词，也不能违背本党章的规定。如果海外组织的章程出现上述违背的情况或对相关问题没有进行规定，则一律以本党章为准。

12.3.4 即使在海外组织章程中出现了上述违背本党党章的情况，本党全国理事会主席在自愿原则下可根据5.6和6.3.4对海外组织章程进行必要修正。

第十三章 本党与其他组织的关系

13.1 本党与国际组织的关系

本党与志同道合的各国际组织和政党之间发展并保持友好关系。

13.2 与其他政党的协议

与其他政党或独立候选人联合参加竞选或达成其他形式的协议，不能由如下人士缔结：

13.2.1 任何党员、有意向参选的人或公职人员；

13.2.2 支部、选区、地区组织、地区理事会、省理事会或这些级别的执行委员会；

13.2.3 党内其他任何形式的组织。

任何未经全国执行委员会批准并违反本条规定的行为都属于违反本党利益的行为。

第十四章 一般性条款

14.1 修正、合并和解散

只有全国代表大会有权修正本党章，合并或解散本党并处置本党的财产。上述决定须获得不少于三分之二与会代表的同意，这些决定的提议须在代表大会开会前至少四周告知各省。

14.2 歧义的处理

14.2.1 如果本党章的其他语言版本出现歧义，以英语版本为准。

14.2.2 如果对本党章的任何条款的解释出现争议，以英语版本为母本进行解释。

14.3 相关定义

除非在上下文作出明确规定，否则，在本党章内的下述名词的定义为：

"比例投票制"。全国理事会将适时修正比例投票制的规则。

"本党获得的投票数"。指在最近一次国会和各省议会、立法机构选举期间投给本党的票数。如果涉及地方政府选举，则该名词表示的是，根据南非宪法第155条规定的A和B两类城市的按比例投票进行选举的选票。如果是全国和省级选举，该名词指的是全国大选选票。

"通知"。年度全体会议、首届全体会议、特别全体大会或其他任何进行选举的大会中，"通知"指的是以书面形式出具并在被告知日期首日散发的通知。除非作出特别说明，"通知"应该在开会前72小时发布。

"书面"。指通过平邮、挂号、传真、电子邮件、手机短信形式的通知。这一类通知发布的方式将由全国理事会确定。

"有效组织形式"。指在党员资格、会议、法定开会人数、通知等方面符合本党章和其他各章程规定的组织形式。

"纪律委员会"。指本党章规定的旨在受理听取涉及纪律检查事务的纪律委员会或全国法律委员会的专家组。

（本党章于2002年4月13日在全国代表大会上通过，并在2004年11月21日、2007年5月5日和2010年7月24日经全国代表大会修正）

（译自：*Democratic Alliance Federal Constitution*）

人民大会党党章

序　言

南非人民大会党今天在这里集会，就像我们的祖辈所做的那样。

自豪　我们对南非人民的奋斗史及其自由的实现感到骄傲；我们为在过去十五年中民主国家价值观的推进感到自豪；我们坚信自己的能力足以超越这些成就。

体认　我们必须认识到，保护和捍卫南非共和国的宪法，就是我们的责任。

决心　我们保证，人民赢得的自由将会得到捍卫；体现在自由宪章和宪法中的价值观将会深入人心。

响应　为了回应民间的呼喊，我们建立起一个这样的政府——它始终高效执政，重视促进和保障人民的权利与自由，致力于消除贫困、社会边缘化以及特别是对妇女、青年和残疾人的各种歧视——并推动其不断实现这样的目标。

坚信　我们坚信在南非建立公民社会的重要性，并通过创造有利环境、促进公民有效参与各级政府管理等手段来强化公民社会。

团结　我们团结一致，下定决心，要建立一个统一的、无性别歧视的、不分种族的、民主、繁荣和有包容性的社会，以及一个我们所有人都认同的南非价值观。

承诺　我们一直寻求改善社会境况和我们人民的生活，释放每个人的潜力，增强社会的凝聚力。

特此承诺：我们要加倍努力，以期建立和强化一个有凝聚力的、尊重多样性的社会。在这个社会中，尊重、诚信、怜悯、开放和团结等基本价值观将得到坚持。

我们的品格

人民大会党认为，所有南非人本质上都是优秀的。据此：

我们相信，无论在国内还是国外，激励所有南非人由优秀变得杰出这一做法无疑是正确的。

我们相信，我们能让政府为民施政，特别是为妇女、青年、穷人和农村百姓。

消除贫困；创造就业和其他能带来适当收入的工作机会；减少犯罪率；在各个公共事业领域推动公民参与。

通过适当的措施，改善和保障人民群众的身体健康。这些措施包括：构建医务人员队伍，提供充足的药物治疗，为包括感染艾滋病在内的所有传染性疾病的患者提供足额的保障和服务。

教育我们的孩子；开发和保护人力资源；促进机会均等，实现共同繁荣。

促进、捍卫我们的宪法和国家。

鼓励自由和道德的商业活动，在政治和商业之间保持透明和不纠缠的关系。

促进研发，使科学和产业界更具竞争力，促成经济的增长和发展，保证其成果得到公平分配。

支持艺术和人文学科发展。

发展和保护我们的自然资源。

践行环境保护，提高环境质量，也包括我们在环境中的建筑。

人民大会党代表了一种运动趋势，它致力于塑造我国的未来，并使民众心存希望。我们的运动有一个核心理念，即所有南非人必须享受自由、生活充实。为了实现这样的理念，政府必须为所有人的远大前程创造出平等的机会——就像南非共和国宪法所规定的——来保障人民的权利。

我们认为，政府的责任在于帮助我们的人民实现社会的公正与公平。因此我们展望这样一个社会，在其中：

所有人的平等权利得到保障和保护，特别是妇女、儿童、老人、残疾人和青年。他们权利的提高、保障和推进，值得我们予以专门关注。

一个有责任感的社会，懂得民主本身比定期投票更有意义；然而民主必然意味着所有公民有机会享有积极并持续的公民生活参与，有机会提供有价值的意见输入，从而重塑政府治理形态。

所有人都能够找到工作或者其他适当的收入来源，并为经济增长作出贡献。

人人有机会享有良好的教育、充足的营养、高质量的医疗、负担得起的住房、安全的街道，以及健康的可持续发展环境。

工人的合法权利得到保障，即享有结社、为体面的薪水和就业条件进行集体谈判的自由。

任何形式的基于种族、性别、年龄、肤色、宗教、国籍、宗教、民族认同、性取向、经济状况、意识形态取向或身体残疾的歧视现象都要受到谴责；政府将通过积极执法和提高行政能力，来消除这些歧视，并为受害人提供赔偿。

老年人和残疾人过着有尊严的生活；对于所有公民和各级政府机构来说，社会发展都会是一个不可动摇的承诺。

税收基于公平的体制。

少数族裔群体的权利得到充分保护，没有人可以被剥夺追求幸福生活的权利。

我们认识到，稳固的家庭和对儿童的保护，对于一个国家的完整与健康来说，是必不可少的。

基于政府创造的有利环境，普通公民可以服务于自己的社区，推动他们所居住的社区的发展。

这不仅是我们的信念，也是我们的承诺，同样也是我们的愿景。

第一章 人民大会党总纲

1.1 **人民大会党将：**

1.1.1 维护南非共和国国歌并采用它作为国歌；

1.1.2 提名候选人参加国会选举；

1.1.3 公布政策及其实施方法；

1.1.4 协助省和地区内选举候选人，教育本党选民（根据实用性而确定本党组织），与国家的省、市的组织一致；

1.1.5 建立标准和程序规则，为所有党员提供完整、充足、平等的机会，参加与选举有关的决策，制定政策并完成人民大会党的其他工作。进一步推动公平选举和公平裁定；

1.1.6 为人民大会党的运行筹集并使用资金；

1.1.7 与各个阶层的官员合作，达到本党的目标；

1.1.8 鼓励并支持政治伦理道德。这些道德体现在国家、省和各地方政府官员的行为准则中，确保本党在团结、高尚的基础上为公众服务。

1.2 **议会所有的领导和成员始终要：**

1.2.1 对自己的行为负责，维护他们所从事的工作的尊严，诚信工作；

1.2.2 不用官职获取特权与利益；

1.2.3 在官员的独立性和判断力遭到私人利益潜在影响时，避免出现或者被指滥用权力。

第二章 党的全国代表大会

2.1 全国代表大会每五年召开一次，如遇南非全国大选年则须最晚在大选前六个月召开。

2.2 全国代表大会是党的最高权力机构。

2.3 全国代表大会承认青年运动、妇女论坛和商务与专业论坛的全国机构参与全国内党务工作的权利。

2.4 全国代表大会代表的选举依照党章进行。

2.5 在处理本党章相关条款之间的矛盾时,全国代表大会拥有决定权。

2.6 全国代表大会选举产生全国委员会并在适当情况下行使其他权力。

2.7 全国代表大会将成立由10名成员构成的选举研究院,10名成员不得是政府官员。该研究院将决定本党总统候选人以及其他地区领导人候选人。研究院将利用外勤人员监督候选人参选并向全国委员会提交候选人建议名单。

2.8 全国代表大会由省、地区和支部中党组织的代表组成。代表经由下述程序产生:

(a) 确保投票人享有平等、充裕、适时的投票权;

(b) 确保每位代表公平地反映党员意愿;

(c) 允许所有忠实于本党的党员参与投票,对于那些没有注册成为其他政党党员或与其他政党没有关系的投票人,只要其在本省内符合人民大会党的利益,也允许他们进行投票。

2.9 全国代表大会在两年内决定新一届全国代表大会的开幕。同时,根据本党章规定,成立根据区域和省划分的政党组织,建立与宪法相符合的人民议会宪章省、地区及党组织和各支部。

第三章 全国委员会

3.1 根据本党章的规定以及全国代表大会的决议,全国委员会有责任协调人民大会党本党党务工作,包括:

(a) 发布通知召开全国代表大会;

(b) 在全国范围内组织选举;

(c) 根据要求,向独立选举委员会提出本党参加国家各级公职选举的候选人名单;

（d）制定、发布本党政策主张；

（e）选举 12 名全国委员会办公人员，其中不少于百分之五十为妇女；

（f）全国委员会当然成员为主席、第一副主席、第二副主席、总书记、副总书记、司库，以及其他六名通过选举产生的官员，分别负责组织、选举、政策、宣传和内务工作；

（g）其他有助于落实本党章和人民大会党理念的活动。

3.2 全国委员会包含：

（a）全国委员会官员、各省主席与书记以及妇女论坛、青年运动和商务与专业人士论坛的主席；

（b）选举产生的 25 名其他成员，女性不少于百分之五十，青年不少于百分之十五。

3.3 罢免全国工作委员会的规定须由党员制定和发布。

3.4 全国委员会每月召开至少一次例会。会议由总书记根据规定召集。

第四章 全国委员会工作人员

主席

4.1 依据党章的规定落实全国代表大会和全国委员会的工作、政策与决议。

4.2 主持全国委员会与执行委员会的会议。

4.3 就本党的政治工作向党员进行报告。

副主席

4.4 辅助主席工作并行使人民大会党赋予其的职责。

总书记

4.5 书记负责如下事项：

（a）人民大会党全国委员会的所有行政工作；

（b）根据规定召集代表大会、委员会、执行委员会会议。

(c) 保管上述会议的纪要和其他党的文件；

(d) 委员会与执行委员会的联络工作。

副总书记

4.6 副书记辅助书记工作并行使人民大会党赋予其的职责。

司库

4.7 司库是人民大会党财务工作的负责人，负责委员会所有的财务工作与计划。司库向执行委员会和大会报告财务工作和审计情况。

4.8 司库向委员会就政策和下述问题提供建议：

(a) 建立并维持有效、透明的财务管理体系、风险及内务管理体系；

(b) 建立并维持符合道德的、透明的资助体系。

第五章 全国代表大会政策会议

5.1 人民大会党在两届全国代表大会期间召开政策会议。政策会议的性质、议程、人员组成、时间、地点都将由全国委员会决定。

第六章 全国财务委员会

6.1 全国委员会将建立全国财务委员会。该委员会负责管理人民大会党的财务管理工作，为本党的活动募集资金，并就省级机构和候选人从事各类活动的资金安全提供建议和协助。

6.2 全国司库是全国财务委员会主席，财务委员会其他成员包含其他各省的司库。财务委员会有权根据其需要增加委员会协作成员。

第七章 省级代表大会

7.1 省级代表大会每两年半召开一次。

7.2 省级代表大会是本省内党的最高权力机构。

7.3 省级代表大会承认青年运动、妇女论坛和商务与专业论坛的省内机构参与省内党务工作的权利。

7.4 省级代表大会代表的选举依照党章进行。

7.5 省级代表大会选举产生省委员会并在适当情况下行使其他权力。

7.6 省级代表大会由地区党组织和省内人民大会党的下属组织的代表组成。代表经由下述程序产生：

(a) 确保投票人享有平等、充裕、适时的投票权；

(b) 确保每位代表公平地反映党员意愿；

(c) 允许所有忠实于本党的党员参与投票，对于那些没有注册成为其他政党党员或与其他政党没有关系的投票人，只要其在本省内符合人民大会党的利益，也允许他们进行投票。

第八章　省委员会

8.1 根据本党章的规定以及省级代表大会的决议，省委员会有责任协调人民大会党本省内的党务工作，包括：

(a) 发布通知召开省代表大会；

(b) 在省内进行选举；

(c) 选举五名省委员会办公人员，其中不少于百分之五十为妇女。这些办公人员组成省执行委员会，负责人民大会党在省内的日常事务管理；

(d) 负责管理省内人民大会党为实施本党章规定和目标的所有其他必要或适当的活动。

8.2 省委员会办公人员应有主席、副主席、党支部书记、副支书和支部司库。

8.3 省委员会应由以下成员组成：

(a) 妇女论坛、青年运动和商务与专业人士论坛的支部办公人员和支部主席、秘书是当然成员；

(b) 省代表大会大会选出 20 名额外成员，女性不少于百分之五十，青年不少于百分之十五；

8.4 起草、制定、公布有关取消省委员会的规定。

8.5 省委员会应至少每月召开一次会议。会议应由省书记根据规定发出通知。

第九款　省级党组织工作人员

省委员会主席

9.1 依据党章的规定落实全国代表大会和省委员会的工作与政策以及省代表大会和省委员会的决议。

9.2 主持省委员会与省执行委员会的会议。

9.3 在本省内就本党的政治工作向党员进行报告。

副主席

9.4 辅助主席工作并行使人民大会党赋予其的职责。

省委员会书记

9.5 书记负责如下事项：

(a) 人民大会党省内委员会的所有行政工作；

(b) 根据规定召集省代表大会、省委员会、省执行委员会会议；

(c) 保管上述会议的纪要和其他党的文件；

(d) 省委员会与省执行委员会的联络工作。

省委员会副书记

9.6 副书记辅助书记工作并行使人民大会党赋予其的职责。

省委员会司库

9.7 省委员会司库是本省内人民大会党财务工作的负责人，负责省委员会所有的财务工作与计划。省委员会司库向省执行委员会和大会报告财务工作和审计情况。

9.8 省委员会司库向省委员会就政策和下述问题提供建议：

(a) 建立并维持有效、透明的财务管理体系、风险及内务管理体系；

(b) 建立并维持符合道德的、透明的资助体系。

第十章　省代表大会政策会议

10.1 人民大会党在两届省代表大会期间召开政策会议。政策会议的性质、议程、人员组成、时间、地点都将由省委员会决定。

第十一章　省财务委员会

11.1 省委员会将建立地区财务委员会。该委员会负责管理和人民大会党的财务管理相关的工作，为本党的活动募集资金，并就地区组织和候选人从事各类活动的资金安全提供建议和协助。

11.2 省司库是省财务委员会主席，财务委员会其他成员包含各地区司库。财务委员会有权根据其需要增加成员。

第十二章　地区代表大会

12.1 地区代表大会每两年半召开一次。

12.2 地区代表大会是本地区内党的最高权力机构。

12.3 地区代表大会承认青年运动、妇女论坛和商务与专业论坛的地区机构参与地区内党务工作的权利。

12.4 地区代表大会代表的选举依照党章进行。

12.5 地区代表大会选举产生地区委员会并在适当情况下行使其他权力。

12.6 地区代表大会由地区党组织和地区内人民大会党的下属组织的代表组成。代表经由下述程序产生：

（a）确保投票人享有平等、充裕、适时的投票权；

（b）确保每位代表公平地反映党员意愿；

（c）允许所有忠实于本党的党员参与投票，对于那些没有注册成为其他政党党员或与其他政党没有关系的投票人，只要其在本地区内符合人民大会党的利益，也允许他们进行投票。

第十三章　地区委员会

13.1　根据本党章的规定以及地区代表大会的决议，地区委员会有责任协调人民大会党本地区内的党务工作，包括：

（a）发布通知召开地区代表大会；

（b）在地区内进行选举；

（c）选举5名地区委员会办公人员，其中不少于百分之五十为妇女。这些办公人员组成地区执行委员会，负责人民大会党在地区内的日常事务管理；

（d）负责管理地区内人民大会党为实施本党章之规定和目标的所有其他必要或适当的行动。

13.2　地区委员会办公人员应有地区委员会主席、副主席、书记、副书记和支部司库。

13.3　地区委员会应由以下成员组成：

（a）妇女论坛、青年运动和商务与专业人士论坛的地区委员会工作人员和地区主席、秘书是当然成员；

（b）地区代表大会大会选出20名额外成员，女性不少于百分之五十，青年不少于百分之十五；

13.4　起草、制定、公布有关取消地区委员会的规定。

13.5　地区委员会应至少每月召开一次会议。会议应由地区书记根据规定发出通知。

第十四章　地区组织工作人员的职责

地区委员会主席

14.1　依据党章的规定落实全国代表大会和地区组织委员会的工作与政策以及地区组织全体大会和地区委员会的决议。

14.2　主持地区委员会与地区执行委员会的会议。

14.3 在本选区内就本党的政治工作向党员进行报告。

副主席

14.4 辅助主席工作并行使人民大会党赋予其的职责。

地区书记

14.5 支部书记负责如下事项：

（a）人民大会党地区组织支部的所有行政工作；

（b）根据规定召集地区年度全体党员大会、地区委员会、地区执行委员会会议。

（c）保管上述会议的纪要和其他党的文件；

（d）地区委员会与地区执行委员会的联络工作。

地区副书记

14.6 辅助书记工作并行使人民大会党赋予其的职责。

地区司库

14.7 地区司库是本选区内人民大会党财务工作的负责人，负责地区所有的财务工作与计划。地区司库向地区执行委员会和大会报告财务工作和审计情况。

14.8 地区司库向地区委员会就政策和下述问题提供建议：

（a）建立并维持有效、透明的财务管理体系、风险及内务管理体系；

（b）建立并维持符合道德的、透明的资助体系。

第十五章 地区代表大会政策会议

15.1 人民大会党在两届地区代表大会期间召开政策会议。政策会议的性质、议程、人员组成、时间、地点都将由地区委员会决定。

第十六章 地区财务委员会

16.1 地区委员会将建立地区财务委员会。该委员会负责管理和人民大会党的财务管理工作,为本党的活动募集资金,并就支部和候选人从事各类活动的资金安全提供建议和协助。

16.2 地区司库是地区财务委员会主席,财务委员会其他成员包含10名支部代表。财务委员会有权根据其需要最多增加5名协作成员。

第十七章 支 部

17.1 根据独立选举委员会选区的民主原则建立支部,支部最少应有25名党员。

17.2 支部年度大会应一年召开一次。

17.3 支部年度大会的参会代表应是正式党员,党员有资格参与支部事务。

17.4 支部年度大会应选出支部委员会并根据需要进行其他工作。

17.5 支部年度大会应由支部的全体党员组成。

17.6 每季度支部还应当举行协商论坛,让选区内所有公民了解所面临的重要挑战,同时在会上汇报人民大会党在地区内的各项活动。

第十八章 支部委员会

18.1 根据本党章的规定以及省级代表大会的决议,支部委员会有责任协调人民大会党在选举区的一般事务。这些事务包括:

(a) 发布通知召开支部年度大会;

(b) 在选区内进行选举;

(c) 选举五名支部办公人员,其中不少于百分之五十为妇女。这些办公人员组成支部执行委员会,负责人民大会党支部的日常事务管理;

(d) 负责管理人民大会党选举区内为实施本党章之规定和目标的所有其他必要或适当的行动。

18.2 支部办公人员应有主席、副主席、党支部书记、副支书和支部司库。

18.3 支部委员会应由以下成员组成：

（a）妇女论坛、青年运动和商务与专业人士论坛的支部办公人员和支部主席、秘书是当然成员；

（b）支部年度大会选出五个额外成员，女性不少于百分之五十，青年不少于百分之十五。

18.4 起草、制定、公布有关取消支部委员会的规定。

18.5 支部委员会应至少每两周召开一次。会议应由支部书记根据规定发出通知。

第十九章 支部工作人员职责

主席

19.1 支部主席依据党章的规定落实全国代表大会和支部委员会的工作与政策以及支部年度全体大会和支部委员会的决议。

19.2 支部主席主持支部委员会与支部执行委员会的会议。

19.3 支部主席在本选区内就本党的政治工作向党员进行报告。

副主席

19.4 副主席辅助主席工作并行使人民大会党赋予其的职责。

支部书记

19.5 支部书记负责如下事项：

（a）人民大会党支部的所有行政工作；

（b）根据规定召集支部年度全体大会、支部委员会、支部执行委员会会议。

（c）保管上述会议的纪要和其他党的文件；

（d）支部委员会与支部执行委员会的联络工作。

支部副书记

19.6 副书记辅助书记工作并行使人民大会党赋予其的职责。

支部司库

19.7 支部司库是本选区内人民大会党财务工作的负责人,负责支部所有的财务工作与计划。支部司库向支部执行委员会和支部大会报告财务工作和审计情况。

19.8 支部司库向支部委员会就政策和下述问题提供建议:

19.8.1 建立并维持有效、透明的财务管理体系、风险及内务管理体系;

19.8.2 建立并维持符合道德的、透明的资助体系。

第二十章 人民大会党的下属组织

20.1 人民大会党有如下三个分支机构:

20.1.1 妇女论坛;

20.1.2 青年运动;

20.1.3 商务与专业论坛。

20.2 上述三个组织不具备自治属性,在各自选区负责落实人民大会党的相应职责。

第二十一章 充分参与

21.1 人民大会党向所有服从人民大会党目标、渴望支持并希望被称为国会议员的人开放。

21.2 人民大会党禁止性别、种族、年龄、肤色、信仰、国家、宗教、经济状况、性取向、种族身份或身体残障上的歧视行为。人民大会党的目标是成为一个开放和透明的面向各个层面的政党。

21.3 人民大会党将在省、地区和部门有相同的组织,以鼓励所有成员全员参与本党活动。

第二十二章　一般规定

22.1　人民大会党的缩写是 COPE。

22.2　人民大会党在省级和地方都制定相应规则规范党组织。

22.3　本党全国委员会应维护和发布公平竞争的规则，并建议所有参选的候选人遵守。

22.4　除非另有规定，选举是自由和公平的无记名投票。

22.5　全国委员会应准备并向党员做年度报告，包括年度财务审计的报表以及业绩报告和人民大会党事务管理报告。报告应由全国委员会起草，提交全国代表大会通过。

22.6　本章程的文本，或其中的部分，应当使用所有南非官方语言和盲文印刷。

22.7　每一个人民大会党组织的妇女代表比例在任何情况下都应不低于百分之五十。

22.8　人民大会党所有级别会议（全国、省和地方各级代表大会和支部年度全体会议）的法定人数为相关组织的党员人数的三分之二。

第二十三章　党纪和上诉委员会

23.1　人民大会党应设立独立的党纪和上诉委员会，裁决和处理可能违反人民大会党行为守则和纪律的党员。

第二十四章　党章修正案

24.1　本党章修正须得到全国代表大会三分之二的赞成票。

24.2　除修正本党章外，由全国代表大会作出的本党党务的任何决议均应视为本党政策。

24.3 根据本党章授权，每个人民大会党官方机构应依照规定运行。这些规定应符合本党章和人民大会党的政策，包括人民大会党其他决议。全国委员会保存所有政策的文本，以便在需要时查阅。

24.4 每一个认可人民大会党省级和地区组织的人应当依照成文的政策方针行事。任何针对这些政策和修正的复本应在通过后30天内提交全国委员会备案。

（译自：*Constitution of the Congress of the People*，2008）

因卡塔自由党党章

序 言

1. 拥护非洲的人道主义的原则，坚信政府必须维护、促进和保护人的尊严，维护个人追求幸福的权利。

2. 倡导构建一个政治，经济，文化多元性的开放社会。

3. 坚定不移地遵守政治承诺，建立一个真正开放、自由、机会均等的社会，保障民主，并让每个社会成员都能找到归属感。

4. 利用最大的资源来打击真正的敌人，即：贫困、饥饿、失业、疾病、无知、不安全、无家可归、道德沦丧。

5. 通过鼓励自由企业和社会创造财富，促进社会公平正义，确保公平分配国家财富，保持国家、社区以及家庭的凝聚力。

6. 构建能够反映我们的多元、民主、联邦制以及非集权理想的内部架构。

7. 维护一个稳定、和平的社会，确保所有的人都能追求他们的个人和集体的快乐，无畏无私地发挥自己的潜能。

因此，在共同的信念和愿景的基础上，我们将因卡塔自由党的宗旨和目标载入本党章。

信仰宣言

1. 我们相信，我们社会的政治稳定和经济繁荣必须建立在一个尊重人权的社会文化基础之上。

2. 我们相信，在法律面前人人平等，并把法治精神视为自由社会的基石。我们致力于消除人治。我们相信宪政和一个公正的、刚性的最高宪法的必要性。我们相信，在政府机构的绝对完整性和公正性，相信党和国家、私人利益和公共利益之间的分离。

3. 我们认为，正义是有组织社会的主要目标。我们认为，要实现社会正义就必须保障人民的自由，促进社会和经济的长期发展以及个人的成长和发展、我们的人民的发展。我们相信，促进社会公平正义，是集体和个人的责任。因此，我们认为有效、平等地获得所有可用的社会、经济和政治机会至关重要，我们拒绝任何共产主义和独裁的民粹主义的形式。

4. 我们相信，政府的责任在于提升社会，要特别注意弱势群体和种族隔离的受害者，消除所有阻碍社会和经济发展的障碍，消除阻止个人实现最大发展的障碍。

5. 我们相信，个人和集体权利是社会的基础，人权必须得到保护。我们也相信，先进文化对人权的保护。政府必须杜绝各种践踏人权的行为。

6. 我们相信，价值多元主义是一种政治理念，它提倡自由，是一种在多元化的社会中构建政府和治理的技术。

7. 我们相信，必须强有力地保护和促进政治多元化，必须建立联邦制，保护少数派别，构建议会制度、直接和参与式民主，政治代表的问责制，以及政府机构的高效、透明和良政。

8. 我们相信，社会和文化多元主义必须受到保护，必须保障宪法和民间社会的作用，确保政府服务社会，而不是相反。我们相信，社会和文化形成的自主性，无论是从家庭结构、传统的组织还是大学，无论是专业协会，还是贸易联盟都应该是自由发展的，不受政府的控制和干扰。

9. 我们相信，个人在一个特定的社会和文化环境的自我认同是至关重要的。他们作为南非人的身份、文化、宗教、道德和社会组织属于他们自己的，政府无权干预。

10. 我们相信，宽容和非暴力的自由主义政治文化将促进个体的发展，反对一切形式的独裁、家长式作风。

11. 我们相信，经济多元化应该是建立在自由市场的基础上的制度，确保国家的财富属于人民。因此，政府不得直接参与经济活动，应充分发挥私营部门的作用。

12. 我们认为，政府权力必须加以限制，保护个人和集体的自由和自治。

13. 我们相信，从一个不公正的社会最终过渡到一个公正的社会是非常困难的。我们致力于和解，尊重个体和促进个人的成长和发展，给予那些曾经遭受种族隔离迫害的人们精神补偿。

14. 我们相信，一个自由和开放的社会需要建立在尊重和容忍的基础上，男性和女性都可以追求自己的幸福、滋养他们的价值观和有权拥有生活的独特体验和欣赏精神无形资产。我们相信，新的一代有权利和义务发展新的思想、挑战旧的社会习俗和迷信，推动世界向前发展。

15. 我们相信，南非正面临着有史以来最大的挑战。而只有所有的南非人携起手来才能将所有的人从贫困、无知以及社会和文化隔离中解放出来，尊重个人和集体的权利和多样性，维护经济发展的持久活力，推动文化繁荣，使得每个人都能劳有所获。只有这样才能战胜挑战。

16. 我们相信，文化的自主发展是南非社会发展的基石。包容性和持久的变革精神将加强人们在家庭、社区以及政府中的作用，并且最终改善他们的社会和经济条件。

17. 我们认为，人们在任何时候站起来都应该支持真理，反对谬误。这既是不可剥夺的权利和义务，也是因卡塔自由党的宗旨和不变的使命。

第一章 党的宗旨和目标

1.1 促进和鼓励人在精神、经济、教育和政治上的发展。

1.2 反对过去和现在的政府罪恶以及各种形式的社会不公，消除腐败和剥削。

1.3 保护政治、经济、社会和文化的多样性，以实现我们的社会和政府系统的改造。

1.4 确保社会各阶层都能平等、有效地分享社会、经济和政治机会。

1.5 与其他组织合作，致力于改善人文条件。

1.6 真正消灭一切形式的种族、血统、性别、肤色和信仰歧视。

1.7 保护、鼓励和促进贸易、商业、工业以及农业的自由发展。合理保护和利用自然资源。

1.8 鼓励公民积极参与经济和社会生活，通过各种政府的活动促进参与式民主的观念。

1.9 遵守保护个人和集体最高标准的人权法案。

1.10 树立爱国主义意识和强烈的责任感，忠诚于我们的土地。

1.11 宣传自救和自力更生的精神。

1.12 开展地区和国际合作，推动国际和平与社会开放，彻底根除各种形式的国家和国际压迫，建立文化和民族多样性的认同。

1.13 促进和支持全体南非人的习俗和文化，保护社会的多样性。

1.14 落实党通过和批准的各项法规。

1.15 开展在党的宗旨和目标指导下的各种活动。

第二章　党员的责任、义务和权利

党籍

2.1 只要他们完全同意党的宣言、声明的信仰，并接受党的宗旨和目标和规则，党自愿对所有南非公民开放。

2.2 申请人须以口头或书面形式向相应的党的官员或指定办事处提交。申请须写明其打算执行的政治活动。

2.3 党员须缴纳一定的党费。有效期为每个日历年的1月1日，终止于12月31日。

2.4 普通党员只有在服务12个月后，才能走上领导岗位（新设的领导岗位除外）。

2.5 党员年龄须在 18 岁以上。

2.6 党费数额由全国代表大会决定。

责任和义务

2.7 党员有责任维护党的团结，避免从事任何分裂主义、宗派主义的活动。

2.8 党员宣誓拥护本党章规定的原则和党的政策，须承诺自愿加入，不得谋求私利。

权利

2.9 党员享有下列权利：

选举和被选举在党各级办公室服务的权利；

选举和被选举在党的各级委员会任职的权利；

只要有正当的理由，有权在党的会议上批评党的缺点；

参加党的会议，讨论并通过活动决议；

向党的各级委员会和全国委员会请愿；

自由参加党的政策的讨论；

成员可在党内担任任何职务，惟不得同时担负两个以上干事的工作。

党的干事也可在政府任期，惟不得同时担任选区主席和地区市长、地区主席和州长或者首府市长。

第三章 党的组织结构

党的组织框架

3.1 党是一个法人，遵守本法，有权以党之名起诉和被起诉。依据本法，每个省都有自己的法人，负责起诉和被起诉。

3.2 党在国家、省、区、选区设有分支结构，每个机构各司其职。

3.3 党的组织的角色、办事处在职能上进行政治和行政的区分，前提是不应妨碍他们履行责任。

3.4 每个区都应当有一个或多个分支机构。每个传统领域的分支机构都应该包含一个酋长区。

3.5 各个区内的分支机构主要负责向上级汇报本选区内的情况。每个省定期发送报告给党主席、秘书长以及党内主要负责人。

3.6 每个当选的党的委员会主席都有一定的任期，届满后进行下一次选举。

3.7 在与财政委员会协商后，全国党委会制定出党费一般标准。全国的党费集中后再运用于缴纳的省，但前提是：

(a) 经费的额度由年度的基本情况确定，用于支持组织机构的运转；

(b) 全国委员会可以直接对一个或多个省拨付特殊资金，以促进均衡发展；

(c) 在资金管理方面，每个省应确保收取党费，保证收取的党费能够用于当地。

全国财务委员会

3.8 党的全国财务委员会应该包括以下成员：

(a) 不少于7名由全国委员会指定的党员；

(b) 每个省的财务主管；

(c) 全国妇女团的财务主管；

(d) 全国青年团的财务主管；

(e) 财政主管；

(f) 秘书长。

全国财务委员会的职能

3.9 全国财务委员会应对党的全国委员会负责，其职能包括以下内容：

(a) 依据党的资金的收入和支出，制定政策；

(b) 确保有一个公平公正的资源分配制度；

(c) 制定方针，规范各级党组织的筹款活动；

(d) 监督党的各项财务政策的执行；

(e) 确保党内各机构高水平的财务管理；

(f) 为所有投资业务和财务申请进行结算，并向全国委员会提出建议；

(g) 每个季度向全国委员会提交报告。

3.10 各级党组织监督并向下级组织提出关于组织、行政以及财务方面的建议。

3.11 全国的和省级的党组织应当在财政和经济自主。区和选区应遵循有关省的财政和金融指导方针。

政治监督委员会及其功能

3.12 全国委员会应设立一个政治监督委员会，成员人数不少于10人，不超过15人，必须熟悉党的政策和治理事宜。

3.13 政治监督委员会应：

(a) 对党员、党任命的干事以及市民代表进行监督；

(b) 确保党员、办公室负责人、任命官员和公众代表履行各自的责任和义务；

(c) 帮助和推动党代表对自己的工作表现和行为负责。

3.14 党员、办公室负责人、任命官员和公众代表具有广泛的责任和义务，党的代表要对自身的工作表现和行为负责。

3.15 政治监督委员会须行使以下权力：

(a) 确保党的代表在我党的政治文化中发挥最佳水平；

(b) 监督各级政府中党代表的任命和撤换；

(c) 调查党代表被指控的违反法律或渎职案件，并在必要时对其进行纪律处分；

(d) 实施纪律处分决定；

(e) 在党的各级机构中配置人员，提名三名政府层次的办公室负责人、高管的候选人（咨询利益相关方后）；

(f) 处理党总裁和秘书长交办的政治事务。

3.16 政治监督委员会应当及时向全国委员会汇报。

党章内没有规定的机构

3.17 本党章所规定的个人或办事处都可以设立新的政治或行政办公室,这些新办公室:

(a) 权限不得超出其上级机构的权限;

(b) 必须向其上级机构全面汇报。

政策制定与职权分类

3.18 政策的制定应该是由国家和省两级机构协调的产物。国家政策应结合每一个省的情况,应尽量考虑省的具体需求和愿望。

3.19 在国家层面与省级层面出现分歧时,如果是政策分歧,则国家政策优先;如果是在行政、组织或财务方面的分歧,则尊重省的自主性。

3.20 全国委员会和各省委员会应根据专业设立专门的常设委员会,由常设委员会向党总裁、全国主席以及秘书长汇报。常设委员会:

(a) 主要责任是为政策制定提出专业建议;

(b) 指导、实施和监控涉及其专业领域的党的政策执行。

3.21 在党总裁、全国主席和秘书长的协调下,每个专业领域都要在全国或省议会中组织研究小组活动。在可能的情况下,可以就同一专题举行联席会议。专业领域包括但不限于以下主题(必要时也可以合并):

(a) 党的组织和发展;

(b) 国家安全;

(c) 宪法和法律事务,包括党章;

(d) 宣传和信息;

(e) 经济和财政事务;

(f) 财政和预算事项;

(g) 住房;

(h) 地方政府;

(i) 社区发展;

(j) 福利;

(k) 教育；

(l) 健康；

(m) 体育及康乐；

(n) 文化事务与研究；

(o) 土地事务；

(p) 环境；

(q) 劳资关系和工会；

(r) 妇女事务；

(s) 青年事务；

(t) 老龄人口；

(u) 物质成瘾和社会退化；

(v) 外交关系；

(w) 国防；

(x) 道德和党的纪律；

(y) 传统问题。

第四章 全国委员会及其职能

全国委员会

4.1 党的全国委员会由100名委员组成，其中75名由党内选举产生。

4.2 在75名经选举产生的成员中，39名由党的年度最高会议直接选举产生，包括五名全国办公室负责人以及34名委员：

(a) 党的主席；

(b) 全国主席；

(c) 全国副主席；

(d) 秘书长；

(e) 副秘书长；

(f) 另外34名委员由党的年度大会直接选举产生。每个省的委员人数由该省的地理状况等综合因素确定。

4.3 在 75 名民选委员中，36 名是由各级党组织直接选举产生：

（a）九个省执行委员会中的主席和秘书长，共计 18 名委员；

（b）妇女团的全国执行委员会共九名委员；

（c）青年团的全国执行委员会共九名委员。

4.4 余下的 25 名委员由党主席直接指定，主要是为全国委员会提供技术支持的专门人才。

4.5 一届全国委员会的任期应为三年。凡遇出缺须根据规定填补，以达到平衡。

全国执行委员会

4.6 全国委员会下设执行委员会：

（a）党的总裁；

（b）全国主席；

（c）全国副主席；

（d）秘书长；

（e）副秘书长；

（f）财务总长；

（g）行政秘书长；

（h）全国策划负责人；

（i）全国妇女团主席；

（j）全国妇女团秘书长；

（k）全国青年团主席；

（l）全国青年团秘书长；

（m）四名由党总裁直接任命的委员。

4.7 全国执行委员会办公室的任期与办公室干事的任期相同。

全国执行委员会的职能

4.8 全国执行委员会应：

（a）负责党的日常后勤及营运事宜；

（b）贯彻党的全国委员会及年度最高会议通过的各项决议；

（c）协助党总裁和秘书长管理党的日常事务；

（d）在两届全国委员会会议之间制定政策，并提交下一届全国委员会批准。

选举党总裁

4.9 经由省和区支委推荐，再由全国委员会向年度最高会议推荐一名或几名候选人，之后在全国委员会上选举产生。

4.10 党总裁的任期应是五年。

选举全国主席和全国副主席

4.11 经由省和区支委推荐，再由全国委员会向年度最高会议推荐一名或几名候选人，之后在全国委员会上选举产生。

4.12 全国主席和全国副主席的任期为五年。

选举秘书长和副秘书长

4.13 经由省和区支委推荐，再由全国委员会向年度最高会议推荐一名或几名候选人，之后在全国委员会上选举产生。

4.14 秘书长和副秘书长的任期是五年。

选举财务总长

4.15 财务总长由全国委员会选出。

4.16 财务总长的任期是五年。

全国委员会委员辞任

4.17 党总裁手写辞职申请，向全国主席说明辞职理由，并提交全国委员会批准。

4.18 全国委员会委员（总裁除外）手写辞职申请，向党总裁或秘书长说明辞职理由，将该辞职申请纳入下一次全国委员会会议议程。省党委主席或代表通报全国委员会，其所在省党委或特别委员会已接受其辞职。

4.19 出现全国委员会委员由于辞职、丧失民事行为能力、死亡或其他原因终止任期的情况，全国委员会须制定其他委员在下一次选举前代行其职。如果是省委主席或者代表出现空缺，则由省委员会制定其他人选在下一次省委员会召开前代行其职。

全国委员会的运作

4.20 全国委员会会议的召开时间和地点由党总裁和全国主席决定。也可由20个全国委员会委员或秘书长申请确定。全国委员会会议的召开形式应由秘书长负责通知。

4.21 一半以上的委员出席开幕，全国委员会会议即宣告有效。在遵守党章的前提下，全国委员会可以通过大部分委员支持的决议。

全国委员会的权力及职能

4.22 全国委员会应：

（a）执行中央党委的政策，为省级党委的政策提供协调；

（b）实施党的最高年度会议所制定的政策；

（c）行使对党内的所有官员的最终决定权；

（d）管理和协调党总部的所有行动，对省、区等党的各级分支机构提供建议；

（e）召集全国委员会的定期或特别会议；

（f）负责总部的财务记录，确保各省、区等党的分支机构做好财务记录；

（g）聘请注册会计师审计总部的财务报表；

（h）委任代理人代其执行行政和财务职能；

（i）选择党的代表到其他国家进行访问；

（j）确保各级党委高效运作，并及时向全国委员会汇报工作进度；

（k）制定党的政策，指导在国民议会和内阁中党代表的活动，使他们能够紧密联系因卡塔自由党议会；

（l）征集和汇总来自国民议会和内阁中党代表的报告；

（m）选择和推荐议会候选人，前提是该候选人得到了相关省、区支委的同意；

（n）采取行动、执行决议，促进党的目标、理想和利益的实现。

全国总部

4.23 全国委员会委员应该在党总部担任主要官员。

4.24 党总部负责监督党内组织的所有活动。

总裁的职责

4.25 党的总裁应：

（a）担任党的主要官员，负责出席并主持全国委员会会议；

（b）担任党对国内和国际事务的主要发言人；

（c）有权召开全国委员会会议；

（d）有权指导党的各级官员；

（e）接收党员和非党员对党的各级机构的申诉或投诉，将投诉发到相关机构处理；

（f）授权任何党员代表党的总裁、秘书长或全国委员会行使权力；

（g）有权任命特设或常设委员会；

（h）有权依据全国委员会决议对不称职党员进行纪律处分，并撤换办公室负责人。

全国主席和副主席的职责

4.26 国家主席应：

（a）在总裁缺席时，代行其职；

（b）担任全国委员会会议以及其他全国性党的会议主席；

（c）执行党总裁指派的任务。

4.27 全国副主席与主席拥有相同的职责，权力和特权，与主席进行协调和配合。

秘书长和副秘书长的职责

4.28 秘书长应：

（a）担任党的行政总裁，负责协调党中央的所有机构，管理党中央的所有办公室；

（b）推动制定党的政策并监督执行；

（c）与省、区等分支机构官员沟通党的事务；

（d）指挥和管理所有的党机构和员工；

（e）有权指示党的官员，要求党的各级机构和官员提交报告和信息，但党的总裁和全国主席除外；

（f）行使党总裁指示的任何其他权力和特权。

4.29　副秘书长须协助秘书长行使职责，并执行党主席、秘书长以及全国委员会交办的工作。

财务总长的职责

4.30　财务总长应：

（a）担任党的会计和财务办公室的领导；

（b）向党总裁、全国财政委员会和全国委员会报告；

（c）管理和监督党的财政，包括资金的筹集、预算和开支；

（d）与相关省执行委员会联合审查该省的财务管理。

行政秘书长的职责

4.31　行政秘书是全国委员会指定的、在党总部工作的全职雇员。行政秘书长应：

（a）担任党总部的行政领导，负责党的日常管理；

（b）有权指挥和管理党的所有办事处和员工；

（c）行使党总裁、秘书长和全国委员会分派的其他职责；

（d）必须在全国委员会及全国执行委员会担任职务。

全国策划负责人的职责

4.32　全国策划负责人是全国委员会指定的、在党的秘书长办公室工作的全职雇员。全国策划负责人应：

（a）负责组织和动员党的各机构；

(b) 必须在全国委员会及全国执行委员会担任职务。

第五章 妇女和青年团

妇女团

5.1 妇女团应在动员妇女和养育孩子接受党的价值和目标的工作中发挥指导作用。

5.2 妇女团应在认识、分析、发展和倡导妇女事务中发挥特殊作用。

5.3 妇女团的全国执行委员会应包括：

(a) 妇女团的主席和副主席；

(b) 如遇换届，全国妇女团执行委员会在各省、区妇女团提交报告的基础上，向全国委员会提交两份候选人名单，一份是妇女团全国主席候选人名单，另一份是妇女团全国副主席候选人名单，每个名单上包含三个候选人。全国委员会须从每个列表中选择一个或多个候选人提交到全国妇女团年度会议；

(c) 秘书长、财务总监、宣传秘书以及其他四个办公室负责人；

(d) 全国执行委员会的官员的任期应为三年。

妇女团的主席和副主席的职责

5.4 妇女团主席应：

(a) 监督妇女团的活动；

(b) 制定和执行党内的妇女活动计划；

(c) 执行党总裁和全国妇女委员会的指示以及已获批准的政策；

(d) 在财务总监的统一管理下：

(i) 自行进行的筹款活动；

(ii) 管理自己的财务；

(iii) 持有自己的资产和资源。

(e) 在党章的指导下，享有自治权。

5.5 应主席的要求，副主席应协助主席履行其职能和责任，并在主席因缺席、丧失民事行为能力或者其他障碍不能履行职务时,代行其职。

5.6 全国妇女团委员会的组成:

(a) 妇女团的全国执行委员会委员;

(b) 省妇女团委员会;

(c) 区妇女团主席;

(d) 区妇女团秘书长。

5.7 区、选区等各分支机构的妇女团应按本党章第六章的规定,配合同级党组织的工作。

青年团

5.8 党总裁领导下的青年团由下列人员组成:

(a) 年龄在18到40岁之间、缴纳普通党费的党员;

(b) 如未满18岁,则须缴纳少量党费,方可加入。

5.9 青年团应在维护和巩固党的政策和利益方面发挥先锋模范作用。青年团应支持党支委的活动,配合党支委的工作,并发挥积极作用。

5.10 青年团全国执行委员会由下列人员组成:

(a) 全国主席和副主席;

(b) 如遇换届,全国青年团执行委员会在各省、区青年团提交报告的基础上,向全国委员会提交两份候选人名单,一份是青年团全国主席候选人名单,另一份是青年团全国副主席候选人名单,每个名单上包含三个候选人。全国委员会须从每个列表中选择一个或多个候选人提交到全国青年团年度会议;

(c) 秘书长、财务总监、宣传秘书以及其他四个办公室负责人;

(d) 全国执行委员会官员的任期应为三年。

青年团的主席和副主席的职责

5.11 青年团主席应:

(a) 监督青年团的活动;

(b) 制定和执行党内青年活动计划;

（c）执行党总裁和全国青年委员会的指示以及已获批准的政策；

（d）在财务总监的统一管理下：

（i）自行进行筹款活动；

（ii）管理自己的财务；

（iii）持有自己的资产和资源。

（e）在党章的指导下，享有自治权。

5.12 应主席的要求，副主席应协助主席履行其职能和责任，并在主席因缺席、丧失民事行为能力或者其他障碍不能履行职务时，代行其职。

5.13 全国青年团委员会组成：

（a）青年团的全国执行委员会委员；

（b）省青年团委员会；

（c）区青年团主席；

（d）区青年团秘书长。

5.14 区、选区等各分支机构的青年团应按本党章第六章的规定，配合同级党组织的工作。

第六章 省级、区级以及基层党组织

省级总部

6.1 应在每个省设立省级总部。

省议会

6.2 省议会组成：

（a）省执行委员；

（b）省妇女团主席和书记；

（c）省青年团主席和书记；

（d）区主席；

（e）经省委会批准，从区党委选拔上来的代表；

（f）省议会和内阁委员。

省执行委员会

6.3 除非另有决定,省级会议应选举产生省执行委员会。省执行委员会向省委会汇报,并对省委会全权负责。省执行委员会由下列成员组成:

(a) 省主席;

(b) 省副主席;

(c) 省书记;

(d) 省副书记;

(e) 省财务总监;

(f) 省财务副总监;

(g) 省宣传秘书长;

(h) 省宣传副秘书长;

(i) 省妇女团主席;

(j) 省妇女团秘书长;

(k) 省青年团主席;

(l) 省青年团秘书长;

(m) 其他三名成员由省执行委员从下级选区中选出,为省执行委员提供专业支持。

省执行委员会的权力及职能

6.4 省执行委员会应:

(a) 负责党的日常后勤及营运事宜;

(b) 贯彻党的省委员会、全国委员会、年度最高会议以及额外召开的高级例会通过的各项决议;

(c) 协助省主席和秘书长管理党的日常事务;

(d) 在两届省委员会会议之间制定政策,并提交下一届省委员会,经秘书长同意后方获得批准;

(e) 为省党委筹集资金;

（f）依照本党章第 8.8 款，在省主席、省秘书长以及省财务总监的授权签署省银行账户支票的情况下，代表省委会运作银行账户；

（g）通过省财务总监，确保财务记录妥善保存；

（h）执行党总裁和秘书长随时下达的指令。

选举省主席

6.5 经由区和选区支委推荐，再由省委员会向省高级会议推荐一名或几名候选人，之后在省委员会上选举产生。

6.6 省主席的任期应是三年。

省主席及省委委员辞任

6.7 省主席手写辞职申请，向该省相关副主席说明辞职理由，再由省副主席召集省委员会讨论批准。

6.8 省级委员会委员（省主席除外）手写辞职申请，向省主席说明辞职理由，将该辞职申请纳入下一次省委员会会议议程。

6.9 出现省委员会委员（省主席除外）由于辞职、丧失民事行为能力、死亡或其他原因终止任期的情况，省委员会须另指定人员填补空缺。

省议会的运作

6.10 省委员会会议的召开时间和地点由省主席决定，也可由七名以上省委员会委员申请确定。

6.11 省委员会会议召开必须符合法定条件：省主席、省副主席、代理省主席、代理省副主席中有一人列席，以及省委员会半数以上委员出席。

省委员会的权力及职能

6.12 省委员会应：

（a）执行省级党委的政策。在党的政策框架内，针对省发展的特殊情况，制定政策；

（b）实施党的全国委员会会议以及最高年度会议所制定的政策，实施省级大会制定的政策；

（c）行使对党内的所有省级官员的最终决定权；

（d）管理和协调省、区、选区等党的各级分支机构的所有行动；

（e）召集省委员会以及省最高会议召开定期或特别会议；

（f）监督和管理省级总部、区、选区等党的分支机构做好财务记录；

（g）制定党的政策，指导在省议会和内阁中党代表的活动，使他们能够紧密联系因卡塔自由党省议会；

（h）征集和汇总来自省议会和内阁中党代表的报告；

（i）确保每个省委委员都能为党的各分支机构的高效运转作出贡献；

（j）在省级委员会议上汇报工作进度，或每月一次向省委员会汇报工作进度；

（k）在新的支委就职或换届前，监督其档案、银行账户以及党员注册；

（l）采取行动，执行决议，促进党的目标、理想和利益的实现。

省总部

6.13 省委员会委员应该在党的省级总部担任主要官员。

6.14 党总部负责管理省级党组织的所有活动。

省主席和省副主席的职责

6.15 省主席应：

（a）是省党委的首要官员，负责出席并主持省级委员会会议；

（b）有权召开省级委员会会议；

（c）担任党的省内事务的主要发言人，并监督党的全国政策以及省级政策在该省的实施；

（d）与区党委以及党内的其他官员就党的事务加强交流；

（e）有权指导省内的各级官员；

（f）授权任何党员代表省主席或省委员会行使权力；

（g）有权任命省特设或常设委员会；

（h）有权依据省委员会决议对不称职党员进行纪律处分，并撤换省级办公室负责人。

省书记及副书记的职责

6.16 省书记应:

(a) 负责协调、执行以及监督省内各级党委的政治和行政事务;

(b) 与省、区等分支机构官员沟通党的事务;

(c) 指挥和管理所有的省级党机构和员工;

(d) 有权指示省级党委的官员,要求党的省级各机构和官员提交报告和信息,但省主席和副主席除外;

(e) 每季度向党的秘书长提交报告;

(f) 行使省主席指示的任何其他权力和特权。

省级会议

6.17 每年召开的省级会议由省主席担任会议主席,以下人员参会:

(a) 省委员会委员;

(b) 在国家议会和省议会任职的省党委委员;

(c) 每个区的执行负责人;

(d) 每个选区的执行负责人;

(e) 每个支党委选派三名代表。

省会议的职责和权力

6.18 省会议应:

(a) 推动和落实党年度最高会议、全国委员会以及全国执行委员会的决定和政策,并向全国委员会、全国执行委员会、党总裁以及秘书长提出政策建议;

(b) 接收和审议省执行委员会的报告,特别是省主席的讲话、省书记以及省财务总监的年度报告;

(c) 选拔省执行委员会委员;

(d) 接收和审议区党委的报告;

(e) 接受决议,并提交给年度大会;

(f) 制定和实施省级政策方案。

区

6.19 每个省设区,但是如果操作困难,省可以管辖一个或多个区,也可将两个区合并,或者由区直辖管理一个或多个选区。

区总部

6.20 每个区应设区总部。

6.21 区会议应由以下人员构成:

(a) 每个选区的执行委员;

(b) 每个分支选派至少五名代表;

(c) 区妇女团执行委员;

(d) 区青年团执行委员;

(e) 在国家和省议会任职的区委员;

(f) 所有的地方和区(市)议员。

6.22 区支委构成如下:

(a) 区主席;

(b) 区副主席;

(c) 区委书记;

(d) 区委副书记;

(e) 区财务总监;

(f) 区财务副总监;

(g) 区委宣传部书记;

(h) 区委宣传部副书记;

(i) 区妇女团主席;

(j) 区妇女团书记;

(k) 区青年团主席;

(l) 区青年团书记;

(m) 其他三名成员由区执行委员从下级选区中选出,为区执行委员提供专业支持。

6.23 所有区党委官员都由区最高会议选举产生,任期为三年。

6.24 区执行委员会应:

(a) 制定党的政策,指导在相关直辖市、市议会和内阁中党代表的活动,使他们能够紧密联系因卡塔自由党区议会;

(b) 征集和汇总来自直辖市议会中党代表的报告;

(c) 选择和提名直辖市议员候选人;

(d) 组织和动员人们广泛讨论,发展党员和监督每年的党员人数变更;

(e) 为党筹集资金;

(f) 高效地完成省总部的指示;

(g) 宣传和支持参加区以及地方政府选举的党候选人;

(h) 监督选区及分支机构内的党的工作和活动;

(i) 对党的发展计划给予积极支持;

(j) 通知党员有关党的活动和政策;

(i) 组织公众集会;

(ii) 建立经济委员会,就地区和国家发展问题安排研讨会;

(iii) 建立政治委员会,就国内和国际政治问题安排研讨会;

(iv) 促进区内各选区和分支机构的活动。

6.25 区主席全面负责区内各机构,并主持区执行委员会议以及区年度会议。

6.26 区主席应每月向省总部汇报。

区党委官员的职责

6.27 区党委负责人应:

(a) 在必要时召集和主持区党委会议;

(b) 在区主席缺席时,代行其职;

(c) 在区主席和区执委的领导下,负责选区及支委的工作以及区党员注册;

(d) 在区党委会议召开时,做好记录并汇编,每月向区主席汇报区内活动，并由区主席转呈省总部；

（e）在与区主席协商一致后，有权召开区会议；

（f）收取选区的筹款，并出具收据；

（g）管理区总部收到、持有以及花费的资金；

（h）通过自己的办公室向区主席上交经费，再由区主席上交省总部；

（i）在必要时，经区主席同意，可以进行小额的现金支出；

（j）须经省总部同意，方可给员工发放工资，但须要求员工在收到工资后必须签署收据；

（k）妥善保管区党委的账簿，并在必要时，与区负责人一起，对财务问题作出正式声明。

6.28　区妇女团主席应：

（a）与区委书记协商，负责组织区妇女团活动；

（b）经区妇女会议执行委员会批准，组织集会，加强妇女团力量；

（c）与区委书记协商，处理妇女团事务；

（d）履行职责，加强党的威信，改善党的建设。

6.29　区青年团主席应：

（a）负责组织区青年活动；

（b）经区执行委员会批准，召开区青年大会，加强青年团力量；

（c）加强党的形象宣传，维护党的利益；

（d）负责撰写区内新闻，以及各选区的通讯。

选区

6.30　每个区下设选区，选区须在省级总部以及党的全国总部注册。但是如果操作困难，区可以管辖一个或多个选区，也可将两个选区合并，或者由地级直辖市管理一个支委。

6.31　一个选区委员会应每三年一选，由下列人员组成：

（a）主席；

（b）副主席；

（c）书记；

（d）副书记；

（e）区财务总监；

（f）区财务副总监；

（g）区委宣传部书记；

（h）区委宣传部副书记。

6.32 每个选区委员会应：

（a）组织和动员党员以及发展党员；

（b）制定党的政策，指导在相关地级直辖市任职的党代表的活动，使他们能够紧密联系因卡塔自由党议会；

（c）征集和汇总在地级直辖市任职的党代表的报告；

（d）选择和提名地级直辖市议员候选人；

（e）搜集党费，筹集资金；

（f）与区委负责人合作，在党章与党内法规的原则下，推动党的目标、理想和利益的实现；

（g）鼓励党员团结，推进国家的经济发展；

（h）为党参加各级议会和地方政府选举的候选人宣传；

（i）负责所有党支委的活动；

（j）在选区年度大会选举产生，任期为三年。

6.33 每个选区须举行年度大会，参加人员包括：

（a）选区执行委员；

（b）支党委执行委员；

（c）各党执行委派出的三名妇女团代表；

（d）各党执行委派出的三名青年团代表；

（e）本选区内居住的全国议会和省议会议员；

（f）本选区内居住的区议会议员；

（g）地级直辖市议员。

6.34 选区的选举应当由一名全国委员会委员主持。

6.35 选区委员会应定期召开会议，检讨选区内党的活动。

6.36 选区委员会，在咨询区执委会后，可以暂时关闭支部委员会。

选区负责人的职责

6.37 选区主席应：

（a）主持选区内的所有会议；

（b）与执委一起监督选区内党的活动；

（c）行使决定性投票权。

6.38 在选区主席缺席时，该选区的副主席代行其职。

6.39 选区书记，或者在选区书记缺席时，选区副书记应履行：

（a）保管好选区办公室的所有账簿、文件和其他东西；

（b）履行好党章规定的全部职责；

（c）做好选区内的联络工作；

（d）做好选区会议记录，并在会议召开前七天内将副本提交给选区书记。

6.40 选区财务总监，或在财务总监缺席时，选区财务副总监应代行：

（a）对其经手的所有款项，做好详细的账户记录，并将其如数上交到区总部；

（b）每月向区总部呈递财务汇报；

（c）对区内各分支机构的资产做好记录。

6.41 区委宣传部书记和区委宣传部副书记应：

（a）负责宣传选区内党的活动；

（b）每月向区总部发送一份关于本选区内党宣情况的报告。

党的分支机构

6.42 地级市的每一个社区都应至少建立一个支部。一个支部须由50名以上党员组成。在特殊情况下，经党的总书记和全国委员会批准，可以少于50人。

6.43 每年党支部通过无记名投票方式选举产生执行委员会。执行委员会应包括：

（a）主席；

（b）副主席；

（c）书记；

（d）副书记；

（e）区财务总监；

（f）区财务副总监；

（g）区委宣传部书记；

（h）区委宣传部副书记；

（i）三个增补委员，党支部执委会提供专业支持。

6.44 党支部的执行委员会负责：

（a）组织和动员党员以及发展党员；

（b）搜集党费，筹集资金；

（c）与选区负责人合作，在党章与党内法规的原则下，推动党的目标、理想和利益的实现；

（d）鼓励党员团结一致，推进国家的政治和经济发展；

（e）为党参加各级议会和地方政府选举的候选人宣传；

（f）选择和提名社区代表候选人；

（g）执行选区委员会的各项决定。

6.45 党支部负责人全权负责支部内的所有活动。

6.46 党支部的成立须报送区委书记，并由区委书记向党的秘书长上报。

6.47 全国委员会批准党支部设立后，党的秘书长应立即为该支部颁发注册证书。全国主席在理由充分的前提下，有权撤销该证书。

支部委员会

6.48 省或区执委在与选区委员会协商后，可以暂停一个党支部的活动。届时，党支部内的所有官员都不再担任公职，党支部的所有资金和资产都应归属于区，直到选举产生新的支部。上述的所有情况都应通报省议会。

6.49 必要时，支部委员会有权召开全体支部的常务或特别会议。

6.50 党支部执行委员会的例会至少半个月举行一次。参会法定人数为支部党员的半数以上。

支部负责人的职责

6.51 支部主席应：

（a）主持支部委员会的所有会议；

（b）召开党支部会议；

（c）动员党员支持党的活动和目标。

6.52 党支部副主席应协助主席管理支部日常事务，在主席缺席时，主持支部会议。

6.53 党支部书记，或者在党支部书记缺席时，党支部副书记应履行：

（a）保管好选区办公室的所有账簿、文件和其他东西；

（b）履行好党章规定的全部职责；

（c）做好选区内的联络工作；

（d）做好选区会议记录，并在会议召开七天内将副本提交给选区书记；

（e）每年四月的第一个星期向选区书记提交一份关于支部上一年活动的简报；

（f）在省级以及全国年度最高会议讨论时，做简要汇报；

（g）在区年度会议上，向区执委提交支部负责人名单；

（h）每月编纂党员汇报册，并提交选区书记。

6.54 支部财务总监应：

（a）收集经费，如数上交到选区财务总监，并做好详细的账户记录；

（b）对收集的经费，开具收据；

（c）保存并发放党员证，负责管理支部的资产；

（d）每月向选区总部呈递财务汇报。

6.55 党支部宣传部书记应：

（a）负责宣传党支部的活动；

(b) 每月向选区总部发送一份关于本支部宣传情况的报告。

第七章 年度大会

7.1 党的年度大会每年召开一次。

7.2 党总裁在与全国委员会协商后,可以召开党的临时大会。党的临时大会与党的年度大会具有同样的效力。

7.3 党的年度大会应按照党的规定,经党总裁与全国委员会协商后,确定召开的时间、地点以及议程。

7.4 参加党年度大会的代表必须是党员,应包括以下人员:

(a) 每个党支部派两名代表(或替补);

(b) 每个选区的执行委员会;

(c) 每个区的执行委员会;

(d) 每个省的执行委员会;

(e) 所有全国委员会委员;

(f) 全国青年团执行委员会;

(g) 全国妇女团执行委员会;

(h) 党在政府三个领域任职的所有代表。

7.5 党的年度大会应采取无记名投票方式进行表决,或者由党总裁建议的其他表决方式,但该方式须获得大会同意。

7.6 由全国委员会在参考区和省提交的议题的基础上,设定年度大会议程。每个区或省有权设定大会讨论和大会决议涉及的内容。

7.7 党的年度大会有权考虑、审查以及更改党的政策。

第八章 财务规定

8.1 党的经费来自:

(a) 党员交纳的党费;

(b) 党平时收到的赠款、贷款、捐赠以及税收;

(c) 通过本党章总则规定的其他方法，筹集的资金。

8.2　党的收入和资产只能用来支付党的开销，以促进党的宗旨和目标。决不允许将其作为收益在党员中分配。

8.3　党的经费只能用于促进党的宗旨和目标。经党的全国委员会和省级委员会同意，可以将剩余资金用做投资。

8.4　党的开支必须经过党章授权的专门办公室批准。

8.5　党不对任何省、区以及其他党的机构所产生的债务负责。党不对上述机构的履约、违约以及侵权等行为承担金融责任。省级党组织应以自己的名义承担相应的权利和责任。根据本党章的规定，各省应自主确定其财务状况以及与区等其他党组织的财务关系。

8.6　如果出于某种原因，党不得不清算或解体，对于偿还债务后的剩余资产，不得在党员中分配。而必须移交给在南非共和国的其他社团。党员应开会决定，哪项资产应该免征所得税，哪项资金应该用于资助什么性质的文化活动。

8.7　如果出于某种原因，省级党组织不得不清算或解体，对于偿还债务后的剩余资产，不得在党员中分配。而必须移交给党的全国总部。

8.8　党的全国机构、省级机构以及各级行政机构应分设不同的银行账户。省级党支部也可授权区、选区以及党支部分立银行账户。所有的银行账户都应在商业银行设立，党的账户支票须由至少三个主管官员中的两个签署，方能生效。

8.9　党的财政年度为12个月，从每年的1月1日开始。

8.10　党的全国以及省级账户每年须由独立的专业审计师进行审计。

8.11　经审计过的党的全国、省级账目以及审计报告须一并提交党的全国委员会。省级的审计账目须事先提交省级委员会批准。省也可以选择将其财务与党总部合并，与党的全国账户一并接受审计。

8.12　以下费用可以从党的各级机构的经费中支付：

(a) 工作人员以及党内全职官员的工资；

(b) 差旅费；

（c）购买办公设备、文具和其他有用的设备；

（d）教育和商业补助及其他补助金；

（e）会议费用；

（f）应对全国委员会处分时的上诉费；

（g）审计费用；

（h）全国委员会批准的其他花销。

第九章 其 他

长期战略

9.1 党的长期战略由全国委员会制定，旨在促进党章的执行。

9.2 全国委员会制定的长期战略应提交年度高级会议批准，省级执行委员会制定的长期战略应提交省级大会批准。

9.3 依据本党章规定，党的长期战略具有效力和效用。并可以经相关党组织大会进行修订、撤销或变更。

章程和规则的修订

9.4 党的大会可以在下列情况下修订党章：

（a）至少在全国委员会会议召开一个月前，将党章的修订提案发放给全国委员会委员；

（b）党章修正案须在党的年度大会上获得三分之二通过。

9.5 如果是在党的临时大会上修订党章，则除了须符合9.4的规定外，还应：

（a）至少提前七天将党章修正案发放到全国委员会委员手中；

（b）至少提前24小时通知参会代表。

9.6 依据本党章的规定，党的全国委员会、省级委员会、区级委员会、选区委员会以及各党支部须紧密团结在党章及其修正案周围。

总则

9.7 党可以指定规则及法规，旨在教育党员学习党的政策、政府的政策、国际事务和国家利益。在此目的下,党的全国委员会须不断出台对各区的经济和政治委员会的管理细则。全国委员会应在个区和省举办研讨会,以加强政治和经济委员会的工作,并对党内官员的国内考察以及出国访问提供旅费补助。

第十章 纪律处分程序与原则

纪律

10.1 党的纪律委员会负责严格执行党的纪律,党在以下几个层级设纪律委员会:

(a) 选区;

(b) 区;

(c) 省;

(d) 全国委员会。

10.2 在10.1 的各级结构都有权聘请专业人士,以协助他们执行纪律检查,例如聘请司法人员处理卷宗,聘请律师担任辩护人。

10.3 党员在接受纪律处分或提起上诉时,有权请律师,但费用自理。

10.4 如有公众代表涉入纪律检查程序,纪律委员会的决定应当由党的政治监督委员会执行。

10.5 选区纪律委员会负责在各支委和选区内维护和执行纪律检查,以及对在地级直辖市任职的党代表进行纪律监督。选区纪律委员会接到的上诉须交由区申诉委员会处理。选区纪律委员会应包括选区主席、选区书记以及选区委员会会议指定的三名选区委员会委员。

10.6 区纪律委员会负责区内的纪律检查,以及确保在区直辖市任职的党代表能够合规履职。区纪律委员会接到的上诉须交由省申诉委员会处理。区纪律委员会应包括区主席、区书记以及区委员会会议指定的三名区委员会委员。

10.7　省纪律委员会负责省内党的纪律检查，以及听取核准区纪律委员会的一审决定。省纪律委员会应包括省主席、省秘书长以及省委员会会议指定的三名省委员会委员。

10.8　全国委员会须设立一个全国纪律委员会以及一个独立的全国申诉委员会。每个委员会包括五名委员以及五名候补委员。全国纪律委员会负责中央层面的纪律检查，全国申诉委员会负责听取核准省纪律委员会的一审决定。

10.9　依据党章规定，全国委员会收到相关审查报告，听取涉案委员的申诉，并经参加会议委员的三分之二通过，即启动对该党员的纪律处分。该处分包括但不限于，立即开除党籍，撤销或减轻纪律委员会作出的处罚决定。

10.10　只有当纪律委员会支持该上诉许可时，纪律委员会将申诉转到申诉委员会。上诉人只享有一次上诉权。区申诉由省申诉委员会负责；省申诉由全国申诉委员会负责；对全国纪律委员会的处分决定不服的，可以上诉到全国申诉委员会。

10.11　申诉委员会的委员构成与纪律委员会完全相同，严格按照本章的规定设立。但是如果出现在听证会召开当天，有一两个委员缺席的情况下，若三分之二以上通过决定，则决议有效。

10.12　在一审期间，申诉委员会和纪律委员会有权根据上诉理由的性质和有效性，决定支持或否决其上诉许可。上诉人如果被拒绝上诉许可，有权向更高级别的结构申请上诉。

10.13　上级党组织有权裁决下级机构的所有违纪案件。但是，如果下级党组织拥有司法权，政治监督委员会应提前向高级党组织解释原因，如果该原因已被全国委员会批准。

10.14　纪律委员会和申诉委员会的决定应立即生效。如果处罚对象在其接到处罚决定后一直缺席，则上诉申请不得中止处罚决定的执行。

第二部分　主要政党内部规章制度

上诉时限

10.15　对纪律委员会的决定提出上诉必须以书面形式提交，并在上诉许可生效后的14天之内。如果上诉申请未在上诉许可时间内提出，申诉委员会有权裁决是否听取该申诉。

10.16　纪律委员会应将调查记录的复印件、处分原因以及手写的上诉申请提交申诉委员会，同时上诉人本人保留材料副本。这些材料将被作为上诉的基础，除非申诉委员会认为有必要进一步取证。

10.17　纪律委员会主席有权终止和推迟听证和上诉。如果某级党组织违反了上述规定，纪律委员会主席可以为其举行听证，但是须提前七日以书面形式通知参加听证的各方。纪律委员会主席应该在听证会上听取申诉，并作出公正的裁决。

纪律规则

10.18　以下原则将作为党的纪律检查规则。

10.19　所有的党员都应遵守纪律规则，一旦违反将受到纪律处分。

10.20　违反行为包括：

（a）违反党章，包括但不限于担任任何不在本党章规定范围内的官职，行使党章规定的职权，但未经选举或指派；

（b）违反党内法规；

（c）其行为有损党的声誉；

（d）违反了任何一级党组织的有关决定、命令或指示；

（e）作为普通党员，在参加党的会议时，处于醉酒状态。或者作为党的官员，在任何公众场合处于醉酒状态；

（f）其任何欺诈或不诚实行为导致党的声誉受损，或者涉嫌贿赂和腐败；

（g）未经授权，私自泄露党的机密信息；

（h）传播虚假信息或进行不当炒作，损害党的声誉或党内官员的名誉；

(i) 在党的会议上诋毁党的声誉或诽谤党内官员的名誉；

(j) 向党的机构或官员提供虚假信息，意在欺骗或误导；

(k) 欺骗党组织或党内官员；

(l) 参加党的会议时，蓄意违规；

(m) 以口头或书面形式发布或被发布关于攻击党委员会或党内官员的言论；

(n) 以党的民意集资，不开具正式收据或未经财务总监授权；

(o) 违反了党章规定的当选政治代表应遵守的行为准则，或者未获得全国委员会三分之二委员同意即宣布当选的。

10.21 对党员的纪律处分应依据其所犯错误的严重程度。错误的严重性及相关的减刑标准应根据党员在党内担任的职位高低决定。对于党在立法机构以及内阁任职的代表须严格按规定处理。

10.22 纪律处分包括以下一种或多种：

(a) 警告和停职；

(b) 谴责；

(c) 支付罚款；

(d) 免职；

(e) 开除公职；

(f) 暂停党籍或公职；

(g) 开除党籍；

(h) 党内通过的其他处罚（前提是，开除党籍或公职的决定尚未获得党的全国执行委员批准之前）。

10.23 党的全国总部负责保存好记录处分的记录，所有纪律处分决定都应该事先通知全国委员会。

10.24 被开除党籍的党员如果向党总裁呈交悔过书，希望重新入党，则由全国委员会决定是否批准；但是党总裁和全国委员会须将该决定提交党的年度最高会议。

10.25 对于被指控犯罪、欺诈、谋取暴利的党员，其党员资格将被自动暂停，直至全国纪律委员会宣布处分决定，并将该决定提交全国委员会。

（译自：Constitution of the Inkatha Freedom Party, 2006）

南非共产党党章

1. 名称

该组织的名称为南非共产党（SACP）。

2. 标志和旗帜

党的标志是一颗的黑色的明星，里面包含金色的锤子和镰刀。党旗为红色，党的标志位于旗子的左上角。

3. 目标

3.1 党致力于成为南非工人阶级的领导力量，深化和捍卫国家的新民主主义革命和实现社会主义。

3.2 党通过教育，组织和动员工人阶级以完成民族民主革命，实现社会主义。

3.3 党通过民主手段以及意识形态竞争赢得胜利。

3.4 党的最终目标是建设共产主义社会，消灭各种形式的剥削制度，构建按劳分配的过度性的社会主义社会。

3.5 党致力于尊重社会秩序，尊重文化、语言和宗教权利以及个人的民主权利。党尊重在南非宪法允许范围内所有社会组织和政党的独立性的权利。这意味着一个定期、公开、自由选举的多党政治框架。在这个框架内，党将主要致力于推进工人阶级的利益，保障他们在民主以及社会各个领域的政治权利。

4. 指导原则

领导工人阶级实现国家和社会的解放，遵循马克思列宁主义的普遍原则。为了将马克思列宁主义的普遍原则与具体实际相结合，我们党在关注自身发展的同时，将致力于：

4.1 结束在南非的资本主义剥削制度，在公有制基础上建立社会主义社会制度，劳动者参与生产和分配，尊重和保护所有社会成员的财产权。

4.2 组织，教育和领导工人阶级争取社会主义的胜利。更直接的目标是维护和推进新民主主义革命和实现国家和社会的解放。主要目标是开展民族民主革命，完成非洲人民特别是黑人的民族解放，打破"白人至上"的历史糟粕，加强民主。通过开展革命，本党旨在消除等级制度，削弱和最终消灭资产阶级的经济和政治力量。通过斗争，工人阶级的利益将成为社会主导。通过社会解放，最终完全消灭人剥削人的私有制。

4.3 在工人阶级内部，组织、教育并引导妇女、穷人以及农村弱势群体为党的目标而奋斗，提高工人阶级对南非资本主义存在的性别压迫的认识。

4.4 加强革命联盟的作用，通过推动全国范围内的民主革命来维护各阶层的利益。

4.5 广泛传播我党的基本思想，并将其应用于南非，特别是在工人阶级中得到应用。

4.6 反对种族主义、部落主义、性别歧视、地区主义、大国沙文主义和所有狭隘的民族主义。

4.7 鼓励国家间开展对话，推动和平，男女平等，非种族主义，民主和保护我们的环境。

4.8 传播无产阶级国际主义思想和促进南非工人阶级与世界无产阶级的联合。

5. 党籍

5.1 每一个十六岁以上的南非人，只要接受党的目标、政策和规划，执行党的决定，积极在党的组织里发挥作用，履行义务，并且预备党员身份满一年后即可成为正式党员。

5.2 招募新党员应通过各分支结构，必须接受省执行委员会、省议会以及区执行委员会和区议会的监督。

5.3 入党申请人应具有一年的预备党员经历。预备党员可以参与党的活动，但不享有选举与被选举权。合格的党员必须熟悉党章和基本政策，并参加党的活动。

5.4 党的中央委员会将为预备党员提供指导章程。

5.5 对于非南非公民或没有取得南非永久居留权的人，如果提交申请并被中央委员会批准，可成为副党员。副党员充分享有党章规定的权利和义务，但不得参选任何级别党组织的负责人。

5.6 任何申请人都有权申请退党，包括预备党员也可向区党委提出退党请求。如果该请求被驳回，申请人有权向上级机构提出申请。

5.7 所有党员必须每年更新党员资格，积极在党组织内部工作。

5.8 所有新党员必须接受党支部的培训。

5.9 每一个成员有责任：

5.9.1 定期参加党的活动，认真落实党的各项政策、决定和指示；

5.9.2 学习马克思主义、列宁主义，努力提高自身的理论水平；

5.9.3 阅读和传播党的出版物；

5.9.4 服务群众，加强与群众的联系，向他们学习，并向他们传达党的精神，在党的组织框架内工作；

5.9.5 将工人和穷人的利益置于个人利益之上；

5.9.6 开展批评和自我批评，互相帮助，发扬集体主义精神；

5.9.7 培养同志关系和兄弟精神；

5.9.8 忠于党，永不叛党；

5.9.9 维护党的统一和团结，维护工人和穷人的利益；

5.9.10 发扬无产阶级国际主义精神；

5.9.11 为个人行为负责，为党的荣誉增光，坚定共产主义信仰；

5.9.12 遵守党章和党的纪律。

5.10 所有收入超过一定金额的党员应该根据党中央的决定缴税。

5.11 入党申请人必须承诺：

"我接受共产党的宗旨和目标，遵守党章和忠实地执行党的决定。我将为共产主义理想而奋斗，无私地服务工人阶级和穷苦大众，服务国家，时刻将党的、工人阶级的以及穷人的利益置于个人利益之上。"

5.12 党员必须履行党章的规定。

6. 党的基本组织原则

6.1 为保证南非共产党的团结，党员有义务维护南非共产党，并履行其决定。上级组织的所有决定对下级组织和党员都具有约束性。南非共产党的会议和大会有权依据党章决定或推翻党的政策，党员有权在会议或大会内部保留自己的观点。但不允许任何团体形成自己的规则。

6.2 所有的上级组织都应该向下级组织和党员说明其政策的出台或执行情况，为此，上级组织应在重大政策出台和施行之前，与下级组织和党员进行充分的协商。

6.3 依据党章，南非共产党所有选出的官员，以及所有有决策权的各级组织，均需经秘密投票产生，除非有至少百分之七十五的代表决定另作安排。

6.4 在同志般的组织中和在群众运动中的积极党员，有义务以身作则，对党忠诚，努力工作，热忱奋发，严守组织和运动中的纪律。党员在这些组织和运动中严禁成立或参加秘密会议以影响选举和党的政策。对党的政策的支持，应该在党代表的联席会议以及上述组织或运动中，以公开声明的形式表达。

6.5 已经在高一级党组织担任职务的党员，不可以参与低层级组织的选举。此类党员可以在次级组织内任职。

6.6 代表有义务公平有效地将选民的委任传递给党的大会和决策会议。但是，参加这些会议的代表不需严格受委任的约束，并且可以在这些会议上在辩论的基础上参加讨论和投票。

6.7 南非共产党的雇员不可以在自己受雇级别的组织参加选举，但可以在参事机构任职。他们可以在低一级的党组织内任职和参加选举。若该雇员在同一级组织被选为南非共产党的官员，则需要在选举后一个月内辞去雇员职务。

6.8 南非共产党的各个组织都应鼓励依据党章开展批评与自我批评。

6.9 在所有的工作和所有的层级中，党组织和党员应保证与家长制做斗争，重视并维护性别关系的转变，包括成立相应的组织执行这类任务。从南非共产党的支部到中央委员会，起码应有三分之一的女性执行委员。

6.10 南非共产党的执行机构有权选举没有投票权的老党员。老党员是指为党工作40年及以上的党员。

6.11 南非共产党的党员在各自的组织内投票。

7. 共产主义青年团

7.1 共产主义青年团（共青团）包括14岁至35岁支持南非共产党的政策和目标的青年。共青团是南非共产党内对立的青年组织。

7.2 虽然共青团可以自主制定政策和组织活动，但是共青团的政策和活动不能与南非共产党的主要政策和活动有所冲突。如果有必要，中央委员会在与共产主义青年团协商后，可以为共青团自主制定的政策和组织的活动提供指导原则。

8. 全国代表大会

8.1 党的全国代表大会是党的最高权力机构，每五年换届一次。中央委员会可以召集其他特别的全国大会，与全国代表大会拥有同等的权力。但特别会议无权选举党的办公室负责人以及中央委员会委员。特别会议上进行的选举须获得百分之七十五选票方能获得通过。特别会议的召开须经全国一半以上的省同意后，由中央委员会负责组织召开。

8.2 全国代表大会的参会人员包括，选举产生的党员代表，直接选举和增选的中央委员。每个省须按党员数量的比例确定代表人数。中央委员会须在全国代表大会召开前，确定选举产生的党员代表总数以及每个省的代表人数配额。省执委会按配额选派代表。每个支部的代表人数由支部的党员比例确定,但是至少每个支部应派一名代表。中央委员会决定共青团的投票代表的人数。中央委员会有权邀请非投票代表,如退伍军人等。经全国代表大会许可,这些非投票代表可以参加所有全封闭的会议。全国代表大会特殊会议的参会构成人员,同样依照上述规定。

8.3 全国代表大会负责讨论中央委员会的报告,接收和讨论财务审计报表以及全国财长的汇报,审议党的政策。依据党章8.1的规定,只有在全国代表大会上才能选举产生党的总书记、全国主席、全国财长、副书记、副主席以及全体中央委员会委员。中央委员会应确保在全国代表大会召开至少两个月前将所有须在会上审议的主要文件草案发放到参会代表手中。针对该文件草案的所有意见,决议和建议都须在全国代表大会上提交。

8.4 除非全国代表大会另有决定,所有的会议程序都须公开进行。除非党章另有规定,全国代表大会的所有决议经举手表决,绝对多数方能获得通过。

9. **中央委员会**

除非本党章另有规定的,中央委员会有权指导党的所有工作,决定所有的政策问题,向各级党组织发布具有约束力的批示和指示。由于形势的变化而须撤销全国代表大会作出的任何决议,该撤销决定须经与全体党员充分协商后才可作出。中央委员会应:

9.1 包括全国代表大会选举产生的30名委员,党的总书记,全国主席,全国财长,副书记,全国副主席。除了参加直接选举以外,各省书记和主席以及共青团中央的书记和主席应作为当然委员。如果省的书记或主席被选举为中央委员会委员,则其在省执行委员会的职务将自动丧失。中央委员会有权增选五名委员。中央委员会在增补后,妇女委员必须占三分之一以上。每个省提名的参选名单必须在全国代表大会召开两周前提交。如代表大会中超过百分之二十五的代表支持该提名人,则该提名有效。党员必须持续五年表现良好,方有资格参选中央委员会委员。

9.2 至少每四个月开一次全体会议。会议上,如需审议重要的政治报告草案，应在会前及时把材料发给参会委员，以便在会上听取他们的意见和批评。

9.3 决定全职中央委员会委员人选。

9.4 确保所有当选的办公室负责人、中央委员、省委委员以及其他党的机构的成员有效地履行职责。

9.5 管理和监督党的所有媒体和建立必要的机构以保证党的媒体能够有效运作。

9.6 对全体党员进行马克思主义理论及其应用条件的教育，促进干部的发展。

9.7 指导党员关注当前的政治发展，并定期向党员提供党的各级机构组织活动的信息。

9.9 管理党的财产和资金。

9.10 如果中央委员会委员的不当行为严重影响南非共产党的声誉，则中央委员会委员三分之二多数决定（不包括该同志），可以暂停该同志中央委员会委员的职务。对该同志的处理决定须通报全党。

9.11 任命党的各部门负责人。

9.12 所有中央委员会委员都有义务参加中央委员会的所有会议，或提交书面的缺席道歉书。当选的中央委员会委员应遵照中央委员会指派，在党的一个部门工作。不能履行工作的委员须向该部门的领导汇报说明。

10. 政治局

10.1 在全国代表大会闭幕后，中央委员会应立即召开会议，经百分之六十以上的中央委员会委员认可，任命排序在前11位的中央委员为政治局委员。再加上当选的办公室负责人共同组成政治局。其中，至少七名增补的政治局委员负责具体的组织、筹款、政治教育和国际关系等事务。如果中央委员会难以达成共识，中央委员会须通过秘密选举产生11名增补政治局委员。党的共青团中央书记应作为政治局的当然委员。

10.2 政治局负责指导党的日常工作，并在中央委员会大会间隙，行使中央委员会的一切权力和职能，党章规定必须由中央委员会行使的权力及职能除外。

10.3　政治局至少每月召开一次会议。政治局有权建立必要的行政结构，以方便其在政治局会议间隙执行政治局会议的决定。

10.4　中央委员会应不断评估政治局的工作，并在必要时，撤销政治局委员的职务。

10.5　接到政治局邀请的中央委员会委员，可以出席政治局的任何会议。

10.6　如果政治局委员的不当行为严重影响南非共产党的声誉，则经政治局委员三分之二多数决定（不包括该同志），可以暂停该同志政治局委员的职务。对该同志的处理决定须在下一次中央委员会全体会议上执行，中央委员会全体会议可以确认或推翻该决定。

11. 总书记的责任

党的总书记是党全国办公室的最高领导。依据中央委员会规定，党的总书记应是全职官员。党的总书记是党的所有机构的当然成员，应履行下列职责：

11.1　保留（或授权保留）所有中央委员会会议以及政治局会议的记录，以及其他相关的书籍、记录和档案。

11.2　回应中央委员会和政治局的质询。

11.3　与各省保持经常的、个人的和书面的联系，并将中央委员会和政治局的工作向所有党员通报。

11.4　在中央委员会会议间隙，向所有中央委员会委员通报政治局的工作。

11.5　依据中央委员会和政治局的决定，起草（或授权起草）所有报告和文件。

11.6　副书记可依照中央委员会指示，代表总书记行使上述所有职责。

12. 全国主席的职责

作为党的主要领导人，国家主席排名在总书记之后。全国主席是党的所有机构的当然成员，应履行下列职责：

12.1 依据党章和其他规定，以及中央委员会和政治局会议程序，主持所有中央委员会和政治局的会议。

12.2 有权投决定票。

12.3 副主席可依照中央委员会指示，代表全国主席行使上述所有职责。

13. **全国财长的职责**

全国财长应：

13.1 在中央委员会和政治局的指导下，采取一切必要措施，为党提供足够的经费来履行其政治和组织的任务。

13.2 经中央委员会的一般或特别授权，处理党的经费。

13.3 负责保管和管理党的所有财产及经费。

13.4 记录财务账目以清楚地反映党的财务状况，依据中央委员会和政治局的要求，定期向其提交收支情况报告。

13.5 在中央委员会的领导下，向全国代表大会提交财务审计报表以及书面的财务报告。

13.6 经中央委员会任命，担任中央财务委员会的召集人。

14. **中央以下的组织机构**

14.1 南非共产党下设9个省党委，其边界与南非全国9个省的边界相同。

14.2 每个省设立下列结构：

14.2.1 省代表大会和省执行委员会；

14.2.2 区代表大会及区执行委员会；

14.2.3 支部和支部执行委员会。

15. **省代表大会**

依据本党章规定，省代表大会是南非共产党在每个省的最高机构，省大会应：

15.1 每三年举行一次。

15.2 按照党费的缴纳比例确定每个支部的代表人数,但是要保证每个支部至少有一名代表。省支委会的全体委员要参加省代表大会,每个区执委会至少派一名代表。依据中央委员会的指示,省执行委员负责决定省共青团参加省代表大会的代表人数。

15.3 依法接收和审议省执委会的报告,为党的机构和政策的发展提供建议。

15.4 负责选举省委书记,省主席,省财务总监,省委副书记,省副主席,以及15名以内的省执委会委员。省委书记以及省委副书记必须至少一人是全职。

15.5 党员至少拥有四年党龄,并且表现良好,方能参选省执委委员。

16. 省理事会

在省代表大会间隙,省理事会是省党委的最高决策机构。省理事会应:

16.1 包括省执行委员会的全体委员,每个区执行委员会的主席和书记。每个党支部应按其党员人数为比例确定代表人数,但是要保证每个党支部至少有一名代表。依据中央委员会的指示,省执行委员负责决定省共青团参加省理事会的代表人数。

16.2 至少每四个月召开一次会议。

16.3 如果省执行委员会中出现少于百分之五十的空缺,省理事会负责填补空缺。

16.4 有权增选另外三个省执委会委员。

17. 省执行委员会

省执行委员会包括依据党章15.4选举产生的委员,依据党章16.4增补的委员,每个区执委会的书记和主席作为当然委员。省共青团的书记和主席也作为当然委员。省执行委员会负责省代表大会和省理事会的所有决定。

17.1 召开会议选举产生省工作委员会。至少百分之六十的委员出席达到法定开会人数。省工作委员会包括：省内所有党的办公室的负责人，3名以上的省执委会委员。其他的大部分工作委员会委员将按照专业分配。对于委员工作的分配可以通过秘密投票进行。任命和分配并不必须经过协商一致。省共青团书记是省工作委员会的当然委员。省工作委员会至少每半个月召开一次会议，贯彻执行省执委会的所有政策决定。

17.2 至少每月召开一次会议。

17.3 定期按要求向中央委员会、省代表大会以及省理事会汇报。

17.4 经与中央委员会协商后，任命省策划人和其他工作人员。

17.5 在省内组织、建立区和党支部，并为其提供服务。

17.6 依据中央的指导方针，建立适当的省级结构以执行政治、组织和财政事务以及开展各项运动。

18. 区代表大会

省执委会下设选区，每个选区下设五个以上支部。在与省执委会协商后，中央委员会制定一个政策框架确定选区的边界。该政策框架还应包括市的边界和大小。

依据本党章规定，区代表大会是南非共产党在每个区的最高机构，区大会应：

18.1 每两年举行一次。

18.2 按照党费的缴纳比例确定每个支部的代表人数，但是要保证每个支部至少有一名代表。区支委会的全体委员都要参加区代表大会。依据中央委员会和省执委会的指示，区执行委员负责决定区共青团参加区代表大会的代表人数。

18.3 依法接收和审议区执委会的报告，为党的机构和政策的发展提供建议。

18.4 负责选举区委书记，区主席，区财务总监，区委副书记，区副主席，以及四至七名执委会委员。党员至少拥有三年党龄，并且表现良好，方能参选区执委委员。区共青团书记和主席是区执委会的当然委员。

19. 区理事会

在区代表大会间隙，区理事会是区党委的最高决策机构。区理事会包括：区执行委员会的全体委员，每个党支部应按其党员人数为比例确定代表人数，但是要保证每个党支部至少有一名代表。依据中央委员会和省执委会的指示，区执行委员负责决定区共青团参加区理事会的代表人数。区理事会应：

19.1 至少每三个月召开一次会议。

19.2 如果区执行委员会中出现少于百分之五十的空缺，区理事会负责填补空缺。

20. 区执行委员会

区执行委员会负责区代表大会和区理事会的所有决定。区执行委员会应：

20.1 至少每月召开一次会议。

20.2 监督发展新党员。

20.3 定期按要求向省执行委员会、区代表大会以及区理事会汇报区内的组织工作以及财政状况。

20.4 经与省执行委员会协商后，任命区策划人和其他工作人员。

20.5 在区内组织，建立党支部，并为其提供服务。

20.6 与区理事会合作：

20.6.1 设计战略、战术以及组织工作；

20.6.2 确保充分参与南非共产党各党支部推动国家民主与社会主义的斗争；

20.6.3 发动、协调以及支持基层党组织的运动；

20.6.4 发动和支持社会主义教育；

20.6.5 发挥工人阶级的基层领导作用。

21. 党支部

党支部是南非共产党的基本单位。每个住宅区或工作场所都可设立党支部。每名党员必须隶属于一个党支部。在与省执委会协商后，中央委员会制定一个政策框架确定党支部的边界。该政策框架还应包括市内社区以及选区的边界。党支部应：

21.1 至少25名党员以上。

21.2 确保每个党员充分行使讨论和制定党的政策的基本民主权利。

21.3 作为党员活动的基本单位，应：

21.3.1 设计党支部的战略、战术以及组织工作；

21.3.2 充分参与国家的民主和社会主义的斗争；

21.3.3 发动和协调运动；

21.3.4 进行社会主义教育；

21.3.5 发挥工人阶级的基层领导作用。

21.4 协助党员履行党章5.9规定的义务。帮助预备党员达到党章5.3提出的标准。

21.5 至少每月召开一次会议。

21.6 党支部大会负责选举产生党支部执委会。党支部执委会包括，党支部书记，主席，财务总监，副书记，副主席以及五名以内的增补委员。党员必须连续两年表现良好方能参选党支部执委会委员。对于新成立的党支部，由区执行委员或省执行委员会批准入党、预备党员满一年即可参选党支部执行委员会委员。党支部执行委员会须定期向区执行委员会汇报。

21.7 如果党支部的办公室负责人出现空缺，下一届党支部大会须选举产生该职位的临时负责人。其任职期限为该职位的剩余任期。直至下一届年度代表大会选举产生新的人选。

21.8 如果该党支部自成立之日算起，已经运行了六个月以上，即可派代表参加南非共产党全国的、省级的以及区级的代表大会、年度大会、理事会进行投票。

22. 政党的基层单位

22.1 在无法设立支部的情况下，南非共产党可以设立基层单位，成员不少于四人。该单位应该在就近的支部执委会有一名代表。基层单位的成员承担党员的所有责任和义务，但在支部会议、省委和全国大会上不享有投票权。在没有发展为支部之前，基层单位只能存在运作不超过一年，除非在区委会不存在或不能视事的情况下，得到区委会或省执委会的授权。

22.2 在区委会不存在或不能视事的情况下，得到区委会或省执委会的授权，南非共产党的基础单位可以设立在工作单位，成员不少于四人。

22.3 在辖区广阔的支部里，应该鼓励南非共产党的基础单位参加党的活动。而基层组织的设立须在支部的全体大会上通过。

22.4 南非共产党的基础单位的设立应利于促进党在各个社会领域的目标。基层单位的设立及其职能，应有中央委员会或省执委会授权。

22.5 中央委员会可以依据以上对基层单位的条例，指导基层单位。

23. 法定人数

23.1 新支部的设立、支部年会及支部全会：超过百分之五十的成员。

23.2 基层单位：超过百分之五十的成员。

23.3 区大会和区委会：超过百分之五十的支部。

23.4 省大会和省委会：超过百分之五十的支部。

23.5 全国大会：超过百分之五十的支部。

23.6 支部执委会、区执委会、省执委会、省工委、中央委员会、政治局：超过各自部门百分之五十的成员。

23.7 若一小时后，相关的部门仍未达到法定人数，则会议视作未达法定人数。

23.8 未达法定人数的会议应在此后的 2 到 14 天内重新召开。代表人数应达到法定人数。

23.9 预备党员不计入法定人数。

24. 纪律

24.1

（a）违反党章或行为有损于南非共产党的党员，应受南非共产党的纪律处分。

（b）针对党员的违纪情况，中央委员会可以开列处罚方式。

24.2

（a）正常情况下，纪律程序应该在违纪行为发生的层级展开，即支部、区、省、全国层级。

（b）支部执委会、区执委会或省执委会应在必要时设立纪律检查委员会处理违纪事件。

（c）中央委员会可以任命：

（i）不少于二人且不超过五人的常设纪检委，以处理违纪；

（ii）一个全国上诉委员会，其成员可以包括非中央委员的党员，以处理上诉事件。

（d）中央委员会可以裁定纪律程序的层级，使其高于违纪单位的层级。

24.3

（a）任何面临纪律程序的人，均应接到起码提前一周的聆讯书面通知，以及起诉书，并有合理的机会为自己辩护。

（b）从收到通知起 90 天内，纪律程序应予完结。

（c）无适当的聆讯，任何人不受审判或惩处。

（d）聆讯的程序由中央委员会制定。

24.4 拒不参加聆讯或拒不接受处罚将视为严重违纪，需立即予以停职起码 30 天。停职将近结束时，应重开纪律聆讯，若该员继续拒不合作，则应由中央委员会开除出党。

24.5 即便党员退休或拒绝到纪检委，违纪处理程序依旧进行。

24.6

（a）对违反 24.1 的处罚包括：警告、赔偿损失、以观后效、停职、开除。

（b）支部或区的纪委作出的处罚，应在实施之前报省执委会获得批准。

（c）省执委会有权对党员停职，或减少处罚形式，且不需经中央委员会批准，但应向中央委员会报告，中央委员会有权修改或否定相关处罚。

（d）中央委员会可以自行或听取省执委会建议后，裁定豁免。

（e）停职党员在停职期间，不能参加南非共产党的会议，除非有特殊邀请。

24.7

（a）受违纪查处之人，有权向全国上诉委员会上诉。所有上诉应该是经由相关的省委会，由纪委常委会审理的案件，应在结案 30 天内通过中央委员会上诉。

（b）上诉不应延缓处罚的实施。

（c）若党员的上诉被全国上诉维护员驳回，该员有权就此向下一届全国大会提出书面申诉。该员应在得到全国上诉委员会的决定后，于三个月内向政治局提交书面申诉。

24.8 若受处分之党员同时也是共青团员，中央委员会同意对该员的纪律处罚报告应提交给共青团的全国秘书。对该员，共青团应采取与南非共产党一样的措施。

24.9 若受处分之共青团员同时也是党员，共青团全国委员会同意对该员的纪律处罚报告应提交给南非共产党的总书记。总书记应将该报告提交中央委员会，以获取中央委员会对该员的处理意见。

25. 党章的修改

25.1 在全国大会多数投票的情况下，可以修改该党章。

25.2 所有对党章的修改案，起码应在全国大会召开前两个月，书面提交给中央委员会。中央委员会应保证，修改案传达到省、区等层级；由中央委员会提出的修改案，起码应在全国大会召开前六周，呈交全国大会。未按以上时限提交的修改案，应在大会三分之二多数代表同意的情况下，由全国大会裁断。

（译自：*South African Communist Party Constitution*）

联合民主运动党党章

1998年6月27日,联合民主运动党第一次全国大会制定。约翰内斯堡。

2001年7月21日,修订。比勒陀利亚。

2001年12月8日—9日,联合民主运动党第二次全国大会修订。比勒陀利亚。

1. 序言

1.1 联合民主运动党(以下简称"党")遵守《南非共和国宪法》的原则。

1.2 党的形成是南非共和国人民集体协商的结果。

2. 名称、党徽及党旗

2.1 党的名称是联合民主运动党。名称不得翻译。党的名称可以使用南非共和国的所有官方语言缩写成 UDM。

2.2 党徽

融合:将所有南非人团结在一起。

统一:在南非建立一个统一的国家。

发展:推动国家的发展和人民的进步。

2.3 名称:

联合民主运动党。

2.4 颜色

金色、绿色和红色能够强烈反映出非洲大陆的面貌。通过使用这些颜色,说明党承认其根源于非洲大陆,党的宗旨就是推动非洲的发展。

3. 宗旨和目标

3.1 党努力团结所有南非人民，在南非宪法的原则和理想的基础上，在我们的国家和人民团结互爱的激励下，构建一个新的政治团体。

3.2 党鼓励多元化社会的创造性，与所有利益相关方一道，保护公民的权利自由和义务，推动良政，维护社会秩序，提高人民生活水平，构建一个双赢的国家。

3.3 致力于在南非建立真正的宪政民主，反对种族统治，维护和保护人的尊严、生命、自由和公民的财产权。

3.4 党坚持宗教和文化自由，尊重我们多元化的传统。

3.5 党支持和保护结社自由，既支持建立正式的组织机构，也支持非正式的以及非政府的组织，以防止强权。

3.6 党努力确保三级政府高效运作，更好地服务于全体人民的利益。宪法赋予的权力应最大程度下放到基层政府。中央政府应该保护国家的统一完整，维护最广泛的国家利益。

3.7 党应当构建与各方协商的政治文化，建立良好和均衡的治理机制，不将党的意志强加于人民。

3.8 党开展反腐败斗争，恢复人民对所有政府机构的信心。

4. 愿景和使命

4.1 愿景

我们是南非人民的政治之家，由南非主义精神紧紧凝聚，热爱我们的国家，调动多元化社会的创造性，为推动民族的振兴而奋斗。

4.2 使命

在国家宪法的原则和理念的基础上，我们将所有的南非人团结在这个新政治家庭里。为此，我们将爱国家和爱人民统一起来，解决贫困和社会失衡，我们真诚地爱我们的国家和人民。我们将发挥多元化社会的创造性，与所有利益相关方合作，保障人民的生活质量和自由，在良政和社会公正的基础上，推动民族的振兴。

5. 党纲

党的核心价值观,是联合民主运动党坚持的基本政策立场。具体如下:

5.1 尊重人的生命、尊严和价值;

5.2 公共和私人生活的完整;

5.3 我国的宪法中规定的个人权利和自由;

5.4 宽容和尊重他人的权利和自由;

5.5 团结一致,发扬国家的优良传统;

5.6 国家自律,在享受各项权利和自由的同时,也应承担相应的、对等的义务和责任;

5.7 国家道德重建,明确区分对与错,善与恶,什么是可接受的,什么是不能接受的;

5.8 建立在道德基础上的经济政策;

5.9 宗教和信仰的自由。

6. 党籍

6.1 成为正式党员的要求

6.1.1 所有遵守本党章并且支持多党民主的政治制度的人都可以加入本党。

6.1.2 为此,18岁以上公民都有资格申请入党,行使党章规定的所有权利和履行所有义务。不得因种族、性别、婚姻状况、民族或社会出身、肤色、性取向、残疾、宗教、良心、信仰、文化和语言等差异产生歧视。

6.1.2.1 南非共和国的公民或永久居民;

6.1.2.2 以书面形式提出入党申请;

6.1.2.3 每年缴纳党费;

6.1.2.4 没有加入其他政党。

6.2 入党程序

入党申请人须向其居住地的党支部执行委员会提出申请。如果其居住地没有党支部执行委员会，则可以向其居住的区执行委员会提交申请。申请获得批准后，成为正式党员。在申请不成功的情况下，申请人有提出上诉的权利。

6.3 党员资格注册

6.3.1 自入党之日起，党员资格有效期为一年；

6.3.2 自党员资格被批准之日起，须缴纳一定数额的党费；

6.3.3 自入党之日起，被列入相应的党支部成员名单；

6.3.4 只有每年按时缴纳党费，才能保持党员资格；

6.3.5 党员应持有党员卡；

6.3.6 党员应当熟悉党章的内容、党的道德和行为规范、党内争端解决规定以及纪律处分措施和原则；

6.3.7 任何不符合党员要求的人（见党章6.1），可以提出书面申请，成为党的支持者。经批准后，成为党的注册支持者。

6.4 暂停或终止党员资格

6.4.1 党员在下列情况下，应暂停或终止党员资格：

6.4.1.1 向党组织提交书面辞职报告；

6.4.1.2 没有按时缴纳党费，被终止党员资格。如果在六个月内补齐全年党费，则其党员资格被按时恢复；

6.4.1.3 如果党员被刑事指控，则在等待终审期间其党员资格被暂停。如果被判决有罪，则被自动开除出党。党应对该指控进行初步调查，评估暂停其党籍的决定是否合理；

6.4.1.4 对于任何经选举产生的党员领导干部，如果他（她）不再适合该领导岗位，则需辞去该职务；

6.4.1.5 如果党员违反了党的道德和行为守则（见附件A），则对其启动争议解决以及纪律处分措施（见附件B）；

6.4.1.6 如果公职人员违反了本党章对公职人员的行为、道德以及责任规定（见附件C），则对其启动相应的纪律处分。

7. 党的组织结构

7.1 概况

7.1.1 党员应根据其所在的地区和依法登记的选区在党组织内活动，除非全国委员会另有规定。

7.1.2 为了实际操作之便，党组织将依据政府的各级组成形式而构成自己的组织，以便完成如下任务：

7.1.2.1 代表本党、党员和各团体的利益；

7.1.2.2 确定、提名并任命候选人代表本党和所在社区；

7.1.2.3 在选举和代议制下，组织、动员人们参与声援本党的活动。

7.1.3 本党的组织结构应有效、负责、透明、灵活地运转，并在党内和社团内推动积极参与的民主文化。

7.2 支部

7.2.1 党的最基层组织是支部。

7.2.2 每名党员都应该：

7.2.2.1 隶属于一个支部。该支部是基于地方政府的社区或联合社区或偏远地方的行政区。在没有建立支部的社区，党员应在行政区或地区级别的组织内活动；

7.2.2.2 通过所在支部行使党员权利、履行党员义务。在没有建立支部的社区，党员应在行政区或地区级别的组织内活动。

7.2.3 党员只能隶属于一个支部。

7.2.4 在必要时，为了更有效地落实党的工作目标，支部可以将其管辖范围内分成若干地区进行管理。

7.2.5 一个支部应至少有 50 名党员登记在册。

7.2.6 经过省委员会批准可成立支部。支部成立大会暨支部特别年度全体大会将根据本党章 7.2.8 款之规定明确自身的职责与义务。根据 7.2.9.8 款经选举产生支部执委会，其任期直至下一财政年度召开的支部年度全体大会。

7.2.7 支部在每个财政年度至少要召开四次会议，其中一次会议为年度代表大会。

7.2.8 支部职责与工作

7.2.8.1 支部应起草本支部的意见或动议。该意见或动议将通过地区执委会提交至省执委会，最后由省代表大会和（或）全国代表大会予以审议。

7.2.8.2 根据7.6.2.2的第1项规定与7.8.5的第一项规定，支部将选举产生出席省和全国代表大会的代表。其他党员则不能成为省或（和）全国代表大会的参会代表，也没有投票权。省代表和全国代表不得兼任。

7.2.8.3 支部有权提名本党候选人参加各级政府部门选举。

7.2.8.4 支部党员须积极参加竞选活动。

7.2.9 支部年度全体大会的职责如下：

7.2.9.1 批准上一年度全体大会的纪要；

7.2.9.2 审议支部主席关于本支部在上一个财政年度的组织工作；

7.2.9.3 审议司库关于上一个财政年度本党收支情况的报告；

7.2.9.4 酝酿并作出发布通告的决议；

7.2.9.5 对更新后的党员名单进行确认；

7.2.9.6 讨论其他事项；

7.2.9.7 支部书记根据本党章附件Q1（本书略）的格式向所在省的委员会提交新选举产生的支部执委会名单，抄送行政区、地区和全国党组织机构；

7.2.9.8 从支部党员中选举产生支部管理委员会，成员包括：支部主席、副主席、书记、副书记、司库（党籍管理员）、组织委员、三名增补成员、一名青年代表（本地区内党的青年支部主席）、一名妇女支部代表（本地区内党的妇女支部主席）、本党公职人员代表（如果该名代表未能当选上述职务）。最后一类代表是当然成员。

7.2.9.9 支部执委会将任命两个党员为主席和书记（或副主席）。他们当中任何一人若不能履行职责，则另一人将代替他履行职责并根据7.3.4、7.4.1和7.5.6.3款之规定出席行政区、地区和省委员会的会议。

支部每增加 50 名党员可增选一名代表作为候补。

7.2.9.10　投票程序

在会议中需要准备一份出席并有投票权的注册党员签到花名册；

支部开会进行投票的法定人数为本支部注册党员人数的百分之二十，开会通知须传达所有本支部的党员；

注册党员代表其个人投票，不能以任何形式代他人投票；

任何支部会议的投票表决均采用举手表决方式，除非会议另有规定；

在举手表决或保额本款规定的任何表决方式中，每名党员限投一票。

7.2.10　支部执行委员会

7.2.10.1　支部执行委员会之职责：

负责本支部辖区内党务工作；

为党员和本党支持者提供有关本党相关政治的主张；

受理党员申请表；

招募党员并颁发党员证等证件；

编撰党员花名册并根据省委员会的要求每年向地区和省司库或党籍管理员报备；

每年收缴党费并更新党员名册；

为本党筹募经费；

在银行设立账户存款，根据支部执委会任命，须有至少两名有取款权的指定人员才可取款；

支部书记或（司库）必须以书面形式负责将本支部银行账户信息（如开户银行、支部账户号码及密码）上报省司库；

保管本支部收支记录并每年向地区省委员会报告财政状况和报表；

遵守财务程序和全国委员会的相关规定；

保护本党资产并确保其保值；

组织召开本党各种公开会议；

全力协助本党候选人参加竞选。

7.2.10.2　在每位支部执委会委员都获知开会的前提下，支部执委会开会的法定人数是百分之五十一的执委会委员；

7.2.10.3 支部执委会每个月至少确保召开一次会议，每个财政年度不得少于六次会议；

7.2.10.4 支部执委会每个财政年度至少确保召集四次支部大会，其中包括一次支部年度全体大会；

7.2.10.5 支部执委会在上一财政年度结束后12周内须召集支部年度全体大会；

7.2.10.6 根据7.2.8.3款规定，只有出于提名本党候选人参加选举的需要，支部执委会才可召集特别大会。

7.3 行政区委员会

7.3.1 出于实际操作之便利考量，为了提高组织效率，依据7.4.5款之规定，地区委员会可根据省委员会的授权成立行政区委员会。

7.3.2 行政区委员会每个财政年度至少确保召开5次会议，其中包括一次年度全体大会。

7.3.3 行政区在地理位置上的划分由地区委员会和省委员会决定。在划分界限时应考虑各省法定界限、地方司法管辖区、城市边界和地区委员会的边界。

7.3.4 在行政区内成立行政区委员会。根据7.2.9.9规定，每个支部均有两名代表作为委员会成员。支部每多出50名党员则增加一名代表。

7.3.5 行政区委员会负责在本地区内有效协调党务工作并确保各支部充分落实党的目标与愿景。

7.3.6 行政区委员会职责

7.3.6.1 行政区委员会应起草本支部的意见或动议。该意见或动议将通过地区执委会提交至省执委会，最后由省代表大会和（或）全国代表大会予以审议。

7.3.6.2 在全国委员会的指导下，行政区委员会有权提名本党候选人参加行政区选举和地方政府的比例代表的选举。

7.3.6.3 行政区委员会成员须积极参加竞选活动。

7.3.7 行政区委员会年度全体大会职责

7.3.7.1 批准上一年度全体大会的纪要；

7.3.7.2 审议行政区委员会主席在上一个财政年度的组织工作报告；

7.3.7.3 审议司库关于上一个财政年度本行政区党组织收支情况的报告；

7.3.7.4 酝酿并作出发布通告的决议；

7.3.7.5 编写并报告未设立党支部的地区的党组织活动与工作情况；

7.3.7.6 讨论其他事项；

7.3.7.7 行政区委员会书记根据本党章附件Q2（本书略）的格式向所在地区和省委员会提交新选举产生的行政区执委会名单；

7.3.7.8 在年度全体大会上，从支部党员代表中选举产生行政区执行委员会，成员包括：行政区主席、副主席、书记、副书记、司库（党籍管理员）、组织委员、三名增补成员、一名青年代表（本行政区内党的青年主席）、一名妇女代表（本行政区内党的妇女主席）、无投票权的本党公职人员代表（如果该名代表未当选上述职务）。后三类代表是执委会的当然成员。

7.3.8 投票程序

7.3.8.1 在会议中需要准备一份出席并有投票权的注册党员签到花名册；

7.3.8.2 只有符合第六章规定的党员才有资格投票；

7.3.8.3 在开会通知传达所有本行政区委员会党员的情况下，本行政区委员会开会进行投票的法定人数为拥有投票权的代表人数的百分之五十一；

7.3.8.4 注册党员代表其个人投票，不能以任何形式代他人投票；

7.3.8.5 任何支部会议的投票表决均采用举手表决方式，除非会议另有规定；

7.3.8.6 在举手表决或保证本款规定的任何表决方式中，每名党员限投一票；

7.3.8.7 委员会工作人员的选举须获得绝对多数票，但三名增补成员只需获得简单多数票即可。

7.3.9 行政区执行委员会

7.3.9.1 行政区执行委员会职责包括：

负责本行政区辖区内党务工作；

根据 7.2.8 款规定（在没有支部的社区内，会出现党员人数不足以成立支部的情况），代行支部的职责；

发展、协助并指导支部工作；

为党员和本党支持者提供有关本党相关政治的主张；

为本党筹募经费；

在银行设立账户存款，根据行政区执委会任命，须有至少两名有取款权的指定人员才可取款；

行政区书记或（司库）必须以书面形式负责将本行政区银行账户信息（如开户银行、账户号码及密码）上报省司库；

遵守财务程序和全国委员会的相关规定；

保管本行政区收支记录并每年向地区省委员会报告财政状况和报表；

保护本党资产并确保其保值；

组织召开本党各种公开会议和群众大会；

制定计划全力协助本党候选人参加竞选；

保管行政区委员会年度全体大会纪要；

根据 7.4.1 款规定，任命三名代表（行政区执委会主席、副主席和书记）参加地区委员会，根据 7.5.6.4 款之规定，任命一名代表（行政区委员会主席或副主席）参加省委员会。当上述代表缺席时，须还要任命一名候补代表。

7.3.9.2 行政区执委会每个月至少确保召开一次会议。

7.3.9.3 行政区执委会每财政年度至少确保召集四次行政区委员会大会。

7.3.9.4 行政区执委会在上一财政年度结束后 14 周内须召开行政区

委员会年度全体大会。

7.4 地区委员会

7.4.1 地区委员会的组成方式：（1）地区内每个党支部派遣的两名代表（根据 7.2.9.9 款规定，此两名代表应为支部主席和/或副主席和/或书记），支部每多出 50 名党员则增加一名代表；（2）地区内每个行政区执委会的三名代表（根据 7.3.9 款第十三项之规定，这些代表是支部主席和/或副主席和/或书记）。

7.4.2 地区委员会每个财政年度至少确保召开两次会议，其中包括一次年度全体大会。

7.4.3 地区在地理位置上的划分由省执行委员会决定。在划分界限时应考虑各省法定界限、地方司法管辖区、城市边界和地区委员会的边界。

7.4.4 地区委员会负责在本地区内有效协调党务工作并确保地区和支部党组织充分落实党的目标与愿景。

7.4.5 根据省委员会授权，在必要时，为了更有效地落实党的工作目标，地区委员会可以将其管辖范围内分成若干地区进行管理。

7.4.6 根据 7.5.6.5 之规定，地区委员会选举产生两名代表参加省委员会。

7.4.7 地区委员会年度全体大会

7.4.7.1 批准上一年度全体大会的纪要；

7.4.7.2 审议地区执委会主席在上一个财政年度的组织工作报告；

7.4.7.3 审议地区执委会司库关于上一财政年度本地区党组织收支情况的报告；

7.4.7.4 酝酿并作出发布通告的决议；

7.4.7.5 编写并报告未设立党支部的地区的党组织活动与工作情况；

7.4.7.6 讨论其他事项；

7.4.7.7 地区执委会根据本党章附件 Q3（本书略）的格式向所在地区和省委员会提交新选举产生的地区执委会名单，并抄送全国委员会；

7.4.7.8 在年度全体大会上，从党员代表中选举产生地区执行委员会，成员包括：地区主席、副主席、书记、副书记、司库（党籍管理员）、组织委员、三名增补成员、一名青年代表（本地区内党的青年组织主席）、一名妇女代表（本地区党的妇女组织主席）、一名学生代表（本地区党的学生组织主席）、无投票权的本党公职人员代表（如果该名代表未当选上述职务）。后四类代表是执委会的当然成员。

7.4.7.9 投票程序

在会议中需要准备一份出席并有投票权的行政区和支部党员代表签到花名册；

在本地区的各行政区委员会和支部执行委员会均及时获得会议通知且多数支部与行政区地区有代表参会的条件下，地区委员会开会进行投票的法定人数为委员人数的百分之五十一；

每名代表限投一票；

注册党员代表其个人投票，不能以任何形式代他人投票；

除非大会另有规定，年度全体大会和任何地区会议的投票表决均采用举手表决方式；

委员会工作人员的选举须获得绝对多数票，但三名增补成员只需获得简单多数票即可。

7.4.8 地区执行委员会

7.4.8.1 地区执行委员会职责：

负责本地区辖区内党务工作；

完成省委员会和全国委员会或党主席交办的工作；

在未设立支部的地区招募党员并成立支部；

和省委员会一道登记新支部及其执委会；

协助、指导各级党组织确保支部落实7.2.8款规定的职责；

为党员和本党支持者提供有关本党相关政治的主张；

监督支部和行政区执委会编写党员名册并收缴本地区的党费；

向行政区执委会分发党员登记表并保存记录；

为本党筹募经费；

第二部分 主要政党内部规章制度

在银行设立账户存款，根据地区执委会任命，须有至少两名有取款权的指定人员才可取款；

地区书记或（司库）必须以书面形式负责将本支部银行账户信息（如开户银行、账户号码及密码）上报省司库；

遵守财务程序和全国委员会的相关规定；

保管收支记录并每年向省和全国委员会报告财政状况和报表；

组织召开本党各种公开会议和群众大会；

接受本党政策的问责与质询；

开展公关活动与市场营销；

监督本党妇女与青年组织的活动；

在选举期间开展调查选民意等其他活动，全力协助本党候选人；

就支部向省委员会提交的动议提出意见供省和全国大会参考；

在支部的协助下，完成党参加各级政府选举的候选人提名工作；

保管地区委员会年度全体大会纪要；

起草并向年度全体大会提交上一财政年度地区收支情况的报告；

根据7.2.10.1第五项之规定，接收支部执委会编写的党员名册；

根据地7.5.6.5款规定，任命两名代表（地区执委会主席、副主席和书记）参加省委员会。当上述代表缺席时，须还要任命一名候补代表。根据7.6.10.1第九项规定，任命两名代表（地区执委会主席、副主席和书记）参加省执行委员会。

7.4.8.2 在地区委员会休会期间，执委会代行其职责。

7.4.8.3 在执委会成员均及时获得会议通知的条件下，执委会开会的法定人数为全体委员的百分之五十一。

7.4.9.4 地区执委会至少每两个月确保召开一次会议。

7.4.9.5 地区执委会每财政年度至少确保召集两次地区委员会大会。

7.4.9.6 地区执委会在上一财政年度结束后四个周内须召集地区委员会年度全体大会。

7.4.9.7 根据7.4.8.1款第20项之规定，为了提名本党候选人参与选举，地区执委会可召集特别大会。

7.5 省委员会

7.5.1 根据省代表大会和上一级党组织的授权，省委员会在省代表大会休会期间行使职权。

7.5.2 省委员会管辖的地理范围根据各省法定边界而划定。

7.5.3 省委员会负责在本省内有效协调党务工作，特别是确保自己管辖范围内的党组织充分落实党的目标与愿景。

7.5.4 根据7.2.6、7.3.1和7.4.5款规定，省委员会将审议地区委员会上报的成立新党支部或行政区委员会的申请。

7.5.5 根据7.4.3款规定，省委员会决定省内各地区管辖区的划分。

7.5.6 省委员会成员包括：

7.5.6.1 省执委会成员（根据7.6.10款规定）；

7.5.6.2 地区执委会成员（根据7.4.8.1款第24项的规定）；

7.5.6.3 每个支部两名代表（根据7.2.9.9款规定，两名代表分别是主席和书记或副主席或其代表）；

7.5.6.4 每个行政区执委会一名代表（根据7.3.9.1款第13项规定）；

7.5.6.5 每个地区执委会两名代表（根据7.4.8.1款第23项规定）；

7.5.6.6 本省每个地区一名青年组织代表；

7.5.6.7 本省每个地区一名妇女组织代表；

7.5.6.8 本省地方政府论坛的一名代表；

7.5.6.9 本省在全国党代表大会和省立法机构的政治代表（此名代表无投票权，除非其已经当选上述职务）。

7.5.7 省委员会可随时邀请特殊人士参加其会议。

7.5.8 在省委员会全体成员均及时获得会议通知的条件下，省委员会开会进行投票的法定人数为有权投票的委员人数的百分之五十一。

7.5.9 全国执委会成员有权参加任何省委员会会议。

7.5.10 根据本党章和全国委员会批准，省委员会有权在本省内制定省党组织的章程。

7.5.11 省委员会可根据党务需要任命执委会和其他官员；

7.5.12 如果省执委会出现空缺，省委员会可选举新成员填补执委会空缺，任期直至执委会任期结束。

7.5.13 省委员会职责：

7.5.13.1 在财政年度结束后六个月内召集年度省代表大会；

7.5.13.2 应至少百分之二十五的支部的要求，召集省特别代表大会；

7.5.13.3 向省代表大会提交：

本省党务工作报告；

本省党的财务报告；

本省内地区、行政区和支部的财务状况报告；

省委员会任命的小组委员会和其他机构的报告；

审议支部、行政区或地区委员会提交的决议，供省代表大会讨论。

7.6 省代表大会

省代表大会的全部工作必须遵照党的愿景、任务与核心价值观展开。

7.6.1 经与全国委员会会商，省委员会决定召开省代表大会的时间地点。

7.6.2 省委员会决定代表大会议程和每个支部的代表人数。

7.6.3 省委员会监督记录并实施代表大会的会议纪要。

7.6.4 在省代表大会开会前四周，省委书记停止支部党员登记，并确认党员名单。

7.6.5 授权书

7.6.5.1 所有与会代表必须出具由所在支部执委会、地区执委会或省执委会签发的授权书。授权书经由主席或书记签发，以证明该代表具备第六章规定的党员资格而出席代表大会。

7.6.6 省代表大会组成

7.6.6.1 具备投票权的代表：在省代表大会之前，省委员会根据7.6.2款规定确定每个支部的代表。每个支部有一名代表，根据7.2.9.9

款之规定，支部人数增加后代表人数相应增加；

7.6.6.2 观察员：省执委会成员、省委员会成员、本党省内公职人员、本党工作人员、党员、上述成员之外的根据7.6.6.1款规定有投票权的人员、特邀人士。

7.6.7 省代表大会应记录出席大会的人员情况。

7.6.8 省代表大会职责

7.6.8.1 审议省委员会关于本省党务和财政情况报告；

7.6.8.2 审议小组委员会或其他下属机构报告；

7.6.8.3 处理国家委员会安排的有关本省代表大会的事项；

7.6.8.4 讨论支部和地区党组织提交委员会讨论的动议；

7.6.8.5 发布本党关于全国或省内政治事务的立场并制定战略；

7.6.8.6 制定并发布本党政策；

7.6.8.7 选举省执委会。

7.6.9 省代表大会的提名和投票程序

7.6.9.1 提名程序

在大会召开之前，执委会应就提名情况进行书面公示。

公示应包含如下内容：职位名称、提名人的全名和地址、提名人的签名（证明其接受提名）、所属支部、支持提名人的党员人数、推荐提名人参选的推荐人姓名和住址以及五名其他推荐人；

提名人须在大会开幕前五天到会并在大会开幕式上宣布；

提名人可竞选多个职位，但是只能当选其中一个；

提名工作须通过填写执委会提供的提名表进行；

省执委会在大会前任命代表资格委员会，该委员会不得少于四人，并应包含司库/党籍管理员作为召集人。

7.6.9.2 投票权

每名参会代表必须出具授权书且其代表资格须符合本党章第六章之规定方能在代表大会上投票；代表资格委员会将对任何关于投票资格的问题进行裁决；

本人亲自投票,不能以任何形式代他人投票;

委员会工作人员的选举须获得绝对多数票,但五名增补成员只需获得简单多数票即可;

省委员会决定投票程序是否符合上述规定。

7.6.9.3 投票程序

有资格投票的人数须在大会开幕和投票开始前予以公示;

每名代表有一张选票,每张选票对应一个执委会职位;

投票采用无记名方式;

投票只能在正式印发的选票上进行;

每名候选人最多只能当选一个职位;

残障代表可向计票委员会召集人申请帮助。

7.6.9.4 计票委员会

省执委会任命计票委员会;

计票委员会人员包括:五名独立人士和一名全国首席执行官任命的成员。该成员任命计票委员会召集人;

计票委员会负责计票,并以书面方式向大会主席报告计票结果。大会主席当众宣读结果。

7.6.10 省执委会

7.6.10.1 省代表大会将在大会期间从其代表中选举产生省执行委员会,成员包括:省主席、副主席、书记、副书记、司库(党籍管理员)、省财务规划员和筹款员、组织委员、五名增补成员、根据党章7.4.8.1款第22项规定从各地区选举产生的代表(地区主席和/或副主席和/或书记)、本党在省立法机构的领袖、本省立法机构首席党鞭、一名青年代表(本省内党的青年组织主席)、一名妇女代表(本省党的妇女组织主席)、一名学生代表(本省党的学生组织主席)、本省政府论坛选举产生的一名代表。后七类代表是执委会的当然成员。

7.6.10.2 在省委员会休会期间,执委会代行其职责。

7.6.10.3 在每个财政年度,省执委会确保至少召开六次会议。

7.6.10.4 在执委会成员均及时获得会议通知的条件下，执委会开会的法定人数为全体委员的百分之五十一。

7.6.10.5 省执委会权力、职责与工作

负责本省内党务工作；

向省、全国委员会报告本省组织、党员管理、财务和其他工作；

完成党主席、其他党领导、全国执委会或工委会交办的工作；

执委会职位空缺时，在委员会会议上选举递补成员至任期结束；

任命最多五名专业人士担任执委会成员；

根据7.2.2.1、7.3.3和7.4.3款确定本党的支部、行政区和地区各自的管辖范围；

批准并保存执委会关于支部、行政区和地区注册党员的记录；

为党组织分发有关本党相关政治的主张；

树立党的形象、制定规范的市场运行战略和媒体关系；

确保本省内党员干部保持良好的道德情操，遵守本党章规定的核心价值观、道德条例和行为准则；

确保本党的组织、管理、财政工作运转良好；

为本党募集资金以满足党部署工作、任务与选举活动；

在本省首府设立省党部；

协助、指导各级党组织确保落实7.2.8、7.2.10.1、7.3.6、7.3.9.1和7.4.8.1款规定的职责；

向区党组织分发党员登记表并保存记录，收缴党费；

制定相关政策，按比例向省内各级党组织分发党费；

在银行设立账户存款，根据省执委会任命，须有至少两名有取款权的指定人员才可取款；

省党委书记或（司库）必须以书面形式负责将本支部银行账户信息（如开户银行、账户号码及密码）上报全国委员会司库；

保管各级党组织收支记录并每年向省和全国委员会报告财政状况和报表；

遵守财务程序和全国委员会的相关规定；

保护本党财产；

向全国管理委员会申请受理法律诉讼；

组织召开本党各种公开会议和群众大会；

监督本党妇女与青年组织的活动；

在选举期间开展调查选民意见等其他活动，全力协助本党候选人；

就支部向省委员会提交的动议提出意见供省和全国大会参考；

根据 7.2.8.3 规定，批准或修改支部提交的有关地方政府选举（比例代表制选举）中参选人名单；

完成党参加省内各级政府职位的候选人提名工作；

根据 7.2.10.1 第 5 项之规定，接收支部执委会编写的党员名册；

任命八名代表参加全国委员会；当上述代表缺席时，须还要任命一名候补代表。

根据地 7.8.9.1 款第 11 项之规定，任命两名代表（省执委会主席、副主席或书记）参加全国执行委员会。当上述代表缺席时，须还要任命一名候补代表。

7.6.10.6　省执委会每财政年度至少确保召集四次省委员会大会。

7.6.10.7　为了提名本党候选人参与各级政府部门的选举（按投票结果的比例分配职位的选举），省执委会可召集特别大会。

7.6.11　省常任工作委员会

7.6.11.1　在执委会休会期间，常任工作委员会行使相关职责。

7.6.11.2　日常工作委员会成员包括：省主席、副主席、书记、副书记、司库（党籍管理员）、省财务规划员和筹款员、组织委员、一名青年代表（本省内党的青年组织主席）、一名妇女代表（本省党的妇女组织主席）、一名学生代表（本省党的学生组织主席）。

7.6.11.3　省委书记是常任工作委员会主席。

7.6.11.4　工作委员会每月至少召开一次会议。

7.6.11.5　在每位委员都获知开会的前提下，开会的法定人数是全部委员人数的百分之五十一。

7.7 全国委员会

7.7.1 根据全国代表大会和上一级党组织的授权，全国委员会在全国代表大会休会期间行使职权。

7.7.2 全国委员会管辖的地理范围是南非共和国全境。

7.7.3 全国委员会负责在全国境内有效协调党务工作，特别是确保党组织充分落实党的目标与愿景。

7.7.4 全国委员会成员包括：

7.7.4.1 全国执委会成员（根据7.8.9款规定）；

7.7.4.2 每省八名代表及候补代表（根据7.6.10.5款第28项规定）；

7.7.4.3 本党党籍的部长、副部长和各省执政理事会成员；

7.7.4.4 本党在国会中的首席党鞭；

7.7.4.5 本党在国会中的总召集人；

7.7.4.6 本党在各省立法机构中的首席党鞭；

7.7.4.7 各省的青年组织领袖；

7.7.4.8 各省的妇女组织领袖；

7.7.4.9 各省的学生组织领袖；

7.7.4.10 各省政府论坛的主席；

7.7.4.11 没有当选上述职务的国会和省立法机构的议员。

7.7.5 全国委员会可随时邀请特殊人士参加其会议。

7.7.6 全国委员会在财政年度内应至少召开两次会议。

7.7.7 在全国委员会全体成员均及时获得会议通知且的条件下，全国委员会开会进行投票的法定人数为有权投票的委员人数的百分之五十一。

7.7.8 全国委员会制定、批准或修正下述规章制度：道德规范与行为准则、纪律检查及争端解决原则与方法、党籍公职人员道德规范与行为准则、省党部章程、地方政府论坛、青年组织章程、妇女组织章程、学生组织章程、党团条例、财务规范、党部工作人员职责、党籍公职人员职责、比例投票制下推选候选人参选程序（涉及国会、省立法机构和地方政府的选举)、各级代表大会出席指南、政策文件、各级党组织执委会提名表、各级党组织执委会选举表、媒体与市场运行方法。

7.7.9 全国委员会可根据党务需要任命常任委员会、小组委员会或其他机构,并确定这些机构的职责。

7.7.10 根据相应规定和实际情况,全国委员会可将自身权力授予个别党员,或根据需要限制或禁止部分权力的行使。

7.7.11 只有全国委员会代表本党行使缔结法律或商业契约。声明代表本党的任何级别的党组织或人员需要出具全国委员会的授权。

7.7.12 任命委员会、工作组或专家调查重要事项;

7.7.13 如果全国执委会出现空缺,全国委员会可选举新成员填补执委会空缺,任期直至执委会任期结束。

7.7.14 全国委员会职责:

7.7.14.1 每三年至少召集一次全国代表大会;

7.7.14.2 如遇重要事项,可召集全国协商特别大会;

7.7.14.3 各省委员会任命 50 名代表组成全国协商特别大会;

7.7.14.4 向全国代表大会提交:

全国和各省党务工作报告;

全国党的财务审计报告;

各地区、行政区和支部的财务审计报告;

全国委员会任命的小组委员会和其他机构的报告;

审议省委员会提交的决议。

7.8 全国代表大会

7.8.1 全国代表大会至少每三年召开一次,全国委员会确定开会时间地点。

7.8.2 全国委员会确定代表大会议程。

7.8.3 全国代表大会开会前四周,省委领导停止支部党员登记,并确认党员名单。

7.8.4 授权书

7.8.4.1 所有与会代表必须出具由所在支部执委会、地区执委会或省执委会签发的授权书。授权书经由主席或书记签发，以证明该代表具备第六章规定的党员资格而出席代表大会。

7.8.5 全国代表大会组成：

7.8.5.1 具备投票权的代表：每个支部有两名代表、全国执委会成员、国家或省政府内阁成员、各级立法机构党鞭、青年组织执委会成员、妇女组织执委会成员、学生组织执委会成员、地方政府组织执委会成员；

7.8.5.2 观察员：9省执委会成员、国会议员、省立法机构议员、党组织各级领导、受邀人士。

7.8.6 全国代表大会应记录出席大会的人员情况。

7.8.7 全国代表大会职责

7.8.8.1 审议全国委员会关于党务和财政情况报告；

7.8.8.2 审议小组委员会或其他下属机构报告；

7.8.8.3 讨论省委员会提交全国代表大会讨论的动议；

7.8.8.4 发布本党关于全国或省内政治事务的立场并制定战略；

7.8.8.5 制定并发布本党政策；

7.8.8.6 批准代表大会各项条例；

7.8.8.7 选举全国执委会。

7.8.8 全国代表大会的提名和投票程序

7.8.8.1 提名程序

在大会召开之前，执委会应就提名情况进行书面公示；

公示应包含如下内容：职位名称、提名人的全名和地址、提名人的签名（证明其接受提名）、所属支部、支持提名人的党员人数、推荐提名人参选的推荐人姓名和住址以及五名其他推荐人；

提名人须在大会开幕前五天到会并在大会开幕式上宣布；

提名工作须通过填写提名表进行；

全国执委会在大会前任命代表各省权益的代表资格委员会及其召集人；

在大会召开前，提名表须提交资格委员会审议通过（或否决）。

7.8.8.2 投票权

根据 7.8.4 款规定，每名参会代表必须出具授权书且其代表资格须符合本党章第六章之规定方能在代表大会上投票。

每名代表亲自进行投票，不能以任何形式代他人投票。

7.8.8.3 投票程序

有资格投票的人数须在大会开幕和投票开始前予以公示；

每名代表有一张选票，每张选票对应一个执委会职位；

党主席、副主席、全国主席、全国副主席、总书记、副总书记、全国总司库、全国财务规划主管和筹款主管、组织部长和两名副组织部长均需获得绝对多数票才能当选；

投票采用无记名方式；

投票只能在正式印发的选票上进行；

每名候选人最多只能当选一个职位；

残障或无能力书写的代表可向计票委员会召集人申请帮助。

7.8.8.4 计票委员会

全国执委会任命党的首席执行官和最多不超过十名独立人士担任计票委员。

计票委员会负责计票，并以书面方式向大会主席报告计票结果。大会主席当众宣读结果。

7.8.9 全国执行委员会

7.8.9.1 全国代表大会将在大会期间从其代表中选举产生全国执行委员会，成员包括：党主席、副主席、全国主席、全国副主席、总书记、副总书记、总司库、全国财务规划主管和筹款主管、全国组织部长、两名组织副部长、根据党章 7.6.10.5 款第 29 项规定从各省选举产生的代表（省主席和/或副主席和/或书记）、两名青年代表（青年组织主席或总书记）、两名妇女代表（妇女组织主席或总书记）、两名学生代表（学生组织主席或总书记）、两名地方政府论坛选举产生的两名代表、国会和省立法机关的党团领袖、国会高级党鞭。后七类代表是执委会的当然成员。

7.8.9.2 在全国委员会休会期间，执委会代行其职责。

7.8.9.3 全国执行委员会随时召开会议。

7.8.9.4 全国执行委员会权力、职责与工作：

负责国内党务工作；

为党组织分发有关本党相关政治的主张；

树立党的形象、制定规范的市场运行战略和媒体关系；

执委会职位空缺时，在委员会会议上选举递补成员至任期结束；

任命最多五名专业人士担任执委会成员；

监督全国委员会设立的各下属委员会执行工作的情况；

根据本党章7.7.9和其他条款规定执行全国委员会交办的职责；

确保本省内党员干部保持良好的道德情操，遵守本党章规定的核心价值观、道德条例和行为准则；

监督争端解决方法与原则、党员行为规范、公职人员行为规范等条纪检工作情况；

确保本党的组织、管理、财政工作运转良好；

为本党募集资金以满足党部署工作、任务与选举活动；

运营全国党部；

协助、指导各级党组织确保落实各自职责；

记录所有支部、行政区、地区、省党组织和各执委会的工作；

向各省分发并保存党员登记表；

受理法律诉讼；

管理本党财务：

（1）在银行设立账户存款，根据全国执行委员会任命，须有至少两名有取款权的指定人员才可取款；

（2）通过存取、支付、执行、接受、签发、兑现、担保等任何手段或任何工具管理账户；

（3）投资房产、土地、股票、债券等任何形式的动产或不动产；

（4）运营、投保、销售、租赁、按揭、分配、交换、开发、改建本党的各种房产或财产；

（5）为了本党权益，申请、购买任何形式的专利、证照、商标或其他形式的公证物；

（6）贷款；

（7）为贷款、按揭或其他形式购买行为做担保支付；

（8）向个人或企业借款；

（9）任何形式的投资；

（10）为任何服务于本党发展的人支付酬劳；

（11）捐助；

（12）办理信托；

（13）为本党退休党工支付退休金、养老金或养老保险；

（14）与本国以外的任何国家签订、执行商务合同；

（15）在国内外商业活动中持有并使用本党印鉴；

（16）保管收支记录并每年向省和全国委员会报告财政状况和报表；

（17）遵守财务程序和全国委员会的相关规定；

（18）确保本党财产保值增值。

组织召开本党各种公开会议和群众大会；

监督本党妇女、青年与学生组织的活动；

指导本党参加各级政府机构的选举活动；

接受下级党组织提交的关于参加各级政府公职选举的提名人选（比例代表制投票的选举）；

与独立选举委员会建立工作联系；

根据公职人员分布情况制定政策并在个别选区开展工作。

7.8.10 全国常任工作委员会

7.8.10.1 在全国执委会休会期间，常任工作委员会行使相关职责。

7.8.10.2 日常工作委员会成员包括：党主席、副主席、全国主席、全国副主席、总书记、总司库、全国财务规划主管和筹款主管、全国组织部长、两名组织副部长、一名青年代表（青年组织领导）、一名妇女代表（妇女组织领导）、一名学生代表（学生组织领导）、党中央不具备投票权的其他工作人员。

7.8.10.3　总书记是常任工作委员会主席。

7.8.10.4　工作委员会每月至少召开一次会议。在每位委员都获知开会的前提下，开会的法定人数是全部委员人数的百分之五十一。

7.9　青年组织

7.9.1　为了在南非推动青年人在政治生活中的作用并承认青年人的重要作用，本党致力于创立一个青年组织。

7.9.2　青年组织是党的各级组织的一部分。

7.9.3　所有14—30周岁的人士可承担青年组织中的各项职务。

7.9.4　不满足7.9.3款规定的人士，如果希望申请成为青年组织成员，则需获得支部执委会的同意。在没有支部执委会的地区，可向地区或省委员会提出申请。

7.9.5　年满14周岁的人士可作为本党青年支持者加入青年组织。

7.9.6　青年支持者可参加本党各级代表大会，但无投票权。

7.9.7　年满18周岁的人士可申请成为本党正式党员，可同时行使其党员（在所属支部内的）职责和青年组织成员职责。

7.9.8　根据本党章7.2.9.8（第8项）、7.3.7.8（第8项）、7.5.6.6、7.6.10.1（第12项）、7.7.4.7和7.8.9.1（第12项）之规定，青年组织可选举代表参加本党各级组织。

7.9.9　青年组织的职责须符合青年组织的章程。

7.10　妇女组织

7.10.1　为了在南非推动妇女在政治生活中的作用并承认妇女的重要角色，本党致力于创立一个妇女组织。

7.10.2　在成立妇女组织之前，其发起者须向党的总书记提交妇女组织章程草案供审议，并交由全国委员会批准。

7.10.3　妇女组织的章程不能违背如下内容：

7.10.3.1 党章第三章规定的本党愿景与目标；

7.10.3.2 党章第四章规定的本党任务与职责；

7.10.3.3 党章第五章规定的本党核心价值体系。

7.10.4 妇女组织章程中必须包括如下规定：

总纲

7.10.4.1 组织名称为"联合民主运动党妇女组织"或经全国委员会批准的其他名称；

7.10.4.2 向全国委员会提交组织的口号；

7.10.4.3 与本党章2.4款规定的本党标志颜色相一致的组织标志的颜色；

7.10.4.4 经由全国委员会批准的，与本党章2.4款规定的本党旗帜和标志相近的组织旗帜和标志；

7.10.4.5 组织的法律性不得与本党性质相背离；

7.10.4.6 组织的各级机构无权代表自己或本党与其他机构签订任何财务或法律协议，除非获得全国委员会的书面批准；

7.10.4.7 组织必须推动本党利益。

成员资格

7.10.4.8 根据本党章第六章之规定，任何年满16周岁的妇女可参加妇女组织；

7.10.4.9 年满18周岁的妇女组织成员可申请成为本党正式党员。

组织机构

7.10.4.10 根据省市行政区边界的范围，在支部、地区、行政区、省、全国都设立组织机构；

7.10.4.11 组织代表大会的会议、提名、投票程序与权利以及计票规则；

7.10.4.12 各级组织机构的权力与职责；

7.10.4.13 根据本党章制定的组织成员道德与行为规范以及各项纪律规定。

财务工作

7.10.4.14 出于政策和选举需要，须制定各级组织机构收缴会员费及财务管理的各项规定；

7.10.4.15 根据组织章程设立并运营银行账户；

7.10.4.16 向组织的全国代表大会与本党全国委员会汇报财务工作；

7.10.4.17 每年 6 月 30 日是财政年度的最后一天。

7.10.5 根据本党章，妇女组织在本党各级机构都设有代表。

7.10.6 经征求本组织多数成员的意见后，全国委员会可解散本组织。

7.11 学生组织

7.11.1 为了在南非推动学生在政治生活中的作用并承认学生的重要角色，本党致力于创立一个学生组织。

7.11.2 在成立学生组织之前，其发起者须向党的总书记提交学生组织章程草案供审议，并交由全国委员会批准。

7.11.3 学生组织的章程不能违背如下内容：

7.11.3.1 党章第三章规定的本党愿景与目标；

7.11.3.2 党章第四章规定的本党任务与职责；

7.11.3.3 党章第五章规定的本党核心价值体系。

7.11.4 学生组织章程中必须包括如下规定：

总纲

7.11.4.1 组织名称为"联合民主运动党学生组织"或经全国委员会批准的其他名称；

7.11.4.2 向全国委员会提交组织的口号；

7.11.4.3 与本党章 2.4 款规定的本党标志颜色相一致的组织标志的颜色；

7.11.4.4 经由全国委员会批准的，与本党章 2.4 款规定的本党旗帜和标志相近的组织旗帜和标志；

7.11.4.5 组织的法律性不得与本党性质相背离；

7.11.4.6 组织的各级机构无权代表自己或本党与其他机构签订任何

财务或法律协议,除非获得全国委员会的书面批准;

7.11.4.7 组织必须推动本党利益。

成员资格

7.11.4.8 根据本党章第六章之规定,满足下述条件有资格成为组织成员并参与相关活动:

年龄在 16—25 岁;

具有中等教育机构或三级教育机构学籍;

认同本党目标、愿景、使命的外籍公民或非南非共和国永久居民。

7.11.4.9 年满 18 周岁的学生组织成员可申请成为本党正式党员(除非该人士违反了本党章第 6.1.2 款规定)。

组织机构

7.11.4.10 根据省市行政区边界的范围,在支部、地区、行政区、省、全国都设立组织机构。

7.11.4.11 组织代表大会的会议、提名、投票程序与权利以及计票规则。

7.11.4.12 各级组织机构的权力与职责。

7.11.4.13 根据本党章制定的组织成员道德与行为规范以及各项纪律规定。

财务工作

7.11.4.14 出于政策和选举需要,须制定各级组织机构收缴会员费及财务管理的各项规定。

7.11.4.15 根据组织章程设立并运营银行账户。

7.11.4.16 向全国代表大会与本党全国委员会汇报财务工作。

7.11.4.17 每年 6 月 30 日是财政年度的最后一天。

7.11.5 根据本党章,学生组织在本党各级机构都设有代表。

7.11.6 经征求本组织多数成员的意见后,全国委员会可解散本组织。

8. 一般规定

8.1 递补

8.1.1 任何委员会、执行委员会、小组委员会等机构的主要成员、代表或指派代表在其缺席时应由他人代替。

8.1.2 被授权选举主要成员或代表的任何党组织可以指定相关代表的递补人员。

8.2 财务记录、声明和审计

8.2.1 党必须保管的会计记录，这些记录应能清楚地反映党务工作并能解释党的财务事项和财务状况。

8.2.2 财务记录要保存在党注册办公所在地或诸如全国执行委员会之类的其他适合的场所并随时接受本党领导的检查。

8.2.3 全国委员会要不时地决定党的财务记录或者其事项是否接受党领导以外的党员或本党支持者的检查，以及在多大程度上，在什么时间和地点，在什么条件或规定下接受检查。除本党章授权外，任何党员或支持者无权检查党的任何财务记录或文件。

8.2.4 全国委员会组织筹备并将年度财务报表在全国代表大会上提交全党审议。

8.2.5 联合民主运动党的财政年度是从每年的7月1日到下一年的6月30日。

8.2.6 支部、行政区委员会、地区委员会或省委员会的会议记录、党员名单或其他党的记录或文件都是本党可转让的财产，而且全国委员会有权在任何时候进行调取。

8.3 公职代表

8.3.1 选出的公职代表要组织为干部会议而且每个干部会议须在本章程下制定自己的会议规则。

8.4 党章实施和修改

8.4.1 本章程于1997年9月27日联合民主运动党的成立之日起实行。

8.4.2 所有废除或修改联合民主运动党的目标和宗旨、核心价值、政策纲领以及党的名称、徽章、颜色和旗帜的提案和提议须由出席全国代表大会代表的三分之二多数通过。

8.4.3 所有修改联合民主运动党章程的提案和提议(包括8.4.2所述)须由出席全国代表大会代表的半数投票,如有书面的修改条款和提案须至少在全国代表大会前1个月提交全国委员会。

8.4.4 全国委员会可以一致同意临时暂停联合民主运动党章程的某些规定(8.4.2所述除外),条件是暂停提议已以书面的形式传送到所有省级机构,并且在21天内未收到反对意见。

8.4.5 全国委员会可以一致同意修改联合民主运动党章程的某些规定(8.4.2所述除外),条件是修改的提议已以书面的形式传送到所有省级机构,并且在21天内未收到反对意见。

8.5 法人资格

8.5.1 党是拥有与法人身份相关的所有权利和义务的法人。

8.6 解散/清算/解除

8.6.1 该党可依据全国代表大会多数成员通过的解散决议而解散。

8.6.2 该党解散后的剩余资产将依其头衔或南非多党派民主政治的传统交由继承者。如果不可行的话,资产将被分发给已注册的慈善组织。

联合民主运动党第一次全国代表大会于约翰内斯堡的纳斯瑞克,1998年6月27日召开。

修订于比勒陀利亚的阿卡迪亚酒店,2001年7月21日。

第二次全国代表大会修订,比勒陀利亚会展中心,比勒陀利亚,2001年12月8日和9日。

(译自:*The United Democratic MovementConstitution*,2001)

后 记

本书在翻译过程中，主要参考了《世界各国宪法》（孙谦，韩大元主编，中国检察出版社 2012 年版）、《非洲十国宪法》（孙谦，韩大元主编，中国检察出版社 2013 年版）、《当代非洲法律》（洪永红，刘鸿武著，浙江人民出版社 2014 年版）、《非洲法律文化史论》（夏新华著，中国政法大学出版社 2013 年版）、《非洲法律发达史》（何勤华，洪永红著，法律出版社 2006 年版）等书，并请教了国内外法学界、政治学界的多位专家以及在非洲一线的工作人员。

在本书付梓之际，向我尊敬的导师、原中央编译局副局长、北京大学政府管理学院院长俞可平教授，美国哥伦比亚大学 Jacqueline M Klopp 教授，外交学院熊志勇教授，北京大学国际关系学院外交学与外事管理系主任张清敏教授，表示衷心的谢意，感谢您们在我非洲研究道路上给予的无私帮助和鼓励。同时感谢中央编译出版社领导的大力支持和本书责任编辑杜永明认真负责的修改。

本书如有不当之处，请诸位专家同仁勘正。

宋　微

2016 年 6 月于商务部研究院

图书在版编目（CIP）数据

世界主要政党规章制度文献. 南非 / 俞可平，陈家刚主编；宋微分册主编. —北京：中央编译出版社，2016.6
ISBN 978 – 7 – 5117 – 3046 – 6

Ⅰ.①世… Ⅱ.①俞… ②陈… ③宋… Ⅲ.①政党 – 规章制度 – 文献 – 南非 Ⅳ.①D564

中国版本图书馆 CIP 数据核字(2016)第 140295 号

世界主要政党规章制度文献. 南非

出 版 人：	葛海彦
责任编辑：	杜永明
责任印制：	尹　珺
本书译者：	宋　微
出版发行：	中央编译出版社
地　　址：	北京西城区车公庄大街乙 5 号鸿儒大厦 B 座（100044）
电　　话：	（010）52612345（总编室）　（010）52612342（编辑室）
	（010）52612316（发行部）　（010）52612317（网络销售）
	（010）52612346（馆配部）　（010）55626985（读者服务部）
传　　真：	（010）66515838
经　　销：	全国新华书店
印　　刷：	山东鸿君杰文化发展有限公司
开　　本：	787 毫米×1092 毫米　1/16
字　　数：	370 千字
印　　张：	25.75
版　　次：	2016 年 6 月第 1 版第 1 次印刷
定　　价：	150.00 元

网　　址：	www.cctphome.com	邮　箱：	cctp@cctphome.com
新浪微博：	@中央编译出版社	微　信：	中央编译出版社（ID：cctphome）
淘宝店铺：	中央编译出版社直销店（http://shop108367160.taobao.com）		（010）52612349

本社常年法律顾问：北京市吴栾赵阎律师事务所律师　闫军　梁勤
凡有印装质量问题，本社负责调换。电话：（010）55626985